Au service du Congo

Mon témoignage

Collection IREA
Collection dirigée par David Gakunzi

Fournir des clés permettant de mieux comprendre l'Afrique, son histoire, ses réalités et mutations actuelles, ainsi que sa géopolitique, voilà l'ambition de cette collection de l'IREA (Institut de recherche et d'études africaines). La collection - qui réunit aussi bien des essais, des monographies que des textes littéraires issus des travaux et des débats animés par l'Institut - a pour vocation de faire connaître au grand public les travaux d'auteurs confirmés mais également ceux de jeunes talents encore méconnus. Les ouvrages de la collection sont rédigés dans une langue conviviale, vivante et accessible.

Dernières parutions

René N'Guettia KOUASSI, *Les défis du développement de l'Afrique contemporaine*, 2012.
Joao Maria Futi, *Essai de morphologie lexicale du Cisuundi du Cabinda (Angola)*, 2012.
Philippe Duval, *Côte d'Ivoire. Chroniques de guerre 2002-2011*, 2012.
Brian Tourré, *De la « Francafrique » à la « Chinafrique »*, 2012.
Théophile Obenga, *L'État fédéral d'Afrique noire : la seule issue,* 2012.
Jean-David N'Da, *Le nouvel ordre ivoirien*, 2012.
Roger Gballou, *Côte d'Ivoire : souveraineté bafouée*, 2011.
Calixte Baniafouna, *La démocratie de l'ONU en Côte d'Ivoire*, 2011.
Calixte Baniafouna, *Ce que France veut Afrique veut : le cas de la Côte d'Ivoire*, 2011.
Calixte Baniafouna, *La démocratie néocoloniale de la France*, 2011.
Roger Gballou, *Côte d'Ivoire, le crépuscule d'une démocratie orpheline,* 2011.
David Gakunzi, *Libye : permis de tuer,* 2011.

Emmanuel NGOUÉLONDÉLÉ MONGO

Au service du Congo

Mon témoignage

Entretien avec Cyriaque Magloire Mongo Dzon

Tome I

© L'Harmattan, 2012
5-7, rue de l'École-Polytechnique ; 75005 Paris

http://www.librairieharmattan.com
diffusion.harmattan@wanadoo.fr
harmattan1@wanadoo.fr

ISBN : 978-2-296-99343-3

EAN : 9782296993433

Aux lecteurs,

J'ai servi le pays depuis Youlou, Massamba-Débat et Marien Ngouabi dont j'ai été aide de camp et qui m'a permis de rencontrer Nasser de l'Egypte, Houari Boumédienne de l'Algérie, Bourguiba de la Tunisie, trois progressistes de l'Afrique du Nord ; Julius Nyerere, un homme d'Etat que j'ai connu simple, humble, extraordinaire et plein d'humour, avec Kenneth Kaunda et Milton Obote : ils constituaient à chaque sommet de l'OUA à Addis-Abeba, un trio de l'Afrique australe, de vrais sages d'Afrique; Sékou-Touré de la Guinée et Zinsou du Benin, deux progressistes de l'Afrique de l'Ouest ; etc. J'avais pensé, ayant pu assister à leurs échanges avec Marien Ngouabi à propos de l'Afrique, laisser un témoignage aux futures générations (sur la base des notes que je prenais) ... Malheureusement, durant la guerre civile de 1997, ces archives ont été pillées, même celles que j'avais gardées de la Direction Générale de la Sécurité d'État que j'ai dirigée pendant 13 ans sous le président Denis Sassou Nguesso. J'ai donc perdu de nombreux repères. Tout ce que j'avais mis de côté ou écrit dans les agendas a été emporté. Je n'ai plus de documents sur la gendarmerie, alors que j'avais accumulé tant d'informations sur l'histoire de ce corps de la Force publique qui a été créé avant l'Indépendance, pour assurer le relais de la gendarmerie coloniale, et qui est devenu en mars 1961, la gendarmerie nationale congolaise ! Toute ma bibliothèque, un trésor pour moi, a été pillée. Au moment où s'élabore le présent ouvrage, cela est mon plus grand regret.

A mes parents

Toute ma gratitude et toute ma reconnaissance.

Par vous et à travers vous, l'Eternel Dieu le père, m'a conduit sur terre pour un séjour, hélas, pas éternel ;

Durant 9 mois dans ton ventre, maman, tu m'as porté, tu m'as nourri, tu as communiqué quotidiennement avec moi jusqu'au jour de ma naissance ;

J'imagine combien vous étiez heureux, papa et toi. Après avoir mis au monde cinq enfants qui n'ont pas survécu, ce bonheur a dû être mêlé d'angoisse et de peur à la fois. Vous avez dû vous demander si je vivrais, si je tiendrais...

Je suis venu au monde et tu as continué à me porter dans tes bras, tu m'as consolé, tu m'as demandé d'être sage, tu m'as demandé d'être patient, tu m'as attaché au dos avec ton pagne, tu m'as appris à marcher, tu as guidé mes premiers pas, tu m'as fait manger avec amour et patience. J'imagine combien papa et toi étiez comblés de me voir marcher, courir, balbutier puis prononcer les premiers mots.

Six mois avant sa mort, papa m'a envoyé à l'école disant à grand-mère maternelle : « Je préfère laisser mon fils aux mains des Blancs ». Six mois après l'ouverture de l'école, la phrase de papa à grand-mère s'avérait prémonitoire. Depuis l'école de Mbaya, j'apprends qu'il est gravement malade. Avec l'autorisation de mon maître, Je dois quitter précipitamment l'école pour me rendre à E'ndzienh au chevet du malade que je trouve agonisant. Trois jours après, papa rendra l'âme.

Son inhumation faite, je dois rejoindre l'école qui n'a plus de sens pour moi, affligé que j'étais du décès de papa. En fin d'année scolaire, je ne suis pas admis au cours préparatoire deuxième année. Je suis autorisé à redoubler la classe.

Papa mort, mère de deux enfants, Ferdinand, mon frère cadet, et moi, tu as été prise en héritage par Nianga, son cousin mbochi en terre Ekoulabongo au village Etonton, avec qui tu as eu Andzouana qui est encore vivant, Ngampio et Ngambou qui ne sont plus de ce monde. Un jour, tu es venue me voir à Gamboma alors que j'étais au cours moyen première année. Tu m'as soumis ta préoccupation, notamment l'exemption de paiement d'impôts. Je pris mon courage et entrepris la démarche auprès de M. Jean Courregé pour qu'avec trois enfants et sans activité champêtre, tu sois exemptée de paiement d'Impôts. A partir de ce jour-là, tu as mesuré la nécessité d'avoir un enfant à l'école.

L'un et l'autre, vous êtes devenus poussière et vous avez rejoint le royaume des cieux, où je l'espère, l'Eternel vous a reçu et vous a pardonné vos péchés. Bientôt ce sera mon tour, j'attends de finir la mission que Dieu m'a confiée sur terre avant de vous rejoindre. J'espère ne pas avoir été trop décevant pour ne pas qu'on dise que vous avez laissé un mauvais produit sur terre.

Au revoir.

A mon épouse

De toute l'histoire de ma vie, la date du 15 février 1958 est l'une des plus déterminantes. C'est à partir de ce jour-là que nous avons décidé de nous unir devant le Maire de Fort-Lamy. J'avais 21 ans et toi 16. Nous avons vécu des moments de bonheur mais aussi et surtout de difficultés, de douleur et de malheur. Que d'erreurs et de fautes ai-je pu commettre ! Mais toutefois tes excuses, ton pardon, ton soutien et ton aide si précieux ont pu me repêcher. Et tant bien que mal, nous avons atteint ce 15 février 2012, nos cinquante quatre ans de vie commune. A l'instant où je finis ce témoignage au service du Congo, mes pensées vont vers toi, car ce témoignage n'est pas seulement le mien mais le nôtre. Il est aussi une expression de reconnaissance à la personne qui m'a aimé malgré mes défauts et mes imperfections, à la personne qui a su me pardonner et m'accompagner tout au long de mon service pour le Congo, notre pays.

À mes enfants

Je vous ai certainement fait beaucoup de mal par mes prises de position politique. Je suis triste et malheureux quand j'imagine combien vous en souffrez. Je sais que cela n'a rien à voir avec votre amour pour le pays, parce que la politique est le domaine par excellence du relatif et non de l'absolu. Vous avez toujours trouvé injuste que je me donne tant de mal alors que de tous côtés on me fait des procès d'intention. Vous n'avez pas l'âge de vous contenter du verdict de l'histoire parce que le présent est là tout beau, tout fascinant, donnant l'impression d'éternité.

J'ai l'avenir derrière moi et le cercueil devant. Cela a certainement une grande influence sur ma façon de considérer les choses et de voir la politique. À vos âges, il n'est pas évident de vous représenter le passé, le présent et le futur tels que je me les représente. Je sais combien il est difficile pour vous de faire face à la vindicte publique quand votre père aurait pu rester tranquille et profiter d'une douce retraite sur des plages on *ne sait où. Dommage que votre géniteur ne soit pas de ceux qui peuvent demeurer indifférent à la souffrance des autres.*

Je sais combien le présent offre une impression d'éternité et combien l'abondance, le luxe, la jouissance et le pouvoir peuvent faire oublier que la mort existe, que personne ne peut disposer du temps et des autres à sa guise. Ils peuvent vous empêcher de comprendre que les destins des autres, la vie de millions de pauvres, leur guérison, leur logement, leur alimentation, dépendent des actes que chacun pose dans le cercle du pouvoir.

Il y a une chose que je ne voudrais pas que vous vous imaginiez à votre tour : « Papa nous a sacrifiés pour le pays, ce pays qui est dur avec ses fils et qui oublie vite tous ceux qui lui ont tout donné ». Mes enfants, le pays n'est pour rien car il n'a pas de cœur, il emprunte le cœur de chaque personne qui a procuration pour décider du sort des autres. Je vous ai toujours aimés, et je considère mon combat comme le prolongement de cet amour, estimant qu'en dehors du pays, nul autre lieu ne vous assurera le parfait bonheur de pouvoir affirmer, après plusieurs périples: « Je rentre chez moi ». Sachant que vous ne faites l'objet d'aucune procédure judiciaire, j'ai voulu que vous ne fassiez l'objet d'aucune procédure au tribunal de l'Histoire, parce que ce tribunal-là n'appartient pas aux experts rompus au langage juridique, mais à l'imprévisible homme de la rue, qui ne connaît que ce qu'il voit, et qui peut passer du défoulement au soulèvement à la vitesse d'un éclair, sans donner à qui que ce soit le temps de s'expliquer. C'est pourquoi il vaut toujours mieux s'expliquer spontanément au lieu d'attendre que le peuple l'exige, car à ce moment-là, il n'a plus ni le temps, ni le cœur à écouter.

Je me souviens de nos contradictions quand je m'évertuais à vous tenir loin de l'argent, je suis conscient que ce n'était pas toujours facile, parce qu'autour de vous, d'autres enfants de dignitaires comme moi en avaient autant qu'ils voulaient. Quand vous reveniez de l'anniversaire d'un copain, je vous disais que je préférais fêter vos résultats à l'école plutôt que vos dates de naissance.

Je vous disais que mon père ne fêtait pas mes anniversaires, que du reste il ignorait, et vous me répondiez par la bouche d'Annick : « Mais toi, tu es fils de paysan, nous, nous sommes fils de colonel ». Je vous sanctionnais, soit en vous récompensant lorsqu'à la fin du trimestre, vous m'apportiez de bons résultats ; soit en vous faisant mettre à genoux, les mains en l'air. Je me souviens encore du traitement que j'infligeais à l'un de vous : Hugues. Une fois, je lui imposai de s'agenouiller en levant les bras. C'est ce qu'il fit. Au bout d'un certain temps, il ne résistait plus et se mit à pleurer. Chaque fois que je le mettais à genoux, il finissait toujours par avancer en pleurant. Votre mère, qui ne supportait pas cela, intervenait et je compatissais, mais je le faisais parce que je m'interrogeais sur ce qu'il deviendrait après moi.

Je me souviens encore de ce jour où, aide de camp de Marien Ngouabi, je suis encore au travail quand votre mère, qui est allée au marché de Ouenzé vers 17 heures pour préparer le repas du soir, laisse votre frère, Serge, mon troisième enfant, dans la voiture en lui disant de ne pas bouger et de l'attendre. Quand elle revient après avoir fini ses achats, Serge n'est plus là. Elle fouille et refouille dans les parages sans trouver l'enfant. Elle m'appelle et me donne l'information. Je lui demande de bien fouiller. Elle fouille à nouveau mais ne trouve pas l'enfant. Elle est paniquée et se rend chez son grand-père, François Mongo, qui vivait aux environs, plus précisément au croisement de la rue Bakoukouya et de l'avenue Miadéka. Je quitte le travail pour notre résidence, le camp de la milice. Arrivé à la maison, je trouve Serge qui est déjà là. Votre mère ne tardera pas à arriver. C'est Christine, l'aînée de mes filles qui nous explique qu'elle était avec Hugues quand ils l'ont trouvé à la maison. Ils lui ont demandé comment il était rentré du marché de Ouenzé au camp de la milice, car c'était une distance importante pour un enfant d'environ cinq ans. Il leur a répondu qu'il était rentré sur son cheval. Votre maman lui reposa la même question. Il se mit à pleurer, donnant la même réponse. Sa mère demandera à toutes ses copines s'il n'y en a pas une qui l'aurait ramené à la maison. Ce n'était pas le cas. Mystère !

Votre frère, un garçon très intelligent, ne connaîtra malheureusement pas la tranquillité. Il sera perturbé plus tard par un mystérieux problème d'alcoolisme qui, malgré nos multiples efforts pour l'en sortir, ne lui permettra ni de profiter de son intelligence ni de se construire une vie. Il nous quittera le 6 janvier 2006 à 43 ans, à la suite d'une occlusion intestinale au Centre Hospitalier de Brazzaville, me plaçant dans une situation qu'aucun père au monde ne peut aisément supporter.

Etre enterré par ses enfants est le rêve de tout père, l'inverse est une terrible peine, une douleur que l'on traîne avec soi comme un poids et qui revient même quand on n'y pense pas. Je veux vous voir vivre tranquilles le restant de votre vie, et m'accompagner un jour jusqu'à ma dernière demeure sans trop de regret sur l'héritage moral, spirituel et traditionnel que je vous aurai laissé. Cet héritage-là, personne ne pourra vous l'enlever.

Vous êtes témoins que j'ai été un homme de valeur (selon l'interprétation congolaise du terme) et une référence, et vous avez mal de me voir devenir cet oiseau de mauvais augure, sur qui n'importe qui peut cracher et jeter l'opprobre. Cela fait partie du processus de la vie. Celle-ci ne peut se dérouler en une seule couleur. Ceux qu'on trouve magnifiques aujourd'hui, ne l'ont peut-être pas été hier ou avant-hier. Il y eut un moment où on n'avait même plus envie ni de les regarder, ni d'aller les voir chez eux. C'est cela la vie.

Je suis obsédé par la roue de l'histoire. Ce serait un mensonge de vous dire que j'ai mené ma vie en pensant qu'il y aurait un jour une conférence nationale souveraine, mais j'ai souvent pensé que l'histoire peut nous rattraper. Aujourd'hui que je suis à la retraite, que je parle haut et fort, je me dis que j'ai eu raison à l'époque d'avoir peur de mal agir et de mal faire, de préparer et de conserver des preuves de toutes mes conclusions les plus graves et les plus sensibles.

C'est ainsi que j'ai entretenu des rapports toujours humains avec des gardés à vue comme Bernard Kolélas (à qui j'apportais des journaux et les nouvelles de sa famille), Tchistère Tchicaya, Ndalla Graille, etc. Imaginons que ça n'ait pas été le cas. Aucun n'a disparu de la scène politique après mon départ de la sécurité d'État. Tous ont été politiquement élevés au-dessus de moi après ma retraite. Ils auraient donc eu la possibilité de se venger intelligemment de moi. A la sécurité d'État, je me disais toujours intérieurement : «On ne sait jamais avec la vie». Si ce n'avait pas été le cas, moi, votre père, j'aurais déjà été conduit devant les tribunaux internationaux et ce n'aurait pas été les moineaux de notre scène politique qui se seraient attaqués à moi, pour sauvegarder leur poste ou pour avoir des primes d'injures aux aînés.

Voilà tout le sens de mon action politique. J'ai utilisé tous les moyens démocratiques à ma disposition pour tirer la sonnette d'alarme, de la lettre à la demande de démission en passant par l'utilisation de mots qui vous ont certainement fait du mal à vous-mêmes, ainsi qu'à vos conjoints, à leurs familles, à vos amis, etc. Je l'ai fait à la mesure de ce que je voulais obtenir pour l'amélioration du sort des Congolais. J'ai voulu de toutes mes forces sortir le pouvoir de son calme qui frisait l'indifférence vis-à-vis des pauvres qui attendent tout de l'État : de l'eau, de l'électricité, la santé, le logement, etc. Lorsque le chef de l'État a repris ces mots pour exprimer sa désolation face à l'échec du volet social de nos cinquante ans d'indépendance, tous ceux qui me huaient quand j'en parlais ont applaudi.

J'ai alors eu pitié de nos parlementaires, de nos prétendus intellectuels, de notre pays et peut-être aussi de moi-même. Quelqu'un m'a dit : « Toi, tu parlais, mais sans passer aux actes ». J'ai répliqué : « Si le chef suprême lui-même se limite à faire des constats, comment veux-tu que moi qui résiste à cette façon de faire, je passe aux actes ? D'où me viendrait le pouvoir de sanctionner et de choisir d'autres cadres ? Le pouvoir donne la possibilité à qui le possède d'exiger des résultats dans certains délais, et d'en tirer des conséquences.» Je crois avoir rempli ma mission, même si certains ont pensé que j'irais jusqu'à tenter un coup de force. Moi, votre père, je ne porterai pas le sang de qui que ce soit sur mes mains, jamais.

J'ai fait ce que je devais faire et le reste appartient à Dieu. C'est à lui de décider souverainement de la fin de mon destin. Tout ce que je peux encore décider, c'est d'écrire un livre à titre de témoignage. C'est ce que je viens de faire pour vous, pour toute la jeunesse congolaise et pour l'histoire.

A mes petits fils

Tout au long de ce témoignage, j'ai tenu à vous faire partager ma part de l'histoire du Congo telle que vécue par notre génération. Il vous revient de tirer des leçons, de prendre le bon côté et de rejeter le mauvais. Votre époque est pleine d'incertitudes sur tous les plans : santé, travail, inversion de valeurs, etc. aussi voudrais-je qu'aux termes de ce témoignage, vous reteniez qu'il est plus rassurant de réussir par l'effort dans le travail et par le mérite que par des privilèges, car ils ont toujours une fin terrible. Ne vous contentez pas des dons et des legs car seule la tradition de l'effort vous donnera la garantie de bien finir vos jours. Le sens des valeurs et des responsabilités, la morale et l'éthique, vous ouvriront grandement les portes de l'histoire. Comme dans Exode chapitre 20 verset 12 qui dit : « honore ton père et ta mère afin de vivre longtemps dans le pays que l'Eternel, ton Dieu, te donne» ; moi, je vous dis, ainsi qu'à tous ceux de votre génération : respectez la personne humaine, honorez tous ceux qui ont vu le soleil avant vous et vivez une vie digne de témoignage pour ce Congo qui a tant besoin du dévouement de chacun de ses fils.

Brazzaville, le 04 novembre 2010

Avant-propos

Je suis né vers 1937 dans un village du Moyen-Congo (le Congo dit français). En octobre 1945, l'État m'a accueilli et m'a formé. Perdus dans nos villages, tous ceux de ma génération ne seraient pas devenus ce que nous sommes, qui professeur, qui magistrat, qui médecin, qui ingénieur, qui technicien, qui général, etc. s'il n'y avait pas d'État. C'est parce qu'il y avait un État pourtant colonial que nous avons été extirpés de nos villages où il n'y avait aucune perspective moderne. Nous pouvons dire que l'État nous a tout donné et chaque personne de ma génération lui doit tout.

Cet Etat qui m'a appris à diriger et à encadrer des hommes, des pères de famille et des élèves gendarmes. Quelles responsabilités ! Veiller à leur état de santé, à l'état de propreté des dortoirs, des logements des cadres, à la condition sportive, à la formation, à l'instruction des élèves. Au cours de la revue de caserne au temps colonial, la visite commençait par les WC. En remarquant que l'endroit le plus exposé à l'insalubrité dans une maison était propre, la visite pouvait quelquefois s'arrêter. Dans tous les bâtiments ou logements de l'institution gendarmerie que j'ai occupés, je n'ai payé ni l'eau ni l'électricité. Le tout était payé par la gendarmerie donc l'Etat.

A l'intérieur du pays, à Fort-Rousset où j'ai résidé d'abord comme commandant de peloton mobile puis commandant de gendarmerie zone nord, à Boundji comme commandant de brigade, à Ouesso comme commandant de section de gendarmerie Sangha. Partout, j'avais un groupe électrogène et une moto pompe, à l'exception de Boundji où j'étais éclairé par la lampe à pression ou la lampe luciole. L'État m'a donc pris en charge, ma famille et moi, durant tout ce temps. En 1977, nommé directeur général de la sécurité d'Etat, j'ai dû exceptionnellement habiter ma maison personnelle au ravin de la mission, en face de l'hôtel Madame Bilembo, devenu aujourd'hui Olympic palace, parce que la sécurité d'Etat ne possédait pas de logement de fonction. Je n'ai jamais fait louer ma maison à l'Etat durant mes douze ans de fonction. L'Etat m'avait simplement garanti le règlement de la fourniture de l'eau et de l'électricité. Depuis que je sers l'Etat, j'ai toujours appris et su que les biens publics étaient sacrés et inaliénables alors qu'à la guerre du 5 juin 1997, les biens de l'Etat (ex-ONPT, ATC, CFCO, Hydro-Congo, OCR, Air-Afrique et mêmes ceux de la direction centrale des logements et bâtiments administratifs [DCLBA]) sont vendus à vil prix aux initiés et à certains grands guerriers. A quelle banque l'argent a-t-il été déposé ?

Le 23 octobre 1961, l'État a fait de moi maréchal des logis chef et m'a muté à la compagnie Nord à la tête du 1er peloton mobile de gendarmerie n° 30 à Fort-Rousset à l'époque région de l'équateur, j'étais âgé de 24 ans. Sous la colonisation, on est majeur à 21 ans. Je viens à peine de sortir de mon adolescence. Je dois observer la sérénité, être dur, intransigeant, certes mais aussi savoir pardonner, avoir l'esprit d'amour des autres. J'ai pour adjoint l'adjudant François Kombo, qui a sous lui, des auxiliaires de 3ème classe, les doyens Prosper Botolo, Opondzo et François Lemi, tous chargés de l'encadrement de 33 élèves gendarmes du peloton mobile. Il m'a fallu être tous les jours à 6 heures aux rassemblements quotidiens, être un modèle permanent par l'assiduité, soigner mon image par tous les moyens pour améliorer celle de l'Etat.

C'est à cet État que j'ai consacré toute ma carrière et aussi ma vie. Plus d'une fois pour mon pays, j'aurais pu perdre la vie. Quand j'y pense, je suis encore étonné d'en être sorti vivant ! C'est à partir de là que je dis : le destin existe. Chacun de nous est programmé pour quelque chose. Nous sommes nés pour ce que nous finirons par devenir et par faire.

Voir cet État qui m'a tout donné et à qui j'ai consacré toute ma vie devenir ce qu'il est devenu depuis un certain temps ne m'a pas paru supportable. Au-delà de mon militantisme au parti unique de l'époque, le parti congolais du travail, et de ce qui m'a poussé à participer à la création du Rassemblement pour la Démocratie et la République afin de renforcer le processus de démocratisation de notre pays que je crois salutaire, c'est le niveau de déconfiture de l'État qui m'a fait passer à une vitesse supérieure. J'ai dû écrire directement au président de la République parce que je trouvais les moyens traditionnels de communiquer insuffisants pour dire ma désolation et sonner très fort l'alarme. C'est là, le départ de toute une résistance au désordre qui prévalait et prévaut toujours au sein de l'État. Il est difficile de voir un État pour lequel vous vous êtes évertués à vous réveiller chaque jour à cinq heures et sur les charges duquel vous avez veillé avec tant de sacrifices et d'abnégation, devenir un mastodonte que chacun nourrit de son désordre, de sa paresse, de ses conflits, de ses humeurs, de son égoïsme, etc.

Beaucoup de jeunes ne comprendront pas ce que je dis, mais il y a de nombreux cadres aujourd'hui à la retraite ou à la veille de la retraite qui se sentent offensés dans leur histoire : ils ont veillé au moindre sou de l'État, aux biens meubles et immeubles de celui-ci avec passion, se contentant de pensions de retraite très modestes et de maisons construites au bout de l'effort, dans des conditions de surveillance, de contrôle et de vérification stricts. Certains se disent : "Alors, c'est nous qui avons eu tort, nous qui n'avons pas volé, nous qui nous sommes gênés". Je voudrais dire à tous ceux-là : ne regrettez jamais d'avoir bien fait, car si vous aviez hier agi comme certains cadres d'aujourd'hui, je ne sais quel genre de pays ces derniers auraient eu en héritage.

Certains jeunes cadres pensent même que je suis jaloux d'eux et de leurs biens, alors qu'au fond, ce que je fais est la meilleure façon de les aimer, de ne pas les laisser s'exposer à des risques de soulèvements futurs. Pendant une bonne partie de ma vie professionnelle, treize ans à la sécurité d'État, j'ai fait de la prévention. Voir de loin et prévenir est devenu une déformation professionnelle. J'en ai gardé certains réflexes. C'est pour cela que je dis en privé que je ne suis pas un homme politique et que je suis tombé dans la politique comme un cheveu dans la soupe. L'homme politique porte des gants que je ne sais pas mettre. La vérité, dit-on, n'est pas bonne à dire, mais dire la vérité est devenu pour moi un défaut

Je me permets encore comme je l'ai dit dans mon message du palais de congrès de Versailles le 18 juin 2006, de reprendre les propos du président Dénis Sassou Nguesso dans son livre : *Le fleuve, le manguier et la souris* : je le cite : « si l'évolution politique et économique avait été conforme à mes espérances, j'aurais pu continuer à m'occuper de ma ferme et me contenter de prêter main forte à ceux qui tentent de résoudre les problèmes de l'Afrique ». A la page suivante, il continue, je le cite : « rester indifférent au spectacle d'un Congo en train de sombrer, ne rien entreprendre, signifierait tromper ceux qui mettent leurs espoirs en moi et trahir le serment que je m'étais fait jadis de servir mon pays ».

En ma qualité d'officier, j'ai été formé pour servir l'intérêt général et pour me mettre à la disposition de la communauté nationale. Dans les circonstances dramatiques que traverse notre pays et que vit notre peuple, je ne peux pas demeurer sourd et insensible. J'ai donc pris la décision de me constituer porte-parole des femmes, des hommes et des enfants anonymes qui forment le peuple du Congo et qui ne savent plus à quel saint se vouer. Pour l'amour de notre pays, je crois qu'il ne nous est plus possible d'assister sans rien dire et sans rien faire à l'abaissement continu et inquiétant de l'image intérieure et extérieure de notre pays.

Je n'ai pas fait ce que j'ai fait pour assouvir une quelconque ambition personnelle, ni pour m'élever au titre de héros ; j'ai vu le danger venir et j'ai mesuré les conséquences d'une façon de faire pour laquelle nous payerons tous. J'ai senti la situation de notre pays évoluer comme la préparation d'une explosion. L'impunité est une mine sur laquelle saute chaque parcelle de l'autorité de l'État. Le chômage, l'inoccupation, l'oisiveté, forment une bombe qui nous explosera un jour à la figure. Bénéficiaire de la retraite militaire voici maintenant 14 ans, je ne suis plus à la recherche d'une quelconque gloire. Je n'ai plus d'avenir mais le seul avenir qui compte pour moi aujourd'hui est celui du Congo. L'avenir du Congo, c'est celui de mes enfants et de tous les enfants du Congo, celui de mes petits-enfants et de toutes les générations qui viendront.

Avertissement

Ancien directeur général de la Sécurité d'État, le général Emmanuel Ngouélondélé-Mongo aurait pu se confier à un journaliste érudit de renommée internationale, mais il a choisi un "fils", journaliste et écrivain certes, mais de l'âge de son quatrième enfant, sa fille Annick, 46 ans. A cet âge, tout en étant majeur, on n'a pas vu l'abbé Fulbert Youlou, on n'a pratiquement pas bien connu Alphonse Massamba-Débat et Marien Ngouabi. Ils perdent la vie, j'ai onze ans. Au cours de l'entretien, j'ai demandé au général, pourquoi ce choix. Il a répondu : « l'histoire vue par votre génération est plus intéressante et moins passionnée. Vous êtes encore curieux et avez la présomption de l'envie de comprendre ce qui s'est passé. C'est à vous que j'ai voulu laisser mon "Témoignage" parce que je sais que la majorité d'entre vous n'a pas encore atteint l'étape de l'obsession d'imposer aux autres une certaine compréhension de l'histoire».

Je crois que le fait de ne pas en avoir été partie prenante à quelque titre que ce soit me facilite une certaine distance d'avec les événements et certains faits historiques. Effectivement, j'ai été fasciné et révolté à la fois. Fasciné par des gens comme l'abbé Fulbert Youlou, Alphonse Massamba-Débat et Marien Ngouabi dont les oppositions de vues, mal gérées par les intellectuels, traduisaient des tentatives de construction inachevée d'une pensée politique congolaise dont les contradictions auraient pu constituer un fond de leçons à tirer et d'erreurs à éviter. J'ai eu des frissons en les lisant. Comment ces gens-là pouvaient-ils penser ce qu'ils disaient à cette époque-là ? Comment pouvaient-ils avoir une telle vision intellectuelle et humaine qui traverse des générations au point de nous concerner, nous, qui sommes à peine venus au monde ou pas du tout nés quand ils réfléchissaient sur le Congo ? Quelle intelligence pour une génération qui n'a pas été à Polytechnique, à la Sorbonne, à l'ENA en France… Je fais partie de ceux qui ont toutes les raisons de se révolter intellectuellement et moralement du fait d'avoir été privés de savoir tout ce que Youlou et Massamba-Débat ont fait de bien pour le Congo, ce que Marien Ngouabi avait dit des difficultés de son régime et des conséquences du comportement de certains responsables sur les contre-performances de la « révolution » et même sur l'avenir du Congo…

J'ai pu entreprendre de nombreuses recherches, lire et relire tous ces anciens présidents du Congo et bon nombre de ceux qui ont écrit sur le Congo. C'est ce qui fait qu'on trouve de nombreuses citations dans cet entretien. J'ai remarqué que quelquefois, le général préférait citer que dire simplement. Je lui en ai fait l'observation. Il m'a répondu : « de nombreux Congolais, éminents intellectuels ou non, sont encore dans des logiques d'historicités tribales qu'ils ne sont pas prêts à écouter une raison ou un argument qui vienne de quelqu'un d'une autre tribu en défaveur de sa tribu ou d'un leader de sa tribu. C'est pourquoi, je préfère chaque fois que cela est possible me référer à un non Congolais qui aura vécu les faits comme Foccart. Estimez-vous heureux car ce qu'il dit aujourd'hui est banal pour vous parce que vous pouvez le trouver dans des livres alors qu'à notre époque, c'était encore des secrets d'État ».

J'ai fortement été impressionné par le courage de Marien Ngouabi. Je suis convaincu qu'il a fait le meilleur de ce qu'il pouvait faire. Quelle force que la pratique de l'autocritique pour quelqu'un de si impulsif. La suspension du Bureau politique et du Comité central sont des exemples de sincérité, de sacrifice et de courage politique dont on aura peut-être plus droit au Congo.

Un autre jour, le général Emmanuel Ngouélondélé-Mongo me dira : « Tant que notre génération sera encore là, vous n'aurez droit ni à la vérité ni à une quelconque évaluation. Il ne vous sera servi que la langue de bois et la ruse comme ingénierie politique». Je lui répondis : « Voulez-vous me dire que l'histoire du Congo commencera à être écrite après la fin de votre génération ». En guise de réponse, Il a juste souri. Ce sourire m'a suivi tout au long de cet entretien. Il a peut-être justifié certaines de mes attitudes qui paraissaient comme du harcèlement. Chaque fois, j'ai eu la hargne de lui arracher quelque chose.

Mais je reste impressionné par cet homme à la fois incompris et difficile à cerner. Il disait à l'époque de sa résistance : « je ne ferai jamais de coup d'État...Je n'aurai le sang de personne sur mes mains...Celui qui touchera à un cheveu de Sassou me trouvera sur son chemin... » Tous ceux qui l'avaient suivi dans l'espoir qu'il ferait un coup d'État pour prendre le pouvoir commençaient à disparaitre petit-à-petit. J'ai vu certains jeunes ministres l'injurier à la télé, des opposants dire de lui qu'il était un vieux rêveur, quand il a parlé de désobéissance civile. Il demandait, chaque fois, au peuple de prendre ses responsabilités. Ça sonnait comme de la folie et même de la naïveté. Mais le jour où la Tunisie a vécu ce qui sera plus tard appelé le printemps arabe, où le peuple est descendu dans la rue sans leader ni mot d'ordre politique ou syndical, animé du seul ras-le-bol, j'ai cru comprendre ce à quoi il pensait… Mais il m'a dit : « jusque-là vous n'avez peut-être encore rien compris ». Peut-être que les lecteurs de ce livre comprendront ce que je n'ai encore pu comprendre… Peut-être !…

Bonne lecture !

Cyriaque Magloire Mongo Dzon

Racines

Général, parlez-nous de vos origines.

Je suis né dans le village de mon père, E'ndzienh, situé dans la zone de Ntsa-mpoh (francisé en Ntsampoko), de la Terre Mbaya. Celle-ci faisait partie des cinq circonscriptions administratives coloniales de Gamboma : la Terre Obaba, la Terre Yaba, la Terre Osselé, la Terre Mbaya et la Terre Mboumbé. Mon père Mbouâ-l'Ebi'nh est décédé en 1946, j'avais à peine 9 ans. Ma mère Pauline Nguélélé Voua a vécu plus longtemps. Elle a eu la chance de me voir prendre ma retraite. Elle est décédée le 26 juin 1998 à Gamboma. J'ai été élevé par mon père jusqu'à son décès, mais je passais le plus clair de mon temps auprès de ma grand-mère maternelle, Nkanh Assi'ngna, dans le village Akanh (Akana), autre village de la zone Tsampoko, séparé d'E'ndzienh d'environ cinq kilomètres.

Quels souvenirs avez-vous gardés de votre plus tendre enfance ?

Avant d'aller à l'école, j'ai vécu une vie communautaire très intense. Enfants du village, nous vivions ensemble. On nous apprenait à être solidaires et serviables, à respecter les aînés et les vieux. Le droit d'aînesse obligeant, il nous était déconseillé de nous précipiter sur les premières places ou aux premiers rangs dans des assemblées ou des retrouvailles publiques. Il nous fallait nous asseoir autant que possible aux dernières places : à moins que l'on nous invitât à nous installer aux premières places. A l'époque, il n'y avait pas d'église chrétienne dans nos villages, pourtant l'éducation traditionnelle faisait bien mention de Dieu et des valeurs telles que le bien, l'amour, la fraternité, la charité, la sociabilité, l'honnêteté, la justice et l'équité. Nos parents nous apprenaient que le vol, le mensonge, la violence, étaient des choses abominables. Les adolescents qui pouvaient par hasard tenter de fumer du tabac ou du chanvre indigène étaient bannis.

Chaque matin, nos parents devaient partir en « brousse », aux champs, à la pêche ou à la chasse. Nous devions rester seuls au village. Autant nous nous sentions libres de nous livrer à toute sorte de jeux, même les plus dangereux et saugrenus, autant devions-nous tenir à nous comporter sagement. En allant, nos parents mettaient à la disposition de chacun de nous sa part de nourriture du jour. A l'heure du repas, chacun de nous devait apporter ce que sa mère ou son père lui avait laissé soit dans une feuille de manioc soit dans une écuelle (aussi dérisoire soit-il), et le tout était mis ensemble et redistribué équitablement pour un festin commun dans la case familiale de l'un d'entre nous. Il était formellement interdit de s'arroger la plus grosse part ou les plus gros morceaux. Et chaque fois, à tour de rôle, chacun de nous devait assurer le partage. Celui qui en avait la charge était le dernier à se servir afin qu'il ne s'appropriât d'une part qu'il aurait grossie par malice. Celui qui assurait le partage, n'avait ni le droit de choisir, ni celui de protester.

Quelquefois nous allions à la pêche ou à la chasse. Nous tendions des pièges aux oiseaux ou aux souris. C'étaient des aventures familières et passionnantes.

Chaque soir se déroulait l'école traditionnelle organisée en plusieurs activités : les jeux tels que *bon-bon adzouh, eta-ataah* (surtout pour les jeunes filles), les devinettes, les proverbes, les contes et les légendes, et l'une des plus passionnantes de ces activités d'initiation à la sagesse traditionnelle était le récital des proverbes, légendes et contes. En effet, après ce que j'assimilerais aujourd'hui au souper, tous assis autour du feu, nous nous disions des proverbes, des devinettes et des contes dont le lièvre, la panthère ou le diable étaient des personnages familiers. Le vieux A'ngah, un cousin de mon grand-père paternel en révélait chaque jour de nouveaux tant il avait une excellente mémoire de vielles légendes. A l'heure du coucher, nous devions partager un même grabat à quatre ou à cinq. C'est de cette manière que nous avons appris à nous familiariser, à aimer les autres, à les écouter, à cultiver l'amour du prochain, et aussi à respecter les anciens et les biens communautaires ou privés.

Quel genre d'homme était votre père ?

Mon père était un homme très brun, robuste et grand de taille. Il avait des yeux brillants et clairs, un nez aquilin comme celui d'un blanc plutôt qu'épaté comme le mien. C'était un bel homme, si bien qu'il était charmeur et dragueur de femmes, et sa réputation s'était répandue à travers les contrées de Mbaya, Etoro et Obaba. Ce qui, hélas, écourta très tôt son séjour terrestre.

Il ne m'appelait pas souvent par mon nom de famille, Mongo. Il m'appelait souvent par le sobriquet qu'il m'avait attribué : "mwâan ngo", « le petit de la panthère » en ngangoulou. Ce sobriquet de "mwâan ngo" n'est pas aussi loin de « Mongo » qui est une francisation de « Mè-ngo » :

« moi, je suis panthère ». Pour mes copains, le sobriquet leur était devenu plus familier que mon nom de famille.

Mon père pratiquait plusieurs métiers : il était tout à la fois, cultivateur, pêcheur, chasseur et récolteur du vin de bambou, le *"moulèngé"*, en ngangoulou *"Oliéh"*. Je l'accompagnais souvent, notamment au champ, à la pêche et à la récolte du "moulèngèngé".

Chaque fois que nous allions à la pêche et à la récolte du "moulèngèngé", nous campions habituellement en un lieu désherbé tout à l'entour où papa avait implanté une hutte. Il se changeait et portait la tenue qui convenait à l'activité du jour. Nous mangions là et y gardions des ustensiles et des outils de travail, etc. avant de nous livrer aux tâches routinières.

Un jour, papa me fit goûter d'un peu de "moulèngé". Devant repartir pour une deuxième récolte dans l'après-midi, il me confia une calebasse à demi pleine que je devais garder. Mais tenté par la délicieuse saveur du vin, j'eus envie d'en goûter encore. Je pris un gobelet et le remplis du vin que je bus d'un trait jusqu'à la lie. Un moment, le sommeil m'emporta. Je dormis jusqu'à ce que mon père arrive sans que je m'aperçusse de sa présence. M'ayant trouvé dans un état quelque peu bizzare, il me réveilla et me demanda ce qui n'allait pas. Je lui avouai avoir goûté au vin. Sans dire un seul mot, il m'emmena au ruisseau et me plongea la tête pendant un bon bout de temps dans l'eau très fraîche de la source. J'étouffai et tentai de ressortir la tête mais il la maintint encore. Quand il me lâcha, j'étais dessoulé. Je me sentais moins lourd et plus lucide. Nous retournâmes au campement. Ce jour-là, quand nous avons quitté le campement pour le village, papa raconta à ma mère ce que j'avais fait et comment j'avais été dessoulé.

Quand mon père devait aller à la chasse, il ne m'emmenait pas. Une partie de chasse était très dangereuse pour les enfants. On se retrouvait souvent en face d'animaux féroces. Les chasseurs seuls savaient risquer cette aventure, car ils étaient sensés détenir des fétiches ou des gris-gris leur permettant d'échapper au danger au cas où une bête sauvage se déchaînerait. On dit même qu'ils pouvaient disparaître. La chasse exigeait une bravoure particulière, à la limite mystique ; ce qui avait conduit les chasseurs des contrées ngangoulou à se constituer en une confrérie sacrée dénommée :

"A'ngo-é'bwoel", ce qui littéralement veut dire : « les panthères et les lions ». C'était, non pas une simple retrouvaille de chasseurs clamant leur bravoure ou leur habilité dans l'art de chasser, mais une danse sacrée regroupant de braves hommes, détenteurs de pouvoirs mystiques leur permettant de braver toute espèce d'animaux féroce, notamment les panthères, les lions, les buffles, les éléphants.

A vous entendre, on dirait que votre père était à la fois un homme de caractère et une personne affectueuse…

Il était rigoureux et sévère quand il le fallait. Mon père élevait des canards. Une fois, les amis me suggèrent d'aller prendre des œufs de cane. Sans me soucier de quoi que ce soit, je subtilisai deux œufs à une cane qui couvait, malgré ses protestations à coups de bec. Je leur rapportai mes trophées que nous préparâmes et mangeâmes. Papa qui alla voir la cane qui couvait, constata qu'il lui manquait deux œufs. Avant d'envisager ce qu'il craignait le plus, le passage d'un serpent, il me fit venir et me demanda si j'avais pris les œufs manquants. Ne soupçonnant même pas la gravité de mon acte, je répondis oui. Emporté par la colère, papa entra dans la cuisine, retira un tison incandescent du feu de bois qui servait à la cuisson, et, d'un geste rapide, me l'appliqua au niveau du bras droit. Je tombai presque évanoui, de peur et de douleur. Ma mère s'affola. Elle estimait qu'il était hors de question de me punir avec une telle véhémence tant j'étais un enfant né dans une condition particulière. Pour mon père, j'avais commis un acte abominable et il était exclu que mon statut d'enfant prodige me dispensât de la sanction qui correspondait à mon acte. J'avais très mal, et au fil des jours, ma plaie s'infectait. Mon père redoubla d'efforts pour me soigner jusqu'à la guérison complète. De là, je tirai une leçon qui me servit toute ma vie : « l'amour ne doit pas exclure la sanction ».

Vous étiez soigné par votre propre père ?

Dans ce cas-ci, oui. Dans d'autres cas, on pouvait aller voir un guérisseur traditionnel. La médecine traditionnelle était à l'époque la seule médecine dont nous disposions. Elle est séculaire. Nos ancêtres ont depuis des millénaires été traités grâce à elle. Il m'est arrivé, enfant, de souffrir de certaines maladies qui m'ont marqué. J'ai souffert du paludisme, d'une otite purulente, de rages de dents, de conjonctivite, des oreillons, etc. Quand je souffrais de paludisme, mon père allait en forêt et ramenait des feuilles d'arbres ou des plantes, les imbibait dans un canari plein d'eau, et l'exposait un moment au soleil. Après il m'emmenait derrière la case, me faisait asseoir sur un morceau de bois et me baignait de ce liquide ; ce qui devait se faire avant le coucher du soleil. Réalisé de cette manière, ce bain s'appelait *étiéh*. Le traitement pouvait durer une semaine. Quand je soufrai de la conjonctivite, papa me soignait en utilisant comme collyre les fleurs d'une plante de la brousse que nous appelons *otwinh*. Une fois, j'ai souffert d'une otite purulente, mon père râpa un os de je ne sais quel animal en déposant la poudre obtenue dans une feuille d'arbre ou de plante qu'il tourna en cornet appelé *oshœl*. Il mit une braise ardente dans le cornet et y souffla. Je sentis comme une irradiation dans mon oreille à travers l'orifice du bout du cornet à moitié introduit. Suivi matin et soir, ce traitement aboutit à une guérison définitive.

Y avez-vous été initié à votre tour ?

Plus tard, face à un cas d'otite dont souffrait un membre de ma famille, je tentais d'appliquer cette thérapie en demandant à ma mère devenue vieille de m'expliquer comment papa procédait. Il fallait savoir de quel animal provenait l'os que papa avait râpé. Elle me révéla qu'il s'agissait de l'os de la panthère. Je tentai de reproduire cette expérience en trouvant un os idoine que je râpai dans une feuille de bananier. Je choisis la feuille de bananier parce que très souvent au village, une fois stérilisée, elle entrait dans des compositions thérapeutiques. Même les femmes enceintes accouchaient sur des feuilles de bananier. J'en fis donc un cornet comme faisait mon père et y glissai la poudre d'os. J'y introduisis une braise ardente et soufflai dans l'oreille du malade. Mais ce dernier m'affirma n'avoir rien ressenti. Nous étions obligés de recourir à la médecine moderne. Une fois, j'ai de nouveau tenté cette expérience mais sans succès. La leçon que j'en tirai était qu'il faut être initié pour exercer la médecine traditionnelle ou appliquer certaines thérapies. Or, mon père ne m'avait pas initié à cette pratique. Peut-être parce que j'étais encore très petit. L'initiation ne se faisait pas d'emblée. Pour chaque pratique, l'initiateur observait l'enfant afin de savoir s'il en avait des prédispositions. Dans la tradition, un père pouvait faire initier son enfant sans que ce dernier s'en aperçoive : soit en lui faisant avaler une potion magique mélangée à de la nourriture, potion dont il pouvait ou ne pas connaître les vertus initiatrices, soit en lui faisant subir un rituel dont il ne remarquera les vertus ou les pouvoirs que plus tard, le plus souvent dans des circonstances particulières où l'on est arrivé au bout de ses propres limites.

La vie au village, ce n'est pas que l'utile. Il y avait aussi l'agréable. Comment passiez-vous les bons moments ?

Au village, l'agréable était souvent lié à l'utile. On veillait à ce que rien ne soit vain, même une simple distraction. L'oisiveté n'avait généralement pas sa place. Nos parents nous inscrivaient alors dans diverses associations. Mon père m'avait mis dans l'association de danse dénommée *A-Kongo-lice*. Cette association réunissait les enfants des villages de la zone Tsampoko autour des valeurs morales telles que la fraternité, l'unité, la solidarité, la compassion, l'entraide mutuelle, etc. Cette association organisait des soirées culturelles, mais aussi des animations folkloriques pendant des funérailles d'un membre ou d'une grande personnalité de la contrée. Lors des soirées culturelles ou des veillées mortuaires, la danse avait souvent lieu autour du feu, et ce jusqu'à l'aube. Cette association organisait aussi des tournois de football mettant en compétition des équipes amicales ou des villages environnants. Le ballon était fait des feuilles de bananier sèches ou d'emballage de maniocs ramassés des poubelles : c'était un boulet ligoté à l'aide des fibres séchées tirées des troncs de bananier (*épouh*) ou des lianes sauvages (*éyouh* ou *lekwœl*). Nous y jouions pieds nus, sans protège-tibia.

Une autre activité qui nous occupait tant était la pêche à l'hameçon. C'était un exercice passionnant exigeant de la patience. Il y en avait de deux types : la pêche à la ligne et la pêche à terriers, pouvant avoir lieu dans les marigots ou les rivières ; et, dans les deux cas, elle commençait par la recherche d'appâts : c'étaient généralement des vers de terre que nous trouvions en creusant de la boue au bord des marigots ou des étangs ; et nous emportions ces vers de terre dans des pots tout le temps où devait se dérouler la partie de pêche. La ligne était une canne de bambou de deux à trois mètres, au bout de laquelle était attaché un fil de nylon de trois à quatre mètres, en fonction de la profondeur des étangs ou des rivières dans lesquelles la pêche devait avoir lieu ; et, au milieu du fil de nylon était attaché un morceau de corps de bambou appelé *éyongo*, ce qui signifie « flotteur », jouant le rôle d'indicateur du mouvement de l'hameçon sous les eaux ; ainsi, au bout du fil de nylon était fixé un hameçon sur lequel devait être accroché, en guise d'appât, un ver de terre pour captiver les poissons. On pouvait aussi se servir d'autres appâts comme les termites, notamment au début de la saison des pluies, c'est-à-dire pendant les mois de septembre et d'octobre. Chaque fois qu'un poisson mordait à l'appât et s'était accroché à l'hameçon, le flotteur était emporté vers les profondeurs ; c'était alors le moment de soulever la canne avec force pour pouvoir tirer le poisson hors de l'eau.

La pêche à terriers exigeait plusieurs hameçons. Un hameçon était constitué d'un morceau de bambou de vingt à trente centimètres, au milieu duquel était noué un morceau de nylon d'un mètre environ et au bout duquel était fixé un hameçon. Et, pendant la pêche, chaque hameçon était déposé dans un terrier ou un trou que l'on faisait au bord de la rivière ou dans un lieu marécageux où séjournaient les poissons. Et lorsqu'un poisson s'était accroché, on le reconnaissait par le fait que le morceau de bambou s'était enfoncé contre le trou. Il arrivait aussi que nous déposions les hameçons dans des terriers le soir, pour revenir les récupérer le lendemain au grand matin. Parfois nous séjournions pendant un ou deux jours dans la brousse, afin de capturer beaucoup plus de poissons ; ce qui avait souvent lieu à la veille des fêtes de nouvel an ou du 14 juillet célébré chaque année à Gamboma qu'on appelait *Eyeng' a Mprouh*, « la fête de France ».

Toutefois, quand nous attrapions du poisson après un long moment de patience, c'était le bonheur et nous jubilions tous. Pendant la partie de pêche, nous préparions du poisson dont nous nous régalions nous-mêmes d'abord, avant d'emporter l'autre part du butin au village et de les présenter aux parents.

Nous tendions aussi des pièges, et il y en avait de plusieurs sortes : ceux dont on utilisait la glue badigeonnée autour de baguettes intelligemment travaillées (qu'on appelle *o'twôh*) ou autour des fibres de raphia au bout desquelles était fixée une termite vivante donnant aux oiseaux l'impression qu'elle était en vol, et ceux en forme d'arc qu'on faisait à l'aide de gaulettes sur lesquelles était fixée une corde formant une boucle ouverte (*abêh, abaah*, etc.). Ces pièges étaient, soit fixés par terre, soit accrochés sur les branches d'arbustes dans les bois ; et, toutefois que, attiré par un appât fixé au-delà de la boucle, un gibier le bousculait pendant qu'une partie de son corps (notamment son cou) s'y retrouvait déjà, le piège sautait et il ne pouvait plus s'en détacher. C'est ainsi que nous attrapions plusieurs espèces d'oiseaux : les perdrix, les cigognes, etc., mais aussi les souris, parmi lesquelles le tarsier (*le'mpfun*), petit mammifère aux grands yeux autour duquel se sont tissées plusieurs légendes chez les Ngangoulou[1]. Ces souris et oiseaux faisaient souvent le régal de nos soirées froides. Cette culture de pièges, nous la devions à nos aînés.

Ils nous ont aussi appris à faire des nasses, ces espèces de piège de poissons ; et il y en a de deux sortes : *okwë* et *le'ntsouh*. Confectionné généralement en bambous et quelquefois en gaulettes, *okwë* est un panier cylindrique soutenu de l'intérieur par deux bagues en liane, l'un au début et l'autre au milieu. A la première bague – servant d'ouverture – est placée une espèce d'entonnoir à la pointe libre (*mbiâh*) et à travers lequel, croyant y trouver quelque refuge, un poisson peut glisser facilement sans une possibilité de retour ; par contre, l'autre bout du panier est aplati tel qu'il puisse être facilement délié et ouvert, afin soit d'y retirer du butin, soit de le nettoyer en le débarrassant des feuilles qui, charriées par les eaux, s'y engouffraient régulièrement, pour le refermer sans effort ensuite.

Quant à *le'ntsouh*, plus étroit et allongé que *okwë*, il est constitué de deux ou trois bagues. Sans être protégé par un entonnoir à l'ouverture, c'est sa forme étroite et allongée qui lui donne la possibilité de retenir un poisson qui s'y engouffre ; car, en dehors de la carpe qui n'en donne parfois que l'impression, les poissons ne décrivent pas une « marche arrière » : ils doivent se retourner pour pouvoir revenir sur leur parcours, une occasion que l'étroitesse de *le'ntsouh* ne leur donne pas.

---

[1] Un adage voudrait que lorsqu'on manque d'une bonne clairvoyante, l'on ferait mieux d'emprunter les yeux de *Le'mpfun*, du Tarsier. Et de la nuit ancestrale ngangoulou court une légende au sujet des yeux du Tarsier : « S'étant tirée d'une sérieuse maladie, la mère du Tarsier était encore convalescente quand une palabre fut organisée pour elle, afin de mettre en garde quelques parents vicieux qui, dans l'obscur, allaient remuer les tombes des ancêtres malveillants pour nuire à sa santé. Pendant que toutes les parties familiales des animaux étaient réunies et n'attendaient que pour commencer la palabre, surgit alors le Tarsier : projetant ses regards sur toute l'assistance, il apeura tout le monde qui se dispersa, empêchant ainsi la tenue d'une palabre bienfaitrice pour sa mère : *Le'mpfun le tsâh okwu a ngoh !* »

Dans une nasse, on pouvait prendre aussi bien des poissons que des petits mammifères des eaux, notamment des tortues, des iguanes voire des serpents ; et il arrivait parfois qu'un oiseau (surtout le canard sauvage, *ntsœh*) – chassant des poissons – plonge un peu plus en profondeur et s'y précipite. Mais, parfois une nasse pleine de poissons était convoitée par un chat sauvage (*obôh*) qui, la détruisant, en faisait son festin.

La taille des nasses dépendait souvent, non pas simplement du bon désir de celui qui les confectionne, mais surtout de la grandeur des cours d'eau ou des marigots dans lesquels elles devraient être placées : plus large était la rivière, plus grande était la nasse, car l'on estimerait en attraper, non seulement de gros poissons, mais aussi une grande quantité.

Nous n'avions pas la notion de piscine, mais à la place nous avions celle de rivière et de marigot. Nous y apprenions à nager, en nous livrant souvent à un exercice fastidieux : l'apnée ou la rétention du souffle sous l'eau. Pour ce faire, chacun, à tour de rôle, plongeait avec une bouteille vide qu'il devait remplir sous l'eau ; et, pendant que s'y maintenant, il devait encore, d'un bras tendu, vider sa bouteille au vu de ceux qui étaient en surface. Et il pouvait ainsi reprendre, deux ou trois fois, cet exercice sans remonter à la surface, aussi longtemps que son souffle le lui permît. Nombreux ne parvenaient à remplir qu'une bouteille ; mais il y avait ces quelques rares bonhommes qui pouvaient aller jusqu'à deux, trois, voire quatre bouteilles. De ceux-là, l'on dit qu'ils avaient le fétiche de *nkaa*, c'est-à-dire le crabe, qui leur permettait de se maintenir sans effort sous l'eau.

Cet exercice de rétention du souffle sous l'eau nous servait aussi de préparation à quelque chose d'autre : échapper aux *mbwœ-mbwœ*, ces miliciens à la solde des colons qui nous obligeaient à transporter leurs bagages pour le grand marché de Ntsa'mprou ; c'étaient des enfants dont ils avaient souvent besoin pour cela, et nous avions grandement peur de cette corvée : elle était très pénible, car les charges étaient si lourdes ! Ainsi nous jetions-nous dans l'eau au passage de ces fameux miliciens. Mais très souvent, ils s'arrêtaient sur le large, attendant un moindre geste. Ceux d'entre nous qui ne résistaient pas longtemps sous l'eau finissaient par se rendre aux miliciens en levant les mains en l'air ; ainsi étaient-ils enrôlés pour le transport des bagages jusqu'au prochain village où d'autres enfants devaient prendre le relais. Et, de ceux qui réussissaient à se maintenir longtemps sous l'eau, ces miliciens s'imaginaient qu'ils devaient y parvenir par la grâce des fétiches ; ainsi poursuivaient-ils leur chemin sans plus attendre. Quelquefois, s'apercevant qu'ils y demeuraient encore, ils se servaient de longs bâtons qu'ils essayaient de piocher çà et là dans l'eau. Ce faisant, il arrivait que le bâton ricochât sur la tête d'un fuyard qui se rendait sans effort et rejoignait leurs compagnons d'infortune vers l'autre village.

Mais, outre l'apnée, nous nous exercions aussi à ramper dans la savane sous la paille, en y créant des pistes. Aussi nous éclipsions-nous à travers ces pistes au moindre cliquetis des sabots de ces colosses ; et nous pouvions ainsi parcourir quarante à cinquante mètres, ou même plus pour leur échapper. Tels des gens qui fuyaient une guerre, aussi devions-nous nous servir de toutes sortes de subterfuges pour fuir ces crapuleux miliciens au service des colons.

Il arrivait aux aînés de nous exercer à un jeu complexe. Ils nous exigeaient quelque chose d'impossible : la quête des « dents de poule ». De village en village, nous devions courir, parcourant plusieurs kilomètres, pour rencontrer un habitant dont le nom n'était parfois pas révélé ; et, en nous approchant d'un ancien pour en savoir plus, nous étions envoyés chez un autre, habitant un autre village plus éloigné. Quand nous retrouvions celui que nous cherchions, il poussait une exclamation de dépit qui revenait souvent : « Hélas ! », nous renvoyant dans un autre village plus loin encore ; et tout cela pour nous faire éprouver davantage. Quelquefois on arrivait chez quelqu'un qui nous signifiait que d'autres enfants nous avaient déjà précédés et qu'ils avaient déjà emporté ces fameuses « dents de poule » ; par conséquent, dussions-nous poursuivre notre route vers le village suivant, en vue de rencontrer quelqu'un d'autre. Et, au bout du compte, compatissant à notre sort, un bon sexagénaire vers lequel nous nous tournions finissait par nous dire : « Mes enfants, ça ne sert plus de courir ; rentrez chez vous : elles ont déjà été prises par quelqu'un de votre village ».

Mais cela pouvait durer des semaines entières.

Convaincus de cette quête inachevée, nous ne nous lassions pas de courir, avant de finir par nous apercevoir au bout du compte que ce n'était qu'une fable : la poule est un oiseau ; comme les oiseaux n'ont pas de dents ; elle n'en a pas non plus ; les aînés profitaient simplement de notre naïveté d'enfants pour nous tourner en ridicule et nous faire balader. Plutard, nous le faisions faire à nos cadets ainsi de suite.

Vous parlez du village avec tellement de passion…

Le village est pour moi un trésor ; c'est le berceau qui m'a vu naître, qui m'a porté. C'est de lui que je dois toute la culture que j'ai de la tradition ngangoulou : il m'a appris beaucoup de choses avant que je n'aille à l'école où, apprenant la langue française, je me suis ouvert à la culture occidentale. Un bel exercice qui m'a permis de conforter cette rencontre entre les langues française et ngangoulou : l'écriture des lettres. Quand j'avais atteint le cours préparatoire deuxième année, ma grand-mère me demandait souvent de lui écrire des lettres qu'elle devait envoyer à des parents qui habitaient la ville. J'apprêtais du papier et un stylo ; elle me parlait en ngangoulou et je m'efforçais à transcrire ces paroles en français. C'était pour moi, à la fois une dictée et un exercice de traduction. Quelquefois, à la fin de sa dictée, elle me demandait de lui relire sa lettre, c'est-à-dire de lui redire ce qu'elle venait de dire ; ce n'est qu'à la fin que, convaincue de mon effort de transcription et de traduction, elle me demandait de plier la lettre et de la lui donner. A l'époque, les enveloppes étaient rares ; ainsi l'on pliait la feuille de papier de lettres en forme de triangle sur lequel on écrivait, d'un côté le nom de l'expéditeur et de l'autre celui du destinataire. En prenant sa lettre, ma grand-mère la fixait par devers un bambou, l'un des supports de la face du mur de l'antichambre de sa case. Je me retirais tout content d'avoir passé une épreuve si formatrice pour un enfant de paysan qui va à peine à l'école.

Grâce à l'école, j'ai donc appris à transcrire et à traduire en français les acquis de l'éducation et de la culture traditionnelle dont je disposais au départ en ngangoulou, mais aussi en ngangoulou ce que la langue française m'apportait de connaissance scientifique.

Et le Congo pour vous à cette époque-là ?

A cette époque, nous étions sous la colonisation française. Avant mon entrée à l'école, je ne savais pas que le pays que j'habitais était le Moyen-Congo. Je ne connaissais pas encore les quatre points cardinaux : le Nord, le Sud, l'Est et l'Ouest. Presque tous les enfants de ma génération baignaient dans cette ignorance. Le monde ne se limitait qu'à notre univers plus ou moins connu, constitué de quelques contrées et de quelques villages environnants : E'ndzienh (Tsampoko), Etoro, E'ntaah, E'ntsiaah, Ngui'inh, etc., mais surtout Mbêh (francisé en Mbaya), le village de *Nga-mban²*, le plus grand notable (*nga'nk*o) de notre contrée ou terre (*ntsié*) ; à côté de la terre de Mbêh se trouvait Nga-a'mban (francisé en Gamboma), qui deviendra le chef-lieu du district ; l'on entendait encore parler d'autres contrées des Ngangoulou, plus lointain encore pour les enfants que nous étions, comme Kœl, E'mpôh, Oboh, E'ngouë ; et, au-delà d'E'mpôh, on parlait aussi des contrées de Mbanh (Boma) et de Kwëh (Koukouya) ; et, au Nord de Oboh, de Tékê-alima, et à l'Est de la terre Ekouabongo en pays mbosi (Mbochi aujourd'hui) d'où ma grand-mère paternelle était originaire ; et puis encore, des villages Motokamba et de Makotipoko en pays Moye ; et puis, plus loin encore, au-delà du fleuve, du côté de Belce³, la cité de Bolobo que les Ngangoulou nomment depuis toujours Obaanh, avec l'idée que son bâtisseur ou l'ancêtre hyponyme de ses habitants fût originaire du pays ngangoulou, comme le grand notable Abongo du village Ontr'a-nkassa, à quelques kilomètres de Bolobo, se réclamait même Ngangoulou… Je savais donc au départ que nous étions A'ndzionh, mais plus tard débaptisés sous la colonisation en ngangoulou, une francisation de *A'ngwœ- ngwœl* ; qu'il y avait juste à côté de nous des Boma, des Koukouya, des Ndzikou, des Tékê-alima, des Mbochi et des Moye, comme les femmes de Motokomba séjournaient régulièrement dans notre village, échangeant des objets de poterie (canaris) et du poisson contre du manioc et des habits en raphia. J'entendais parler du village Lessanga, d'où ma grand-mère paternelle était originaire. Je voyais passer les Boma qui se rendaient au marché de Tsa'mprou pour y vendre des cacahuètes et y ramener du poisson et des canaris.

Mais quand j'arrivai à Gamboma à la suite de mon admission au concours d'entrée au cours moyen première année (assortie d'une bourse d'études), je commençais à entrevoir peu à peu qu'au-delà des pays et des peuples connus de mon univers traditionnel, s'étendaient encore d'autres régions plus éloignées et que mon pays était si vaste. Ainsi entendais-je parler de la région des Plateaux dont faisait partie le district de Gamboma, de

---

² C'est un titre de pouvoir traditionnel comme il en est de *mbakwo*, *okwôh* (onko ou makoko), *ngali'inh*, etc.
³ C'est ainsi qu'était patoisé (en ngangoulou) le mot « belge », pour désigner en fait le Congo belge.

la Likouala, de la Sangha, la Likouala-Mossaka débaptisée plus tard préfecture de l'Equateur, du Pool, du Kouilou, du Niari, et bien d'autres encore, et qu'il regorgerait d'une richesse si diversifiée et séculaire, aussi bien ethnique, culturelle que naturelle, dont la connaissance nécessiterait des années d'étude et des thèses sans fin.

Comment découvrez-vous l'école ?

La nouvelle s'était répandue dans toute la contrée que l'école de Mbaya allait ouvrir ses portes. Et, un matin, mon père était en pourparlers avec ma grand-mère maternelle autour de ma personne : pendant que mon père avait l'intention de m'envoyer à l'école, ma grand-mère ne l'entendait pas de cette oreille ; et, n'osant pas contrarier mon père, ma mère assistait à la querelle entre sa mère et son mari, sans pouvoir dire un seul mot. Elle était toute triste.

Et comme la tradition, entretenant une pudeur proverbiale, ne permettait pas qu'une belle-mère et son gendre se tinssent l'un en face de l'autre, ma grand-mère se tapissait dans un coin de sa case tandis que mon père était dehors, un peu de côté contre le mur ; ils se disputaient durement.

Je n'avais pas connu ma grand-mère paternelle : elle était décédée bien avant ma naissance. Ma grand-mère maternelle était donc la seule qui m'était restée. Que devait être l'école pour elle si ce n'était la séparation au sein de la famille !

En fait, mon père et ma mère avaient vu trépasser cinq enfants les uns à la suite des autres, et la tradition dira qu'elle n'en a gardé aucun. Ainsi, craignant pour ma vie, ma grand-mère m'avait recueilli dès le sevrage, et j'étais l'objet d'une attention particulière, tant elle me maternait inlassablement : c'était ma protectrice, et je passais plus de temps avec elle qu'avec mes géniteurs. Apprenant alors la nouvelle de mon inscription à l'école, elle se mit alors dans tous ses états. En dépit des ardeurs de mon père à lui traduire ses pensées, elle tenta de lui opposer une farouche résistance. Mais c'était lui mon géniteur : il avait le dernier mot, sa décision était prise : « Je préfère laisser mon fils aux mains des Blancs plutôt que de le voir traîner dans le village ».

Ma grand-mère ne comprenait rien de l'école. Elle avait plutôt peur qu'un malheur m'arrivât loin d'elle ; le fait de me perdre de vue était inquiétant. Elle assimilait cette séparation à une disparition, voire à la mort. Comme elle ne pouvait plus rien, pour s'opposer à mon départ, elle fondit en larmes et se mit alors en cache-sexe, comme si elle portait un deuil, roulant par terre, se vautrant de cendres. Spectacle contrariant et douloureux pour le petit Mongo que j'étais, et que mon père ne put supporter. Mais il avait pris sa décision : « Mon fils sera aux mains des Blancs ! ».

Et votre grand-mère finit par entendre raison...

Oui, mais malgré elle.

La situation lui est finalement imposée par le côté investi de la puissance paternelle, je suppose ...

Elle ne lui est pas imposée. Quelques jours avant la rentrée scolaire, mon père devait m'accompagner au village Akana, chez ma grand-mère, pour lui dire au revoir. Ce jour-là, pendant que nous marchions, à mi-chemin d'Akana surgit sa silhouette devant nous. Apercevant mon père, elle s'éclipsa furtivement derrière un buisson.

Pour quoi donc ?

Par pudeur : la tradition recommande qu'une belle-mère évite de se retrouver en face de son gendre, comme je l'ai dit entre temps. Elle nous laisse donc passer pour ne pas se retrouver nez à nez avec mon père, son gendre. Aussi la coutume ngangoulou interdisait-elle à une belle-mère et un gendre de se parler l'un en face de l'autre ou de se serrer la main. Mon père qui comprenait parfaitement ce geste s'arrêta à la hauteur du bosquet et conversa avec sa belle-mère à travers les arbustes, lui signifiant, entre autres, que nous allions chez elle pour que je lui dise au revoir, car dans quelques jours je devais aller à l'école à Mbaya. Elle lui demanda de la précéder et de l'attendre chez elle, à Akana. Entre temps, elle allait rendre visite à une amie très malade au village A'mprou[4].

---

[4] Ce nom signifie : « les cimetières ». Ce nom n'a pas de singulier ; ainsi l'on se sert d'un autre *a'mpi'inh*, « les tombes » dont le singulier est *mpi'inh*. Ce village

Après cet entretien, nous poursuivîmes notre chemin jusqu'au village Akana ; et, en attendant le retour de la grand-mère, nous allâmes nous installer chez l'un de ses fils, mon oncle maternel Douniama.

Ma grand-mère était mère de trois enfants. Ma mère était le dernier des trois, et l'aînée était aussi une femme, maman Ngalou Ewoo que cet oncle suivait. Il installa pour mon père une chaise longue avec un dossier en peau d'antilope. Pour ne pas importuner par sa présence leur conversation, je courus vers quelques copains avec lesquels je grandissais, notamment pendant mon séjour auprès de ma grand-mère.

Revenue d'A'mprou, la grand-mère me fit chercher afin d'annoncer son retour à mon père. Ce qui fut fait. Ainsi alla-t-il la retrouver dans sa case. Comme de coutume, ils conversaient au travers du mur, mais dans l'apaisement plutôt que dans la chamaille comme l'autre fois. J'obtins alors l'assentiment de la grand-mère pour commencer l'école. Pour sanctifier son acte, elle crachota de la salive sur moi et sur le sol, en prononçant une formule : « *Tsouh sâ-sâ !* », pour signifier que tout devrait désormais aller comme sur les rails, et que la querelle qui avait eu lieu l'autre fois devrait être mise au compte de l'incompréhension et ne plus être évoquée, de peur que quelques malins en profitassent pour nuire à ma vie.

C'est donc le départ pour l'école…

Nous fumes un groupe de quelque sept enfants du village E'ndzienh qui devaient s'inscrire à l'école de Mbaya. Ainsi, le 14 octobre 1945 au grand matin, nous quittâmes E'ndzienh pour Mbaya, distant de 12 kilomètres. Le chemin était une piste qui serpentait à travers la savane, les clairières et la forêt, en passant par deux ruisseaux : *Mpfoo* et *Mpwonh,* dont nous franchîmes le cours par une passerelle de bois posé en travers la voie, avant d'atteindre le premier village, Ntsio-Ekô, et continuer vers d'autres encore : O'mpfou'nh, Li'inh, Ntswo-a'nkâh, Onwêh, Mpanh.

A'mprou sera uni, dans les années 60 du siècle dernier, avec d'autres pour former Etoro (francisation de *etôôh*). C'est ainsi qu'on l'appelle traditionnellement *Etôôh ki a'mprou*, comme il existe d'autres villages portant le nom *etôôh* dans les contrées ngangoulou.

Ce jour-là, nous arrivâmes à Mbaya aux environs de midi. Ce n'était pas un village étranger pour moi, quoique ce fût la première fois que mes pieds foulaient son sol ; car le grand notable de ce village, Mbi'ntsun[5] (francisé en *MBitséné*), qui était aussi le chef de la Terre Mbaya[6], était un oncle paternel, et son conseiller, Nga-a'tah[7], un grand-père paternel. Et bien d'autres parents y résidaient encore, entre autres, Dzon-Kidzion, un grand chasseur.

Mbaya était formé de plusieurs quartiers. Le plus célèbre était Nkalâ-nkô, qui était le siège du pouvoir traditionnel de Mbi'ntsun en tant que *Nga'mban*, constitué de sa cour, des cases de ses multiples épouses et celles de ses proches conseillers.

A notre arrivée à Mbaya, nous fûmes accueillis par Nga-â'tah. Il s'engagea de nous héberger tous.

Votre première nuit à Mbaya…

Dans la case du vieux Nga-â'tah, il y avait deux lits en bambous sur lesquels étaient posées des nattes. Comme nous ne pouvions pas suffire tous sur ces deux lits, d'autres y étalèrent des nattes à même le sol pour passer la nuit. Ce qui ne devait gêner personne, puisque c'était souvent le cas dans nos villages.

Le jour de la rentrée scolaire à Mbaya, vous entriez pour la première fois dans une salle de classe…

Le lendemain matin, 15 octobre 1945, nous nous dirigeâmes vers l'école. C'était à la fois le jour de l'ouverture de l'école de Mbaya et de la rentrée scolaire. Le maître était un instituteur, monsieur Pierre Loufoua. Il nous reçut tous, et monsieur Ndzio Lambert, un ancien élève de Gamboma,

---

[5] Un nom de famille, *Mbi'ntsun* signifie : « Le défaut c'est d'être assis, stable… », autrement dit il vaut mieux « bouger » (être en mouvement, à la quête de…) plutôt que d'être sur place, en un seul lieu, de végéter. Et, en tant que grand notable, donc chef de village, il régnait sous le titre de pouvoir traditionnel de *nga'mban*, ce qui signifie : « détenteur des pouvoirs des boas ».

[6] Comme nous l'avons dit plus haut (voir p.15, note 2), la Terre Mbaya était une des cinq circonscriptions administratives coloniales de l'aire ngangoulou.

[7] Un titre de pouvoir traditionnel comme *mbakwoh*, *nga'mban*, *nga'nkwœl*, etc., ce nom signifie : « possesseur ou détenteur des pouvoirs du soleil ».

devait assurer l'interprétariat entre lui et nous. Ainsi, nous sûmes plus tard que Loufoua était Kongo, originaire du district de Boko ; nous savions cependant que Ndzio était originaire de Mbaya, descendant de Kœb Ng'opoh, le père de Mbi'ntsun. C'est de lui que celui-ci avait hérité le trône et la fonction de chef de Terre.

Pieds nus, nous étions torse nu, vêtus d'un morceau d'étoffe, souvent noué autour des hanches ou parfois croisé devant le torse et noué derrière le cou.

Monsieur Loufoua nous fît tous entrer dans une salle de classe. Le bâtiment de l'école n'était pas une case comme les autres ; c'était une maison, plus grande et plus haute que la plupart des cases du village. D'une toiture en paille, elle était constituée de deux compartiments. Le petit compartiment avait une porte solidement faite en bois : elle servait de magasin ou de bibliothèque de l'école. Le grand compartiment servait de salle de classe.

Notre salle de classe était, en effet, un vaste espace rectangulaire. Elle était meublée de moitié par deux rangées de dix tronçons d'arbres chacune, posés sur des fourches solidement plantées dans le sol, régulièrement espacés les uns des autres, qui faisaient office de bancs. Devant, sur deux mètres environs s'étendait dans le sens de la largeur une estrade accessible par deux marches que soutenait une petite barrière de lianes, et au-dessus de laquelle, sur deux fourches servant de chevalet, trônait majestueusement au milieu, contre le mur, un morceau de contre-plaqué peint en noir : c'était le tableau ! Tandis que du côté droit, une étagère en bambous dissimulait, en guise de siège, un tronc d'arbre bien aplati, comme le tout devait servir de bureau du maître. Le sol de cette salle était en terre jaune.

Planté devant la porte, le maître faisait l'appel à partir d'une espèce de registre qu'il tenait dans ces mains ; et, chaque fois, il indiquait à chacun sa place. Par la suite, il procéda à un contrôle particulier. Quelques jours plus tard, les enfants qui lui paraissaient trop âgés, soit plus de quatorze ans d'âge, étaient sortis de la classe et renvoyés de l'école.

La première semaine fut consacrée à l'assainissement de la cour de l'école et de ses environs. Les cours débutèrent la deuxième semaine. Le fils de paysans que j'étais allait alors commencer à découvrir « la magie des Blancs ». Nous commençâmes par l'étude des voyelles et des consonnes.

Au début, ces signes me paraissaient étranges et vagues, et je me demandais intérieurement à quoi tout cela devait me servir. Je n'y comprenais rien et semblais maudire mon père qui m'avait ainsi condamné à subir ce sort. Je ne savais pas ce que je devais faire là. L'école n'était sans doute pas mon univers. Ma pensée me faisait promener, et au-delà de la salle de classe, à travers mon village E'ndzienh et par-delà les savanes et les forêts de Tsampoko, et je me voyais partout en train de : …hâter le pas derrière papa pour les champs ; faire le singe en sautant d'une branche à une autre dans un bois derrière le village avec quelques amis ; tendre des pièges…, et bientôt un oiseau, un rat ou un écureuil à la main ; ajuster quelques hameçons, ô ma ligne, mes nasses ! Quoi de plus passionnant qu'une pêche fructueuse devant régaler toute la famille le soir ! …plonger dans le ruisseau du village pour nous exercer à l'apnée ; danser autour du feu le soir ou écouter les contes du vieux A'ngah… Dessouchant les enfants de leurs racines l'école était sans doute une malédiction ; et, pas plus que mon père, ma grand-mère avait donc raison… Toutes ces idées traversaient durement mon esprit que j'estimais heureux au village que tapis sur un banc de l'école tout malheureux.

Vous finissez par prendre le premier cours de votre nouvelle vie, la vie scolaire…

C'était le 23 octobre 1945 que nous commençâmes à faire effectivement cours. Quand nous entrâmes dans la salle de classe, des signes étaient déjà écrits sur le fameux tableau de contre-plaqué. C'étaient des lettres de l'alphabet français. L'apprentissage commençait par l'étude des voyelles : *a o i u e é è ê*, et puis les nombres simples de 1 à 9, avant d'étudier les nombres composés à partir de 10. Nous devions les retenir par cœur.

Mais nous avions l'obligation de ne parler qu'en français, aussi bien dans la cour de l'école que dans le quartier. Pour ce faire, le maître institua un symbole : c'était une boîte de conserve vide, remplie d'objets répugnants et nauséabonds, telles des fientes de poulet ; et à laquelle était attachée une corde par laquelle l'élève condamné à le porter pouvait le mettre au cou, telle une grosse médaille descendant jusqu'au nombril. C'était une épreuve très stressante, car celui qui l'avait sur lui devait le dissimuler sous le pagne afin que personne ne s'en aperçût ; et, pour pouvoir trouver un relayeur, il lui fallait épier tout le monde, feignant d'être « sain ». Ceux qui savaient qu'il en détenait couraient pour l'éviter, jouant quelque fois à des jeux de cache-cache. Gare à celui qui se faisait surprendre en train de parler en patois ou même d'en prononcer ne fut-ce qu'un seul mot : c'était alors son tour de l'arborer. Ainsi, le symbole passait d'un élève à un autre ; et celui chez qui il avait passé la nuit s'exposait le lendemain à dix coups de fouets au fesse : forcé de s'allonger à plat ventre sur une table, il y était maintenu par quelques bons gaillards afin qu'il ne bougeât pendant l'épreuve du fouet. Mais il arrivait que, très ingénieux, celui qui était surpris en train de patoiser protestât et refusât de prendre le symbole, en feignant que celui qui le lui tendait venait lui-même de patoiser ; car il aurait dit : « *é-symbole !* », ce qui est une forme patoisée du français : « Le symbole ! ». Et, le plus souvent, une bagarre s'ensuivait.

De cette légende du symbole, je me souviens encore de deux collègues très astucieux : Ebata François dit Ebatha Franck et Ngankama Albert.

Franck était très inventif. Un jour, il reçut le symbole et n'arrivait pas à s'en débarrasser. Craignant de subir le fouet du maître le lendemain, il s'imagina un stratagème : il écrasa du piment sec dont il mélangea la poudre avec de la cendre et enroula le tout dans un morceau de tissu.

Or chaque soir, les élèves de chaque village devaient, à tour de rôle, passer la nuit à l'école pour que le maître ne se retrouvât seul et isolé avec sa femme et ses enfants. Et ce soir-là, c'était le tour des enfants de E'ndzienh que nous étions. Dès lors, Franck se mit à roder autour de la case de garde et, s'approchant de la fenêtre, il tapota sa petite potion de laquelle s'évapora la cendre pimentée, emportée par le vent jusqu'à l'intérieur de la case ; ce qui nous fit suffoquer et réveiller tous, nous provoquant des éternuements et instinctivement des réactions, mais hélas ! En patois : *Okié éma ?*[8]. Alors « maître » Franck s'y précipita, nous tendant la boîte : « Le symbole ! ». De cette manière, il nous coinça ce soir, nous obligeant à notre tour d'aller, un peu plus loin au cœur du village, à la quête d'une éventuelle victime.

---

[8] « C'est quoi ça ? »

Contrairement à Franck, Albert en avait assez de porter le symbole et d'être ainsi frappé par le maître. Un matin, il arriva très tôt à l'école avec « son » symbole. Prévoyant le fouet, il avait plaqué contre ses fesses une peau de cabri qu'il réussit à dissimuler sous son pagne bien noué autour des hanches. Le maître commença alors à lui asséner de violents coups de chicotte. Mais, à l'étonnement de tous, il ne pleurait pas ; et, à chaque coup, le maître constatait un bruit quelque peu anormal. Il souleva alors le pagne et le subterfuge fut dévoilé. Nous fûmes tous surpris. Le maître lui enleva la peau de cabri et continua à le frapper, lui administrant une correction à la mesure de son imagination limitée qui lui coûta bien plus de pleurs.

Vous portiez des pagnes noués autour du cou, dites-vous ?

Bien sûr que oui. C'était seulement quelques mois après cette rentrée scolaire que je commençai à porter la culotte. En effet, en décembre 1945, mon père, qui était parti pour Bolobo, un village du Congo-belge, nous envoya deux shorts à brettelle, l'un pour son neveu Ngouala Maurice et l'autre pour moi. Dès lors, nous étions les seuls enfants du village E'ndzienh qui, portant des culottes, abandonnâmes le pagne ; ce qui nous fit rejoindre le groupe d'enfants de Mbaya porteurs de culottes : c'était pour nous un signe d'évolution. Mais, n'ayant pas de fer à charbon – qui, existant déjà à l'époque, n'était pas à notre portée –, nous ne pouvions nous offrir le luxe de les repasser ; pour ce faire, après les avoir lavés et fait sécher, nous les pliions, les mettions sous la natte et dormions dessus afin d'en redresser les plis et de les rendre plus présentables le lendemain matin. Toutefois il fallait savoir garder précieusement cette culotte. Ainsi, n'ayant jamais abandonné mon pagne, je ne portais ma culotte que pour aller à l'école, ce qui permit de la conserver jusqu'au cours préparatoire deuxième année.

Pendant les vacances qui, du CE1 m'amenaient au CE2, j'allai à Motokomba, chez Mayala, un cousin paternel de mon père qui était moye. Il était donc, pour moi, un oncle paternel. Il m'amenait souvent à la pêche sur un affluent du fleuve Congo. Chaque soir, pendant un mois, nous allions lancer du filet épervier (*kasnète*) dans l'eau. En le tirant, beaucoup de poissons se faisaient prendre. Après avoir pêché toute la nuit, nous rentrions toujours avec une pirogue remplie de poisson. Ces poissons étaient écaillés puis fumés quotidiennement, mis dans des paniers, puis stockés. Par la suite, cet oncle paternel alla les vendre à Bolobo (au Congo belge). Après la vente, il me remit de l'argent : c'était ma part ; en plus, il m'acheta un tissu indigo dont je me fis confectionner deux culottes à Motokomba, avant de rentrer à E'ndzienh.

Cette année-là, je repartis à Mbaya avec deux culottes bleues que je pus conserver jusqu'au CM1.

Selon certains de vos condisciples à l'école primaire, au départ on vous appellait Emmanuel Mongo. A la fin du cycle, vous devenez ensuite Emmanuel Ngouélondélé Mongo. Comment expliquez-vous cela ?

Quand j'étais arrivé à Mbaya le premier jour de la rentrée scolaire, je m'étais fait inscrire dans le registre d'appel sous le nom de Mongo Emmanuel. Je ne savais pas que dans la monographie générale, mon père m'avait fait enregistrer sous celui de Ngouélondélé Mongo Emmanuel. Comme dans toute tradition authentique, chez les Ngangoulou tout vrai nom est un présage ou un adage. Aussi, considérant le fait que ma mère avait perdu successivement cinq enfants avant ma naissance, j'étais donc venu au monde, en sixième position, dans un désespoir total ; ainsi, dès l'instant où ma mère m'accoucha sur une feuille de bananier qu'on avait fait passer au feu pour pouvoir la stériliser, mon grand-père maternel, qui voulait défier mes parents paternels à qui il imputait ces décès, s'écria : *ondé ke ngwœl-o'ndœl !* Ce qui signifie : « *Celui-ci est désormais au-delà de la limite* » ; autrement dit, il est une borne infranchissable. Car, de *Ngwœl*, « au-delà de… », et *o'ndœl*, « ligne, limite », ce nom voudrait signifier : « Voici une borne, une barrière qu'on ne devrait plus franchir… ». C'est donc ce nom de *Ngwœl-o'ndœl* qui sera francisé en Ngouélondélé. C'était pour lui une façon de dire qu'il en avait assez, qu'il ne se permettait plus de perdre de petits-fils.

Entre temps, presque dans le même contexte évocateur, mon grand-père paternel m'avait attribué son nom : *M'o'ngoh*, ce qui signifie : « celui qui, telle une panthère, a de la bravoure » ; autrement dit : *me ndi ngoh, ébé min opwé* : « je suis une panthère qu'on ne devrait pas provoquer ». Dès lors, je me retrouvai avec deux noms : Ngouélondélé Mongo.

En fait, du CP1 au CM2, on m'appelait Mongo Emmanuel. C'était au moment où je devais me présenter au certificat d'études primaires et élémentaires (CEPE) que je découvris mon nom de Ngouélondélé alors que je me rendis alors au centre d'identification du district pour me faire établir un jugement supplétif. Le chef de district, monsieur Jean Courrégé, fit venir monsieur Joseph Mpan, l'interprète de cette époque, qui apporta la monographie du village Tsampoko ; et, en la feuilletant, il s'aperçut que j'avais été inscrit sous le nom de Ngouélondélé Mongo. Mon père avait prénommé «Manuêe» interprété comme « Emmanuel ». Monsieur Courégé doutait certainement que mon nom de *Ngouélondélé* se retrouvât dans la monographie qui était établie lors du recensement de l'époque. Le parcourant, il m'observa pendant un bon moment et demanda à monsieur Mpan de ramener mon année de naissance de « vers 1936 » à « vers 1937 ». Ce qui fut fait. Un jugement supplétif me fut alors établi. Ainsi, de Mongo Emmanuel à l'école de Mbaya, je devins à partir du CM2 à Gamboma : *Ngouélondélé Mongo Emmanuel*, né vers 1937.

Quelle a été l'appréciation finale de votre père sur la composition de votre nom ?…

Mon père n'était plus en vie quand s'opéra ce changement dans mon patronyme. A six mois de la rentrée scolaire, j'étais un jour en classe quand on vint m'informer qu'il était sérieusement malade au village. Je sollicitai alors une permission auprès de mon maître pour me rendre au chevet de mon père. Quand j'arrivai au village, je le retrouvai dans notre case, allongé sur une natte. Autour de lui se trouvaient ma mère, ses rivales mamans Man-bo et A'mboh, et une dizaine d'autres femmes, parentes et voisines, qui, par moment, étouffaient quelques pleurs. Ma mère était assise sur une natte, adossée contre le mur ; elle tenait la tête de mon père jusqu'à la hauteur de sa poitrine et le reste du corps allongé sur la natte entre ses jambes ; et, les yeux fermés, il soufflait très fort par la bouche. De quoi souffrait-il ? Je ne le savais pas : à huit ans j'étais encore enfant et n'eus le courage ni le réflexe de le demander à ma mère.

Deux jours s'écoulèrent, il était toujours dans le même état : sans gémir, il respirait bruyamment avec beaucoup de peine. Il n'y avait pas de médecin dans la contrée ; mais, de temps en temps, un féticheur s'introduisait dans la case avec quelques breuvages ; et, pour pratiquer ses rituels, il demandait à tout le monde de sortir de la case et le laisser avec le malade ; seule ma mère était autorisée à y rester pour le soutenir. A la fin de ses pratiques, il invitait le monde à y revenir.

Le troisième jour, au beau milieu de la nuit, les pleurs des femmes s'éclatèrent brusquement et s'intensifièrent. Je me réveillai en sursaut et compris ce qui venait de se passer : *Yêêh !* Ce qui signifiait tout : « c'est fini, papa vient de rendre l'âme ».

Je m'aperçus alors que je n'avais plus de père, et j'éclatai en sanglots. Plusieurs pensées tourbillonnaient dans ma tête : « Mon père qui me chérissait et m'adorait tant ; c'est lui qui m'initiait à la vie… ». Ma conscience ramena en surface une multitude de souvenirs des moments de notre vie passés ensemble dans les champs, à la récolte du vin de palme, à la pêche, dans les marigots en train de visiter les nasses, dans les forêts ou la savane tendant des pièges; en voyage, sur le chemin du village E'ntah, au milieu de la savane qui s'étendait vers Gamboma que les Ngangoulou appellent poétiquement : *obanh a nga-a'mbanh* ; ou encore vers les montagnes du village Odzioh[9]…

J'avais tellement pleuré que ma mère ne put se contenir de me voir dans cette douleur ; ainsi, elle vint, malgré sa propre peine, me consoler, me suppliant de me calmer : « C'est le destin de nous tous ; chacun va en son temps et à sa manière… ». Et elle me demanda de trouver un endroit pour m'asseoir.

Le lendemain, de bon matin, quelques habitants du village – qui étaient en fait les parents de mon père – se réunirent et décidèrent de l'organisation des obsèques. Des messagers furent envoyés vers d'autres villages où il avait des parents proches. D'ailleurs, traduisant en acte le sens de l'adage : *aso obrou, si odoh*, ce qui signifie : « la parenté se sous-tend mieux par l'amitié », chez les Ngangoulou la solidarité dépassait les limites de la famille. Ainsi, non seulement dans un village les habitants sont généralement des parents les uns des autres, mais aussi ceux des villages d'une même contrée ; de ce fait, se connaissant tous les uns les autres, ils se retrouvaient toujours en grand nombre aux obsèques d'une personnalité dont le séjour terrestre venait de s'achever.

---

[9] Ce qui signifie : « enterrement ».

Aux obsèques de mon père, le village fut comble de monde. Comme sa case était de trois pièces, ses parents décidèrent de transformer la première en véranda, en en démontant les trois murs de devant, afin de mieux éclairer et aérer le lieu des obsèques, mais surtout de faciliter le mouvement des gens ; et, un peu au milieu de la salle, ils aménagèrent à la sauvette un petit grabat : quelques morceaux de bois sur lesquels furent ajustés un sommier et une natte neuve ; ensuite, après avoir couvert de soie blanc (*fooh*) le corps, ils le firent sortir de la pièce attenante et l'étalèrent sur cette dernière couche publique.

Les obsèques durèrent quatre jours. Au grand matin du quatrième jour, une bière fut apportée. Moins qu'un cercueil, comme nous en connaissons aujourd'hui, c'était plutôt *O'mbêh* : un grand coffret confectionné avec art à l'aide de branchettes et de palmes ajustées et ligotées les unes aux autres par des lianes bien travaillées, le tout couvert de nattes neuves. La dernière toilette faite, le corps fut enveloppé de *fooh* et introduit dans cette majestueuse caisse. Et, placé sur quatre traverses de bois, le corps de mon père fut levé pour sa dernière demeure.

Or, chez les Ngangoulou, chaque famille, ou mieux chaque village, avait son cimetière. Mais, au lieu du cimetière du village, mon père fut enterré dans une tombe aménagée derrière notre case. Aussitôt je ressentis, plus que l'absence d'un être cher, l'angoisse et le vide de perdre un père : « Papa n'est plus, je suis désormais orphelin ».

Un jour après l'enterrement de mon père, je décidai de repartir à l'école. Ma grand-mère maternelle me fit du manioc et me mit en chemin avec mon paquet sur la tête. Après une demi-journée de marche, j'atteignis Mbaya en fin de matinée.

Depuis lors, ma grand-mère maternelle était devenue mon véritable tuteur. Plus que mon père et ma mère à la fois, elle s'occupa de moi du CP2 au CM2. Elle ne cessa de me rappeler toujours la parole de mon père : « Je préférerais laisser mon fils aux mains des blancs… » Ce qui me parut une prémonition, puisqu'il mourut sept mois plus tard après mon entrée à l'école.

Terminez-vous toutes vos études élémentaires à Mbaya ?

L'école primaire de Mbaya n'avait qu'un cycle cours, du CP1 au CE2. A partir du CE2, l'élève devait présenter un concours pour être admis au cours moyen première année (CM1) ; ce qui l'amenait à l'école régionale de Gamboma, le chef-lieu du district.

Je n'ai jamais oublié le sujet de l'épreuve de rédaction : « Pendant vos vacances, vous prenez part à une partie de chasse, vous attrapez un petit oiseau et vous décidez de lui rendre la liberté. Dites pourquoi ? ».

Ce sujet me parut merveilleux ; car, ayant plusieurs fois pratiqué la chasse aux oiseaux au village, je me représentais vite ce que c'était, et je m'efforçai de traduire mes idées. Admis au concours, je devais être boursier et de surcroît interné. Ainsi, arrivé à l'école régionale de Gamboma, je fus conduit à l'internat avec d'autres élèves.

Et vous découvriez Gamboma…

Oui, c'était la première fois que je découvrais Gamboma, après plusieurs kilomètres de marche, vingt-cinq environ en partant de Mbaya.

Gamboma était notre capitale. Nous étions émerveillés de voir des maisons en matériaux durables qu'on ne trouvait pas à Mbaya. Elles étaient magnifiquement peintes en blanc. Tout à l'entrée de la ville, s'étendaient sur notre droite plusieurs maisons en pisé, toutes identiques : c'était le camp des sommeilleux, c'est-à-dire des personnes atteintes de la maladie de sommeil. Plus merveilleux encore nous parurent les deux édifices de la météo et des Postes, Téléphones et Télégraphes (PTT), avec leurs antennes qui, comme des mâts soutenus par des files de fer fixés tout autour au sol, s'élançaient très haut vers le ciel. Le chemin qui nous conduisait passait par un autre édifice très impressionnant par sa taille et sa beauté : c'était la résidence du chef de district, séparée en diagonale du centre administratif par la route nationale. Juste après venait le camp de la milice qu'une haie de lantanas séparait de notre école.

L'école était un grand bâtiment très long, construit en matériaux durables, couvert de tôles et peint de chaux. Il était divisé en trois grandes salles ; et à côté de chacune d'elle, il y avait un bureau du maître.

Le bâtiment de l'internat était en pisé, couvert de tuiles de bambou et des murs en terre battue, bien crépis de terre jaune. Il contenait un hall spacieux, ouvrant sur deux vastes chambres à coucher. A notre arrivée, plutôt que des lits, de simples nattes y étaient étalées à même le sol ; ce dont nous étions déjà habitués au village où elles nous servaient souvent de couchette. Chaque élève devait alors s'efforcer de s'acheter un lit avec sa bourse. Mais la semaine suivante, certains élèves avaient préféré se faire des lits en bois avec des sommiers en bambous, pour éviter de dormir sur le sol. Le dortoir était éclairé par une lampe tempête : c'était déjà du luxe pour nous qui vivions dans des cases dont l'éclairage était assuré par un feu de bois qu'il fallait souffler de temps en temps. A l'école de Mbaya, notre maître, monsieur Albert Loufoua, nous avait appris, une fois pendant les travaux manuels, qu'on pouvait se fabriquer un éclairage à l'aide d'une papaye verte : on la sectionnait en deux morceaux et, après avoir égrené chaque morceau de l'intérieur, on y introduisait de l'huile de palme bien cuite dans laquelle un morceau de pagne tissé devait être immergé pour servir de mèche ; et, une fois allumée, une telle lampe pouvait permettre d'éclairer suffisamment la case et d'aider à apprendre des leçons jusqu'à tard dans la nuit. Le matin, au réveil, la suie emplissait les narines, nous les nettoyions, non pas avec un mouchoir, mais à l'aide de nos doigts.

Il nous fallait quelques semaines pour vraiment découvrir la ville de Gamboma. Chaque fois que nous percevions notre bourse, nous allions nous ressourcer au grand magasin de la Compagnie française du Haut et du Bas Congo (CFHBC). C'était un magasin avec beaucoup d'étagères sur lesquelles étaient étalées des marchandises de diverses natures. Le vendeur avait son comptoir derrière lequel il faisait ses comptes. Nous y achetions des fournitures scolaires, notamment des cahiers, des stylos, des crayons, etc., mais aussi des habits et des chaussures (généralement des pantoufles), des peignes, et autres objets utiles. Quelquefois, du reste d'argent, nous nous offrions le luxe d'acheter des « bazookas ». Aussi nous arrivait-il, entre élèves, d'organiser une ristourne mensuelle de 100 francs Cfa par personne. Celui à qui revenait le tour d'encaisser la somme pouvait se permettre d'acheter des habits et d'autres objets plus prestigieux encore. Pour le repas du soir, nous allions souvent chercher du manioc au village Etœb (francisé en Etaba), encore appelé «Gamboma village» : c'était un quartier indigène de Gamboma. On y trouvait aussi des femmes ressortissantes de la Cuvette Ouest, notamment les Tékê-alima (originaires des contrées d'Okoyo et de

Lékéti). Nous bravions l'obscurité, longeant des rangées de cases fermées, passant d'une cour à une autre, en criant : *O'ngwélé* ! Ou encore : w'*atio éngwœl na oh* : « qui a du manioc à vendre ? ». Et, souvent d'une case une femme répondait : *Bvêh bou* : « En voici ! ». Après avoir acheté du manioc, nous regagnions l'internat. Mais nous en sortions parfois bredouille, notamment pendant la petite saison sèche de janvier à février où la plupart des femmes s'occupaient des plantations d'arachides ; ainsi, le manioc devenait de plus en plus rare et l'on pouvait s'y promener en vain.

A l'époque, il y avait à Gamboma des fonctionnaires originaires des régions lointaines. On y retrouvait des Vili du Kouilou, tel que le couple Yvonne et Hervé Mayordome, tous enseignants, le dernier au CE1-CE2 et l'autre au CP1-CP2 ; Mamadou Sow, enseignant aussi et bien d'autres agents encore, comme Gnali, agent spécial ; Hilaire Solat, commis des SAF au district, dont l'épouse, Mme Béatrice, fascinait tout le monde par sa beauté angélique ; le docteur Jacques Bouyti, médecin-chef à l'hôpital de Gamboma ; Ngoma, agent de la météorologie, etc. On comptait aussi des cadres mbochi, ressortissants de Boundji, notamment Placide Doumou : c'était un normalien nouvellement sorti de l'école de Mouyondzi, qui venait d'y être affecté. Je me souviens encore de monsieur Dambendzet, un commis des services administratifs et financiers, de son épouse ainsi que de leurs deux filles, l'aînée, Marie-Françoise Dambendzet (l'actuelle épouse du sénateur Jean Pierre Nono), et Jeanne Dambendzet, sa cadette, qui deviendra plus tard ministre de la République. Tout le monde les enviait, car c'était à l'époque un privilège d'être fille ou fils de fonctionnaire.

La rentrée des classes à Gamboma n'avait sans doute plus rien à voir avec ce que vous viviez à Mbaya…

Certes, la rentrée scolaire avait toujours lieu dès la première semaine d'octobre ; mais à Gamboma les bâtiments scolaires étaient en matériaux durables et les salles de classe très spacieuses, avec de longues tables-bancs en bois, de véritables meubles modernes bien travaillés ; ce que nous n'osions imaginer à Mbaya ; ce qui nous donnait l'impression d'avoir changé de catégorie. Notre maître, Placide Doumou, qui était aussi le directeur de l'école, était pour nous une « grosse tête », un grand intellectuel, d'autant qu'il sortait nouvellement de l'Ecole normale ; car nous étions fiers d'avoir pour maître un normalien.

Comme tout enfant du village, vous étiez certainement superstitieux, croyant à la protection des ancêtres contre la sorcellerie et les mauvais sorts… Tout enfant que vous étiez, n'étiez-vous pas angoissé d'évoluer seul dans ce nouveau monde loin de vos parents ?

Je vous réponds par un fait que j'avais vécu. En 1952, avant les vacances de pâques, j'avais reçu de ma mère une information qu'elle devait partir du village Etonton – où elle vivait chez son mari – pour se faire soigner traditionnellement chez ses parents maternels au village Odzio. Profitant des vacances de pâques, je décidai alors d'aller lui rendre visite à Odzio, à cinquante kilomètres de Gamboma sur la route nationale. Je partis de Gamboma très tôt, vers 7h du matin, et arrivai à Odzio dans l'après-midi, autour de 15 heures. Je retrouvai ma mère couchée sur un grabat en bambou couvert d'une natte. Quoique gémissant, elle parvint néanmoins à me parler. Mon cadet Ferdinand, qui n'avait que quelques mois quand mon père était décédé, avait quelque peu grandi : il avait déjà six ans et était aux côtés d'elle. Et, sentant qu'elle allait déjà de mieux en mieux, je décidai de ne séjourner que trois jours auprès d'elle, pour repartir le quatrième jour. Ainsi, le quatrième jour de mon arrivée, aux environs de sept heures du matin, je quittai Odzio, non pas pour Gamboma, mais pour Tsampoko chez ma grand-mère maternelle. Odzio était distant du village Akana de quelque soixante quinze kilomètres que je devais parcourir seul, sur un sentier serpentant à travers les savanes, les îlots de forêt et marécages ; et, tout le long du parcours, je ne rencontrai que des gens qui allaient dans le sens contraire plutôt dans le mien. Dans cette audacieuse solitude, ma conscience ne pouvait qu'être traversée par des légendes de diables ou de revenants que contait souvent mon grand-père.

A travers la brousse et les buissons, j'avançais toujours, invoquant la rencontre d'une grande personne dont la présence pouvait me dégourdir de cette angoisse dans laquelle j'étais baigné. Passant par le village Etoro, j'avançais vers E'ntsiaah (Intsiala) que je connaissais déjà. Il était trois heures de l'après-midi quand j'atteignis Onah, le village où habitait ma tante. Tsampoko y était encore éloigné. Ma tante m'exhorta alors de dormir avec elle ; mais je refusai cette invitation et décidai de continuer mon chemin. Après le village Ebouh, m'attendait froidement une grande forêt marécageuse que baignait une rivière appelée M'bïh : c'était le refuge habituel des buffles – surtout lorsque, blessés par des chasseurs, ils devenaient de plus en plus méchants et, ourdissant leur vengeance, étaient prêts à bondir sur tout passant qui s'aventurait dans ces parages. Toutes ces représentations tourmentaient tellement ma conscience que j'étais effrayé et n'étais plus en moi-même. J'accélérai alors ma marche vers la rivière Elôô, qui faisait partie du domaine sur lequel mon grand-père maternel faisait prévaloir ses droits de propriétaire terrien ; et je passai à grands pas la passerelle de bois qui s'y trouvait ; mais ma marche se ralentit sur l'autre rive, car, sous d'épaisses essences ligneuses, le chemin traversait un quartier très marécageux et boueux dont les eaux me prenaient jusqu'aux genoux.

Cinq heures du soir s'étant presque écoulées, le soleil était déjà dans son déclin et les cigales se faisaient déjà entendre ; l'obscurité transmuait peu à peu la verdure forestière en ondes ténébreuses ; et, à l'instant où je m'engageais dans ce marécage, je sentis la présence de quelqu'un qui marchait devant moi à travers la pénombre lugubre ; mais confondant mon regard émerveillé, les ombres des arbres et arbustes m'empêchaient de le percevoir ; et, dessinant des vagues à travers les marres, le mouvement de ses pas laissait sourdre un bruit sourd de pioche que la pointe de ses pieds métamorphosait en de grosses gouttes dégoulinantes sur les feuilles mortes tapissant le chemin. « Ma grand-mère était-elle au courant de mon arrivée pour venir m'attendre en ces lieux ? Est-ce un paysan retardataire qui traînait encore en ces lieux ?... Quelque revenant ou méchant esprit chercherait-il à me jouer des tours et me faire perdre au cœur de ces ténèbres crépusculaires ?... ». Plus apeuré qu'intrépide, j'accélérai alors ma marche pour pouvoir rattraper cet inconnu qui me précédait. De la forêt, je débouchai sur une savane herbacée qui, ravalant un versant de colline légère sans arbuste, dessinait une grande clairière parsemée de loin en loin de quelques bosquets que l'onde nocturne s'efforçait de brouiller dans le lointain.

La présence de l'inconnu s'était évanouie à la lisière de la forêt, et devant moi s'étendait une piste plus rassurante qui commandait en mes pas de grandes enjambées, du moins une petite foulée qui me conduisit vite vers un petit bois obscur de palmiers surannés que je ne pus éviter ; ainsi, comme une onde argentée, je m'y fondis alors sans hésitation et, passant par des bananiers, surgit derrière une case que chargeait à l'arrière de gros fagots superposés les uns sur les autres, comme c'était une coutume de conservation du bois de chauffe chez les Ngangoulou.

C'était le village Akanh ! A travers deux rangées d'une cinquantaine de cases chacune dominant majestueusement une cour de trois cent mètres environs je reconnus la cabane de ma grand-mère de laquelle se dégageait la lueur rougeâtre d'un feu allumé. Elle avait déjà mis un pied dehors lorsque je lui apparus. Aussitôt, jetant un morceau de bois qu'elle avait en main, elle s'écria : *ééh, mwanh wou,* un cri d'étonnement signifiant : « l'enfant-là ! », et vint me prendre dans ses bras. Je me glissai alors tendrement en son sein, tout radieux de revoir celle que je porte en mon cœur. Ayant entendu son interjection, sa voisine accourut et vint aussi m'embrasser ; et, comme une traînée de poudre, la nouvelle s'était répandue à travers tout le village que « son petit-fils est arrivé ». Je me réjouis de retrouver mes grands-mères, grands-pères, tantes et oncles que j'avais quittés il y a longtemps. Tout le monde demandait des nouvelles de ma mère et voulait s'assurer de mes prouesses à l'école.

Après ce long moment de congratulation qu'alimentait la ronde des parents, je me retrouvai seul avec ma grand-mère. Elle raviva le feu de bois ; et, l'un en face de l'autre, nous étions assis sur des bancs en bois. Je lui expliquai ce que j'avais vécu en chemin. Elle s'imaginait que ce devait être des ancêtres qui, par souci de protection, me précédaient sur le chemin ; un diable m'aurait sans doute effrayé et fait du mal. Pendant que nous conversions, elle mit sa main dans la corbeille qui trônait au-dessus des trois pierres du foyer, retirait un silure séché bien enroulé en boucles, le fit frire dans une marmite et me le servit avec du manioc. Tout en mangeant, nous poursuivîmes notre conversation, et nous nous entretînmes de beaucoup de choses encore. Je passai alors cette nuit dans la case de ma grand-mère.

Le lendemain, je devais poursuivre mon chemin vers Gamboma. Ma grand-mère me prépara du manioc ; et, de son poulailler, elle attrapa un poulet qu'elle m'offrit. Elle me servit aussi des arachides qu'elle avait puisées de son grenier. Je fis mon paquet et quittai Akana autour de huit heures du matin. Ma grand-mère m'accompagna sur une distance d'un kilomètre environ. Je poursuivis mon chemin par les villages A'mbâh, Ntsio-Ekô, O'mpfou'nh, Li'inh, Ntswo-a'nkâh, Onwêh, Mpanh, Mbêh, Ebwéh, Otaah, Ankôh, A'ndounh, E'ntsiâh, Otah, et après la rivière *Mpêh*, je parvins à Gamboma aux environs de cinq heures du soir. Je regagnai l'internat et retrouvai mes collègues.

Quand et comment vous présentez-vous au certificat d'études primaires et élémentaires (CEPE) ?

C'était à Djambala, chef-lieu de la région de l'Alima-Léfini, que nous devions passer le certificat d'études primaires et élémentaires (CEPE), en juin 1952. De Gamboma nous étions vingt-neuf élèves, parmi lesquels Gilbert Ngantsio et Ebata François dit Franck, qui était mon ami. Entre autres épreuves, nous devions affronter la dictée, l'orthographe et l'arithmétique.

Cette année-là, on constata une fuite dans les sujets d'examen. Le titre de la dictée était : *Le tigre,* à l'intérieur de laquelle il y avait un passage qui disait *: le tigre qui ose braver tous les animaux, même le rhinocéros.* Depuis Gamboma, par quelques élèves du cours complémentaire de Sixième à Brazzaville, nous étions entrés en possession de toutes les épreuves prévues, en dehors du sujet de rédaction, et nous nous mîmes à les travailler, en les apprenant par cœur. Le jour de l'examen, les épreuves débutèrent par la dictée. Le maître responsable de l'épreuve entra dans la salle avec une enveloppe qu'il ouvrit, puis sortit le papier de l'épreuve. Il balaya toute la salle de son regard et commença à lire : « Isolé dans un aérodrome de Mauritanie… ». C'était le titre de la dictée. Je le trouvai alors curieux ; car, ayant eu connaissance du sujet en orthographe, je trouvai ce titre de la dictée bizarre et ne me retrouvai plus. Mais s'apercevant qu'il était allé trop vite en besogne, le maître reprit : « Orthographe… ». Je me rendis alors compte que c'était la dictée, mais d'un autre texte que celui dont j'avais eu la fuite depuis Gamboma.

Sans doute, l'Inspection primaire – qui était à l'époque basée à Brazzaville – s'était entre temps rendue compte de la fuite de matières et les avait changées. De nouveaux sujets furent donc composés. Ainsi, tout comme mes deux collègues, Gilbert et Franck, je paniquai et ma mémoire se troubla… Tous trois, nous avions négligé toutes les autres leçons, pour ne nous concentrer que sur les sujets de la fuite. Ainsi fûmes-nous déconcertés de ce changement brusque de sujets, et, pendant la composition, nous étions déconcentrés et commettions beaucoup d'erreurs. Au bout du compte, quand les résultats furent proclamés, nous fûmes tous les trois parmi les échoués.

Et l'année suivante, vous abandonniez ou reveniez à la charge… ?

La première année, nous étions en fait nombreux à avoir échoué au CEPE. Ce qui nous fit reprendre la classe de CM2 à Gamboma au cours de l'année scolaire 1952-1953 ; et, en juin 1953, nous nous rendîmes de nouveau à Djambala pour l'examen. Cette fois, j'avais redoublé d'efforts et me sentais plus confiant. En effet, à la proclamation des résultats, je fus admis, mais aussi mes deux amis, Gilbert et Franck.

A l'époque, la traversée de la rivière Nkéni se faisait par bac. A notre retour de Djambala, nous fûmes accueillis à l'embarcadère par une cohorte de jeunes du cours moyen première année qui, tout en acclamant les admis, huaient aussi sur les échoués.

Avec le CEPE, les portes de l'emploi étaient ouvertes : la santé, l'enseignement, l'administration générale… La santé me tentait ; mais j'avais préféré constituer un dossier pour le concours d'entrée à la section commerciale de l'Ecole professionnelle de Brazzaville qui deviendra plus tard le Lycée technique. Mais, cette année-là, le concours fut annulé et la section commerciale supprimée.

Le gouverneur général de l'AEF-Cameroun de ce temps était Paul Chauvet. Sous son règne, l'accession à un emploi n'était plus automatique pour les diplômés et le chômage était apparu. Je me portai alors volontaire et bénévole au dispensaire de Gamboma ; ce qui m'eût accordé la chance de me présenter au concours pour accéder au grade d'infirmier breveté. Je commençai alors par apprendre à stériliser des seringues, à faire des pansements, etc. Malheureusement, cette année-là, il n'y eut pas non plus de concours pour devenir infirmier breveté, ni de recrutement d'infirmier auquel le CEPE donnait droit auparavant. J'avais seize ans, et je décidai de quitter Gamboma pour Brazzaville, avec le CEPE comme sésame ; ce qui devait me permettre de me frayer une voie.

J'arrivai à Brazzaville, pour la première fois, en juillet 1953. Mon intention était de résider chez mon cousin, Pierre Bang. C'était un caporal-chef dans l'armée française qui rentrait fraîchement de la Guerre d'Indochine. Bien que caserné au Camp Tchad, débaptisé par la suite « Camp 15 août 1960 », il était propriétaire d'une maison en matériaux durables au numéro 105 de la rue Makoua à Poto-Poto. Mais, quand j'arrivai chez lui je ne le trouvai pas ; il était encore au camp. Je fus alors provisoirement accueilli par son cadet Atipo Bernard qui, lui, était menuisier dans une société privée. En attendant le retour de son aîné, il me reçut et m'hébergea chez lui pendant les premiers jours, au 104 de la même rue. Et, quand il rentra pour y passer le week-end, Pierre Bang me confia sa maison ; et, avant de repartir au camp, il mit à ma disposition quelques objets essentiels : pantalon gabardine, chaussures en daim, culotte et chemise kaki de son trousseau militaire, eau de Cologne, savonnette, brosse à chaussures, etc. Du coup, je changeai de look : du monde rustique de Gamboma où j'étais souvent en short, j'intégrais alors l'univers urbain, celui où je commençais à me vêtir de pantalons.

Quelque orgueil se dressant en moi, je frimais dans mes nouvelles tenues et prenais des airs hautins ; je me parfumais à l'eau de Cologne et sentais bon ; ce qui n'était autre chose que faire le Blanc. Pavanant dans un pantalon gabardine et des chaussures en daim ou en cuir, je ne pouvais qu'être envié par mes petits copains de Gamboma avec lesquels j'avais effectué le voyage, quand ils ne s'en tenaient qu'aux petits shorts indigo et aux pantoufles. Du grabat en bambou sur lequel je dormais chaque nuit au village, je me retrouvais désormais toutes les nuits dans un lit moderne, sur un beau matelas, couvert de somptueux draps. Pour me laver, une douche dans la maison accueillait un sceau d'eau à puiser soit d'un puits dans la parcelle même, à l'aide d'une grosse boîte accrochée à une longue corde pour, chaque fois, prélever de l'eau de la profondeur, soit d'une fontaine publique se trouvant dans la rue Kouyou qui disposait de plusieurs robinets. On pouvait s'en servir aisément de six heures du matin à six heures du soir, pour peu qu'on en respectât la queue. L'eau potable était gratuite pour tout le monde, mais payante pour ceux qui décidaient de souscrire à un abonnement à la compagnie africaine des services publics (CASP) devenue, après la nationalisation, la Société nationale de distribution d'eau (SNDE). M'estimant plus heureux que je ne pusse l'imaginer, je me voyais au milieu d'un luxe qui m'éblouissait.

Au-delà de ce confort de la nouvelle vie, que représentait Poto-poto pour un petit villageois de seize ans ?

A cette époque, Brazzaville se résumait pour moi d'abord à Poto-poto ; et Poto-poto était le « Marseille » du Congo : on y trouvait un melting-pot de toutes les populations africaines, notamment tchadiennes, centrafricaines, gabonaises, camerounaises, dahoméennes, togolaises, sénégalaises, mauritaniennes et congolaises des deux rives. Il y faisait bon vivre, l'ambiance y était électrique, et les filles ravissantes et élégantes. Nous frimions et draguions. Le soir, "Chez Faignond", le temple de la rumba dans la rue Mbaka, exerçait sur nous son attrait par sa bonne musique et ses vedettes. N'étaient non plus en reste "Chez Cardo" dans l'avenue de France, "Beauté Brazza" sur l'avenue Miadéka à Ouenzé, "Chez Millionnaire" et "Chez Bozoum" à Moungali, "Chez Talatala" rue Kouyou croisement avenue de Paris, considéré comme le bar dancing des militaires Tchadiens et Oubanguiens de l'Armée française, un bar où souvent l'ambiance se terminait par la bagarre ; "Bufalo-Bar" au 75 de la rue Batéké où nous allions admirer les danseuses de la rumba, etc. Dans tous les quartiers, des haut-parleurs tonitruaient : Poto-poto, Moungali, Ouenzé bouillonnaient tous de musique. Lorsque nous ne réussissions pas à tromper la vigilance du portier, nous nous contentions de faire le *nguembo*[10], c'est-à-dire monter et rester suspendu sur un mur mitoyen du bar – dont le propriétaire nous exigeait cinq francs comme taxe – pour guetter ceux qui pavanaient sur la piste. Mais, je ne pouvais pour autant passer tout le temps dans ce jeu, j'étais néanmoins préoccupé par ma situation sociale ; car je rêvais de travailler.

Par moment, je me plongeais encore dans les souvenirs de Gamboma, notamment quand je cherchais à devenir un infirmier. Captivé par la blouse blanche, j'étais émerveillé par l'ardeur au travail du personnel de la santé du dispensaire de Gamboma dont le temps n'est jamais parvenu à effacer de ma mémoire quelques noms célèbres : Léon Nti'nh[11], Alphonse Mongo, Atipo, Effou'nh-é'ndjrou, Mboussa... Ils arrivaient à leur service à 7 heures 30 pour commencer à 8 heures.

Je me souviens encore des plaies que j'avais à la cheville, quand j'étais au CM2 ; ce qui m'obligeait à aller à l'hôpital chaque matin. Depuis

---

[10] La chauve-souris.
[11] Francisé en Thine, ce nom signifie : « le fait de courir, celui qui va vite ».

les bancs sur lesquels les patients s'asseyaient avant d'être reçus, l'on pouvait apercevoir la salle de soins et les agents dont le dévouement et l'abnégation se lisaient à travers leurs mouvements et le respect de l'ordre d'arrivée. Bien que les circuits du boulot se fermaient progressivement, je ne désespérais pas.

Ces vieux souvenirs ne m'empêchaient pas de penser à d'autres métiers que celui de la santé ; et je continuais à fouiller. Je me rendais souvent à la Préfecture du Djoué (qui deviendra plutard « Préfecture de Brazzaville ») où étaient affichées quelques informations sur les avis d'examen, de concours, etc. Ainsi, je lis une fois sur le panneau un avis sur le concours d'entrée à l'Ecole nationale d'agriculture. J'en informai aussitôt un de mes amis, Dieudonné OBA. Nous déposâmes alors nos dossiers à la Préfecture et nous nous mîmes au travail pour préparer ce concours. Quelques mois plus tard, nous nous présentâmes à l'Ecole des Cadres pour passer le fameux concours. J'avais l'impression d'avoir bien travaillé. En effet, quand les résultats furent affichés, mon nom comptait parmi les admis. C'était un cousin, Maurice Ngouala, qui vint m'en informer, et je courus à la Préfecture pour en vérifier l'authenticité. Je me rendis alors au cabinet du Préfet où une réquisition de transport pour Dolisie me fut délivrée. Je repartis à la maison pour préparer mon départ le lendemain par train.

A la gare, je découvris un autre admis au concours, François Belfroid qui devint mon compagnon de route. Tous deux, nous étions en retard : tous les autres admis étaient déjà partis pour Sibiti. C'était mon premier voyage par train. Le chemin de fer me parut tel qu'on l'enseignait à l'école. De Brazzaville à Dolisie, le parcours fut une sorte de révision du cours de géographie, car je reconnus aussi facilement les principales localités, notamment Goma Tsé-tsé, Mindouli, Jacob, Madingou, Loudima, Loutété. Le relief s'avéra presque le même, des Plateaux au Niari. François et moi ne connaissions pas la ville de Dolisie. Dès notre arrivée, nous interpellâmes alors un jeune que nous avions trouvé à la gare pour nous renseigner. Belfroid voulait retrouver un certain Evariste Mokoko, infirmier au Groupe mobile de Dolisie dont la résidence fut indiquée dans les environs de la gare. Le jeune homme le connaissait et nous conduisit chez lui sans une moindre difficulté. Nous y passâmes alors la nuit. Le lendemain matin, j'exprimai à Evariste Mokoko le désir de rencontrer un cousin, Jean Mongo, et François Belfroid son cousin Auxence Ickonga, tous deux élèves au collège de Mbounda. Evariste nous indiqua le chemin qui y menait. Ainsi nous mîmes-nous en route et retrouvâmes si facilement Jean et Auxence. Ils nous accueillirent gaiement et nous signifièrent, entre autres, la dureté avec laquelle on traitait les « bleus », c'est-à-dire les nouveaux élèves, à Dolisie ; ce qui était, dirent-ils, encore plus difficile à Sibiti. Après quelques moments avec nos deux frères, nous revînmes à Dolisie attendre notre départ pour Sibiti. Deux jours après, nous empruntâmes le véhicule de monsieur Barbier, un français qui assurait le transport en commun entre Dolisie et Sibiti. Partis de Dolisie le matin, nous arrivâmes à Sibiti au bout de quelques heures, autour de douze heures. Comme nous en étions déjà prévenus, nous fûmes accueillis dès notre arrivée par les vétérans qui nous traitèrent de tout : « bleus, avortons, bizuts, morpions, mendiants… » Après cette salve d'insultes, ils nous emmenèrent au dortoir où le surveillant général nous installa. Nous sympathisâmes vite avec les collègues de notre promotion qui étaient arrivés bien avant nous. Du dortoir, nous fûmes invités au réfectoire où nous délectâmes un grand repas avec les autres élèves.

Ce fut le début d'une année de dur labeur. Aux cours théoriques se conjuguaient les pratiques d'agriculture, sous-tendus par des cours intenses de français et de mathématiques. Durant toute l'année scolaire, je n'obtins jamais une note en dessous de la moyenne ; mais en fin d'année, je fus surpris de ne pas passer en classe supérieure. Ma conscience se mit alors à faire le compte à rebours, jusqu'à souligner quelques faits passés que je trouvais d'anodins. En effet, avant la proclamation des résultats, le Directeur général de l'Ecole, monsieur Moisan Phillippe, me fit venir dans son bureau ; il voulut savoir si j'avais eu de problème particulier avec le professeur de français, madame Julia. Je lui répondis que je n'en avais pas. Mais, aussitôt, je me souvins de ce qu'un jour, pendant une composition mensuelle de français, de l'encre était épuisée de mon stylo et j'avais levé le doigt pour le lui signifier, interrompant de fait le cours de la dictée. Ayant très mal pris ce geste, madame Julia s'exclama : « En voilà des façons ! » Elle me fit des observations avant de me permettre d'en aller chercher. Constatant mon échec en fin d'année, ma conscience me ramena toute de suite à mon entretien avec le Directeur général et à cet incident avec madame Julia. Pourtant, comptant sur mes excellentes notes en théorie comme en pratique, j'espérais devenir ingénieur. Comme je m'étais déjà éloigné de la santé que j'aimais bien, je fus cette fois encore exclu de l'Ecole nationale d'agriculture – avec trois autres élèves. Nous allâmes inveciver madame

Julia à sa résidence. Elle ne répondit pas à notre provocation ; elle ne se fit même pas voir.

Au bout du compte, nous rentrâmes à l'internat, préparâmes nos sacs, attendant le véhicule de Barnier qui devait nous ramener à Loudima pour prendre le train. Là, j'allai rendre visite à un aîné, Gabriel Ombongui. Il était receveur des Postes et Télécommunications à Loudima. Je lui informai de mon renvoi. Il me prit à parti supposant qu'au lieu de travailler, je passais du temps à jouer au fiérot caractéristique des Ngangoulou qui aimaient naturellement paraître beaux, très propres, élégants, mieux habillés, avec des cheveux particulièrement soignés. Escomptant la consolation, je fus assommé et fondis en larmes. Je perdis tout espoir ; je ne crus plus, ni au destin ni aux vocations tardives. Je pris finalement le train "Micheline", en provenance de Pointe-noire.

Et l'accueil à Brazzaville après un tel échec ?

A Brazzaville, je retrouvai, parmi mes amis, ceux qui avaient échoué à ce concours. Ils faisaient mine d'avoir pitié de moi ; mais ils se réjouissaient au fond du retour de celui qu'on croyait parti pour réussir. Je revins au bout du compte grossir le rang des chômeurs.

Retombiez-vous dans l'inactivité ?

Non ! Au contraire, je me remis à travailler en autodidacte, pour parfaire mes connaissances. Sur ce sentier d'efforts solitaire, je fus rejoint par un ami, Paul Elion Miron. Nous nous inscrivîmes par correspondance à l'Ecole Universelle de Paris. Je choisis de me perfectionner surtout en français, en mathématiques et en histoire. Mais sans y croire …

Et après ?

Après, c'était la gendarmerie. Je fus admis et intégré dans la Gendarmerie, la Compagnie de l'Afrique Equatoriale Française (A.E.F.) par décision n° 2082/1 du 22 juillet 1955. Je passai un an au centre d'instruction du Camp de Djoué à Brazzaville. Parmi les élèves en formation, se retrouvaient les Tchadiens, les Oubanguiens, les Camerounais, les Gabonais et les Congolais du moyen-Congo. Nous y passions une année de formation théorique, appelée aussi formation commune de base.

Mais comment atterrissez-vous précisément à la gendarmerie ?

En 1953, au moment où je quittai Gamboma pour Brazzaville, je ne savais pas qu'il y avait une gendarmerie, comme il n'y existait ni service de police ni de gendarmerie. Seuls étaient remarquables quelques miliciens et militaires Ngangoulou qui revenaient de la Guerre d'Indochine. De fait, ayant manqué la santé et l'agriculture, je fus alors fasciné par la gendarmerie. Quelques grandes individualités cultivèrent en moi ce désir, notamment les vieux Essongo (le père du futur général Essongo), Médard Eboundi (le père du futur colonel Eboundi), Paul Bossio. Il n'était pas rare de les voir, inspirant la crainte, képi sur la tête, leggins aux jarrets, pistolets aux hanches, patrouiller à bicyclette ou à pied dans les rues de Poto-poto, incarnant ainsi la loi et l'autorité de l'Etat colonial.

Et, en 1955, j'appris qu'il y avait un recrutement pour la Gendarmerie française. Je me rendis courageusement à la brigade de gendarmerie de Poto-poto dans la rue Haoussa, en face du cinéma Luxe, et j'eus la confirmation de cette information. Avec mon ami Oba Dieudonné, nous constituâmes des dossiers. Mais au lieu de dix-huit ans – qui était notre âge réel – nous majorâmes nos âges de cinq ans de plus, c'est-à-dire à vingt-trois ans – soit deux ans de plus que vingt et un ans, l'âge de la majorité sous la colonisation – afin d'y être admis ; et nous y déposâmes nos dossiers. Quelques mois plus tard, mon nom apparut sur la liste. Nous nous dirigeâmes à la brigade de la Gendarmerie où le jour d'admission au stage de formation nous fut précisé. Je devais ensuite me rendre au Camp du Djoué,

Le Camp du Djoué était le plus vaste de l'A.E.F. Aussi était-il installé à Brazzaville, capitale de l'A.E.F. J'y fus reçu et conduit au dortoir où un lit me fut indiqué. Je rencontrai d'autres stagiaires : du Cameroun, du Tchad, de l'Oubangui-Chari (actuelle République centrafricaine), du Gabon et du Moyen-Congo. Le commandant du centre d'instruction était l'adjudant Porcheron. Mébiama Paulin, Pascal Bima et Atoum (d'origine togolaise) étaient nos instructeurs. Nous y avions trouvé une promotion qui était arrivée six mois avant nous. Je reconnus quelques frères de la Région des Plateaux, notamment Blaise Gatsobeau, François Pionkoua ; et nous nous sympathisâmes davantage.

Cependant les instructeurs français et congolais avaient beaucoup de doute sur mon âge. Ainsi, pour vérifier l'authenticité des vingt-deux ans que j'avais déclaré sur une copie supposée « certifiée conforme » de mon jugement supplétif, la hiérarchie adressa une correspondance au Chef du District de Gamboma : « Le citoyen Emmanuel Ngouélondélé-Mongo, élève auxiliaire en formation à la Gendarmerie du Camp du Djoué, est-il bel et bien né vers 1932, tel qu'inscrit dans la copie du jugement supplétif contenue dans son dossier ? » Le Chef du District de Gamboma, monsieur Jean Mazère, renvoya une transcription de jugement supplétif d'Etat-civil signifiant plutôt que j'étais né vers 1937.

Je me trouvai un jour à la corvée du camp lorsque l'Adjudant Porcheron me fit appel dans son bureau. Après m'avoir fait asseoir, il me demanda : « Quand êtes-vous né ? ». Une idée me traversa aussitôt l'esprit me disant de ne pas mentir, donc de lui dire, non pas mon âge falsifié, mais le vrai. Quand l'entrevue fut terminée, le remords m'envahit et je me dis que tout était fini pour moi, que ce Destin qui m'avait joué des tours finit encore par me rattraper. J'étais donc mineur et ne pouvais pas entrer à la Gendarmerie, et plus grave encore : j'avais falsifié un acte d'Etat-civil !

Je ne pouvais plus dormir. Rongé par des insomnies, les nuits me paraissaient terriblement plus longues que les journées. Je ne m'attendais plus qu'à une chose : être renvoyé du stage, et certainement séjourné à la maison d'arrêt « pour faux et usage de faux ». Et, un soir, je rêvai de ma défunte grand-mère maternelle. Elle était décédée depuis 1952. Je n'avais pu me rendre à ses obsèques : de grosses plaies purulentes et douloureuses à chacune de mes chevilles me l'en avaient empêché. Elle souhaitait pourtant me voir avant de s'en aller. Mais, en dépit de ses appels pressants, je ne pus faire le pas, et elle s'en alla sans me dire son dernier mot et me serrer la main. En rêve, elle me parut alors telle que je l'avais connue et me dit : « Hé toi ! Ne te tracasse plus, il ne t'arrivera rien. N'y pense plus. ». Je sursautai et me rendis compte que c'était un songe. Le sommeil quitta mes yeux et je ne pus me rendormir que tard dans la nuit. Curieusement, comme si c'était une injonction des Morts, l'Adjudant Porcheron ne revint plus sur cette affaire. Un jeu du Destin ! Peut-être…

Et que se passa-t-il ensuite ?

Notre formation d'une année au Camp du Djoué prit fin le 1ᵉʳ juillet 1956. Nous fûmes mutés au peloton mobile porté de Fort-Lamy (actuellement N'djamena) au Tchad. Dans le DC 4 qui nous y amenait, nous étions cinq Congolais et trois Gabonais de la même promotion. L'avion atterrit à 17 heures, et l'on nous conduisit au célibatorium du camp de la gendarmerie mobile. Le lendemain matin, nous nous présentâmes au rassemblement. Après avoir rempli les formalités d'admission au camp, nous repartîmes au célibatorium, et nous y fûmes définitivement installés. Nous commençâmes les activités deux jours plus tard.

Le 1ᵉʳ février 1957, je fus nommé au grade d'auxiliaire de gendarmerie de 3ème classe, et je bénéficiai de deux mois de congé. J'en profitais pour repartir au Moyen-Congo, jusque dans mon petit village de Ntsa'mpoko.

De Brazzaville je pris un avion qui me déposa à Djambala. Monsieur Akouala, le chauffeur de la préfecture, était dépêché pour me recevoir. Je le connaissais déjà quand j'étais élève au CM1. Il avait la mission de venir m'accueillir et de me conduire auprès du Préfet de Djambala, c'était un Français. J'allai me présenter au Chef de District de Djambala pour remplir les formalités d'arrivée. Une camionnette de marque Land Rover fut mise à ma disposition pour Gamboma. Arrivé à Gamboma, je fus conduit à la résidence de Ampat Jacob, un aîné chez qui j'étais hébergé lorsque j'étais à l'école primaire. Il se dit ravi d'accueillir le premier gendarme de la tribu ngangoulou.

Je décidai de passer une semaine à Gamboma et deux semaines dans mon village natal, Tsampoko, où je fus pour tous les parents, et notamment les enfants, l'objet d'une singulière curiosité.

Mon père était décédé depuis très longtemps, et ce fut mon grand-père paternel qui me reçut. Le lévirat étant en vigueur dans notre tradition, ma mère fut héritée par un proche parent de mon père qui habitait la terre Mbochi. Aussi, malgré mon envie, ne pus-je la rencontrer. Le village raviva mes vieux souvenirs d'enfance, comment j'avais été adulé et protégé par ma défunte grand-mère maternelle ; et, me représentant ce que j'étais devenu au milieu d'un groupe d'enfants étonnés, je me remémorai la réplique de mon père à ma grand-mère : « Je préférerais laisser mon fils aux mains des Blancs… » Ni l'un ni l'autre, personne n'était plus en vie pour mesurer ce que c'était. Tout le monde voulait savoir comment j'avais fait pour devenir gendarme.

Ne pensez-vous pas que c'était la part du destin ?

Evidemment, c'est le Destin qui joue de nous, et il fit de moi ce qu'il avait programmé…

Et le reste du séjour ?

Je fus admiré, non seulement comme élément de la Gendarmerie française, mais surtout comme l'incarnation de l'Ordre, bannissant le désordre, le vol, la violence, le mensonge, bref tout ce qui est contraire aux lois et bonnes mœurs. Pendant mon séjour à Tsampoko, je distribuais mon temps entre mes parents paternels et mes parents maternels, c'est-à-dire entre les quartiers E'ndzienh et Akanh.

Au bout de deux semaines, je revins à Gamboma. Or, j'avais un cousin qui, souffrant de troubles mentaux, était ramené de Brazzaville pour des soins traditionnels ; et, contre toute attente, il réussit à subtiliser de mes bagages le casque de gendarme et s'en éclipsa. Quatre jours après mon départ de Gamboma, il fut arrêté par les gendarmes pour port indu d'une coiffure militaire. Mais, constatant que c'était un débile mental, ils le relâchèrent, récupérant le casque qu'ils me renvoyèrent par la suite.

Mon retour à Brazzaville me permit de découvrir Henriette Mbiéré Alouna, la jeune fille que mes parents avaient choisie et dotée pour moi.

Une semaine plus tard, je repartis pour Fort-Lamy par avion.

Ne connaissiez-vous donc pas cette Henriette ?

Non, nous nous découvrions l'un et l'autre à cette occasion.

Un choix de vos parents qui vous angoissa un peu, non ?…

Non, pas du tout.

Et si vous l'aviez été, auriez-vous pu vous opposer au choix de vos parents ?

Tout à fait, en jouissant de ma liberté de fonctionnaire ; cependant j'aurais quand même déçu mes parents qui ne m'auraient pas compris.

Et vous abandonniez votre fiancée à Brazzaville…?

Oui, mais pour un laps de temps. Je la fis venir à Fort-Lamy en janvier 1958. Nous nous mariâmes officiellement le 15 février de la même année à la mairie de Fort-Lamy, avec l'autorisation de la Gendarmerie, et en présence de quatre témoins : l'adjudant Gilbert Ebothé, Basile Okoutounadja, Albert Ntouari et Anderé, tous gendarmes au peloton avec moi. Nous parcourûmes un kilomètre à pied pour atteindre la mairie. La cérémonie fut célébrée par le maire, Gabriel Lisette, un Martiniquais. Ce mariage eût lieu au service d'Etat-civil de Fort-Lamy. Avec mes petites économies, j'avais acheté et placé dans une glacière quelques bières et limonades ; ce qui nous permit de poursuivre la fête à la caserne. Nous nous gratifions ainsi à la jouissance pendant un bon moment, et nous nous séparâmes par la suite, pour me permettre de regagner le service.

A quel moment et dans quelles conditions reveniez-vous travailler à Brazzaville ?

Au cours de l'année 1959, les événements s'accélérèrent pour moi. En avril, mon épouse, dont la première grossesse était avancée, devait revenir à Brazzaville pour attendre l'accouchement à l'Hôpital général de l'AEF. C'était sans doute risqué de la garder à Fort-Lamy, d'autant qu'elle n'avait encore que dix-sept ans, et moi, vingt-deux. Le 29 juillet 1959, je reçus un télégramme m'annonçant la naissance de mon premier enfant, Marie-Christine. Or le 1er septembre, je fus muté à la brigade de la Gendarmerie de Poto-poto à Brazzaville. Mon séjour à Fort-Lamy devait donc prendre fin. Ainsi revins-je à Brazzaville où je retrouvai mon épouse et ma fille.

Entre temps, par le fait que je rentrai de Fort Lamy après trois années de service, un congé de trois mois me fut accordé. J'en profitai alors pour aller au village, présenter ma fille à mes parents. J'avais bénéficié à cet effet d'une réquisition de transport pour Gamboma. Ainsi, Henriette et moi, nous nous embarquâmes dans la cabine d'un gros camion de transport en commun ; et, de Gamboma, un véhicule de la brigade de la Gendarmerie nous raccourcit la distance en nous déposant à Mbaya ; et, à pied, nous devions affronter courageusement savanes, forêts et marécages, à travers une piste de campagne serpentant jusqu'à Tsampoko à douze kilomètres de Mbaya.

Dans Tsampoko, mes parents habitaient le quartier E'ndzienh. Informés de notre arrivée, ils s'étaient rassemblés pour nous attendre : « Notre fils, qui nous avait quitté depuis longtemps est devenu gendarme, et il revient au village avec sa femme et son enfant ! ». L'émotion fut grande lorsque nous apparûmes au bout du village. Un groupe de femmes et enfants accoururent et vinrent à notre rencontre. Je reconnus quelques cousines de mon père et de ma mère. L'une d'elles tendit ses bras et recueillit le bébé qu'Henriette avait dans ses mains, et d'autres se chargèrent des bagages. Nous fûmes installés chez Ngalouo, un oncle paternel.

Le soir, pour célébrer notre arrivée, un poulet fut égorgé, et mon épouse Henriette en fit un mets dont toute la famille se régala, tout en se rappelant de vieux souvenirs.

Une semaine plus tard, je décidai de notre départ pour le village E'ntonton, rendre visite à ma mère. Elle y résidait, après la mort de mon père, en secondes noces. Je voulus que nous y allassions en compagnie de ma sœur aînée Ngossi'nh. Elle habitait le village E'ntaah. Elle vint nous rejoindre à Tsampoko. Le lendemain de son arrivée, nous nous mîmes en route dès sept heures du matin. Notre fille Marie-Christine sur son dos, ma sœur Ngossi'nh avançait devant, suivie d'Henriette et moi derrière, nous marchions calmement à travers savanes et forêts ; et, nous atteignîmes E'ntonton vers quatre heures de l'après-midi. Ma mère et son époux furent très émus – comme ils n'étaient pas prévenus de notre arrivée – ils nous accueillirent avec beaucoup de chaleur.

Je fus heureux de retrouver ma mère. Malgré toutes les années qui s'étaient écoulées depuis que j'avais quitté le village, presque une dizaine d'années, elle n'avait pratiquement pas changé. C'était pour elle une merveille de réunir au même moment sous son toit des hôtes de cœur : son fils, sa belle-fille et sa toute première petite fille.

Durant notre séjour au village, de E'ndzienh et à E'ntonton, toute la famille préféra que mon épouse préparât les repas, car, venant de la ville, elle avait sans doute beaucoup de recettes et une touche particulière.

Nous étions à la fin de notre deuxième semaine au village lorsque, ayant pris des raccourcis, mon oncle paternel Moumbouli[12] vint – en aller-retour – de E'ndzienh à E'ntonton, m'informer que les gendarmes de la brigade de Gamboma étaient venus d'urgence à Tsampoko, annonçant que j'étais attendu le plus tôt possible à Brazzaville.

Ainsi, le lendemain matin, après le petit déjeuner, ma sœur Ngossi'nh, ma femme Henriette et moi, tous ensemble nous partîmes de E'ntonton. Ma mère nous escorta sur une distance de deux kilomètres environ et rebroussa chemin toute mélancolique. Une pluie battante nous obligea à passer une nuit à Onanh, un village où vivait l'une de mes tantes paternelles. Nous arrivâmes à Tsampoko le lendemain, vers quatorze heures. Je n'y passai qu'une nuit, et le lendemain très tôt, je poursuivis mon chemin, avec ma petite famille jusqu'à Gamboma où nous reprîmes un camion pour Brazzaville.

Deux jours après notre arrivée à Brazzaville, je fus convoqué pour subir un examen en vue de la formation de gendarme du cadre d'Outre-mer. C'était en octobre 1959. Et un peu plus tard, en janvier 1960, tous les gendarmes congolais du Moyen-Congo admis à cette formation furent appelés à la Légion de gendarmerie ; ils devaient aller suivre un stage à Aubagne, dans les Bouches-du-Rhône, en France. Le 26 janvier 1960, je quittai donc Brazzaville dans un avion d'Air-France avec mes collègues pour Marseille. A ce stage se trouvaient aussi les auxiliaires de gendarmerie du Sénégal, de la Haute-Volta, de la Côte-d'Ivoire, de la Mauritanie, du Dahomey, du Mali, du Tchad, du Gabon et du Moyen-Congo.

Cette formation prit fin en octobre de la même année. Nous, les stagiaires du Congo, prîmes l'avion la nuit du 14 octobre à Marseille, et nous atterrissâmes à Brazzaville le soir du 15 octobre. Aussitôt nous étions nommés gendarmes du cadre d'Outre-mer. De fait, je fus affecté à la brigade

---

[12] Ce nom est une francisation du ngangoulou *Me'mbwœl* qui signifie : « je suis le passant ».

des Transports aériens de Maya-Maya, adjoint du commandant de brigade, Pierre Mondon, un français.

Mais il se posa un problème relatif à notre reclassement. Le colonel Laval, commandant la légion de gendarmerie de l'A.E.F., ne voulut pas que nos soldes fussent alignés sur ceux des Français. Le Congo était devenu un pays indépendant depuis le 15 Août 1960. Par le biais de son aide camp, Félix Kinzonzolo, un collègue de promotion d'Aubagne, nous réussîmes à informer le Président Fulbert Youlou de cette situation. Le colonel Laval fut alors convoqué par le Président de la République. Des instructions lui furent données de procéder immédiatement à notre promotion au même titre que les Français, en nous faisant bénéficier des mêmes privilèges. Ce qui fut fait.

Cependant, le 1er mars 1961, la Légion de Gendarmerie de l'AEF fut dissoute ; ce qui donna lieu à la création du Groupement de Gendarmerie du Congo. Et, le 1er octobre 1961, je fus nommé au grade de maréchal des logis-chef, et muté à la Compagnie Nord, peloton mobile de Gendarmerie n°30 à Fort-Rousset.

Or, mon épouse était enceinte de mon deuxième enfant. Dans la nuit du 29 novembre 1961, elle commença à sentir les douleurs d'accouchement. Je pris alors ma voiture, la 2 CV de fonction, et la conduisit à l'Hôpital général de Brazzaville. Le service d'urgence nous accueillit immédiatement et des sages-femmes la prirent en charge. Et, vers 2 heures du matin, on vint m'annoncer que j'étais père d'un garçon de 3 kg 950. Nous lui donnâmes un prénom que nous avions retenu d'avance : Hugues. Nous sommes alors le 30 novembre 1961.

Quand et comment quittiez-vous Fort-Rousset ?

Je pris mes fonctions à Fort-Rousset dans la première quinzaine de décembre 1961. J'y avais travaillé de décembre 1961 à mars 1963, soit deux années de service sans interruption. Ainsi devais-je bénéficier d'un congé de trois mois. Je décidai alors d'un voyage à Brazzaville avec toute ma famille.

En effet, après ma promotion au grade de gendarme de cadre d'Outre-mer le 15 octobre 1960, mon traitement salarial ne changea pas pour autant : je continuai encore à percevoir la solde d'auxiliaire de gendarmerie. Je devais donc bénéficier d'un rappel. Ce qui fut fait une année plus tard. Et je perçus une bagatelle de plus de cinq cent mille francs Cfa. Je me résolus alors d'acheter un terrain déjà loti. J'en trouvai un au numéro 106 de la rue Yakoma à Poto-poto, qui me fut vendu au prix de deux cent quarante-cinq mille francs Cfa, que je payai cash. C'était en mars 1962. Ainsi, arrivé à Brazzaville avec toute ma famille, j'allai m'installer chez moi et y passai mon congé.

Et après le congé ?

Après ce congé, je fus affecté en août 1963 à Boundji comme commandant de brigade de gendarmerie, en remplacement de mon ami et promotionnaire d'Aubagne, Paul Pandzou, maréchal des logis chef. Pendant la passation de service, nous tombâmes tous les deux sur une information selon laquelle des tracts circulant qui incitaient les originaires de Saint-Benoît (un quartier de Boundji) à se soulever pour chasser les Mbochi non originaires de cette localité.

Le Préfet Ongoli Norbert était mbochi de la région de Boundji, mais non natif de Saint-Benoît. Les natifs de Saint-Benoît n'admettaient donc pas qu'un étranger supposé vînt « les commander ». Paul Pandzou et moi-même, nous y lançâmes une investigation ; elle permit de découvrir qu'elle s'arc-bouta autour de deux fonctionnaires de l'Etat : l'agent spécial, Mouénékolo, et le Sous-Préfet de Boundji, Eric Lémouélé. Accusé d'incitation à la violence tribale, ce dernier nia tous les faits qui lui étaient reprochés. Nous procédâmes alors à la perquisition du bureau de l'agent Mouénékolo.

Sa poubelle contenait des bouts de papier déchirés. Les ayant ramassés, nous les emportâmes et recomposâmes un texte écrit en mbochi qui incitait à brûler les maisons. Reconstituant les faits sur la base de ces éléments, nous interpellâmes les prévenus et en informâmes le procureur de la République à Brazzaville, maître Jacques Okoko. Il nous demanda de les déférer immédiatement. Je conduisis alors les deux détenus de Boundji à Makoua, et le 9 août 1963 nous prîmes un avion d'Air-Congo pour Brazzaville.

Mais le 10 et le 11 août, la situation dégénéra dans la ville. Le 12 août, j'allai voir le commandant de légion, le capitaine Alphonse Mabiala, à qui je rendis compte de l'accomplissement de ma mission, comme il en était informé par message radio avant mon départ de Boundji. Le 13 août, décidant de repartir pour Boundji, je devais me rendre à l'aéroport de Mayamaya ; et, comme il n'y avait pas de taxi, je me fis conduire par un chauffeur de la Gendarmerie. Il n'y avait pas de bagagistes à l'aéroport, et chaque passager se débrouillait avec ses bagages. Nous embarquâmes dans l'avion d'Air-Congo en direction de Makoua où mon chauffeur m'y attendait.

Comment viviez-vous la suite de ces journées de la révolution ?

De Makoua, je rentrai à Boundji avec mon chauffeur. Le lendemain, j'appris que le président Youlou venait de déposer sa démission et que quelques officiers de l'Armée étaient allés chercher l'ancien président de l'Assemblée, Alphonse Massamba-Débat à Boko. Il dénonçait la dérive du pouvoir de l'abbé Fulbert Youlou, critiquant les mauvaises pratiques du gouvernement qui suscitaient le mécontentement populaire ; et, sous la pression des syndicalistes et du peuple, quelques officiers de l'Armée allèrent le chercher pour lui confier le gouvernement provisoire.

Tous ces événements eurent lieu pendant que j'étais à mon poste à Boundji. Certes, le pouvoir avait changé de mains, mais l'administration suivait son cours. Au mois de septembre 1963, je reçus de Brazzaville le message de ma nomination à Ouesso comme commandant de section de la Gendarmerie de la Sangha, en remplacement du Français, l'adjudant-chef Waronquier.

Devant quitter Boundji dans une Land-rover pour Fort-Rousset afin de continuer sur Ouesso, je me préoccupai de l'état de mon épouse : elle avait une grossesse à terme et attendait notre troisième enfant. J'envoyai un message à Brazzaville, demandant l'autorisation de la faire voyager par avion de Makoua à Ouesso ; comme l'autorisation me fut refusée, elle décida de voyager avec moi dans la camionnette. Nous passâmes une nuit à Fort Rousset et une autre à Makoua que nous quittâmes à quatre heures du matin. Nous arrivâmes à Ouesso aux environs de cinq heures de l'après-midi.

Mais à notre arrivée à Ouesso, ma femme se sentait mal. Je la conduisis directement à l'hôpital, et elle y fut admise le 4 octobre 1963 pour en sortir le lendemain.

Ainsi commença ma nouvelle vie post-révolutionnaire.

Que se passera-t-il de spécial à Ouesso ?

Rien de spécial. Quand je pris mes fonctions, mon prédécesseur n'était plus là ; c'était un français qui était parti avant mon arrivée.

Entre temps, le 21 octobre 1963, mon épouse accoucha d'un garçon, et nous l'appelâmes : Serge Parfait.

Mais je ne passai que deux mois à Ouesso, gérant des affaires de droit commun, d'octobre à décembre. Et à la fin de cette année, je fus de nouveau muté à Brazzaville au Groupement de Gendarmerie Nord, sous la responsabilité du capitaine Georges Kékolo.

En avril 1964, je me présentai à un concours d'entrée à l'école des officiers de gendarmerie nationale française à Melun (Seine-et-Marne). En septembre, les résultats furent proclamés et mon nom était parmi les admis. Je quittai alors le Secrétariat de Groupement. Je passai deux années à l'Ecole des officiers, soit une première année préparatoire à Maison Alfort au Fort-de-Charenton et une deuxième année à Melun (en Seine-et-Marne).

Le fonctionnaire de l'Etat

Sous le président Abbé Fulbert Youlou

Le 28 septembre 1958, le Congo répond « oui » au referendum sur l'autonomie dans le cadre de la communauté française ; où êtes-vous précisément ?

Je suis à Fort-Lamy, actuel Ndjamena, muté depuis le mois de juin 1956.

Le 28 novembre 1958 lors de la proclamation de la République par l'Assemblée territoriale du Moyen-Congo, réunie à Pointe-Noire quand celle-ci s'érige en assemblée législative et élit l'abbé Fulbert Youlou comme Chef du gouvernement, êtes-vous toujours absent de Brazzaville ?

Toujours absent de Brazzaville. Je suis à Fort-Lamy.

Et pendant les émeutes appelées par certains « tribalo-politiques » de février 1959 ?

Je ne suis pas encore rentré, je suis toujours en service à Fort-Lamy.

Je m'en vais vous lire un passage de "l'homme de l'ombre" de Pierre Péan de la page 281 à 282 : *« Guy Georgy, gouverneur du Congo, se souvient de ce moment où l'histoire s'est accélérée. Quelques jours avant l'indépendance, prévue pour le 15 août, Philippe Mestre, directeur du cabinet du gouverneur, s'aperçoit que le nouvel État n'a ni drapeau ni hymne national. Georgy se rend chez l'abbé Fulbert Youlou qui, comme Houphouët-Boigny, n'apprécie guère tout ce chambardement.*

- *On peut prendre le drapeau français, dit l'abbé congolais.*

- *Impossible ! S'exclame le gouverneur.*

- *Les autres ont pris quelles couleurs ?*

- *Surtout le vert, le jaune et le rouge, répond Georgy en se référant à un récent article de Paris-Match.*

- *Je prends les mêmes.*

- *Soit, on peut les mettre en biais…Il faut aussi choisir un hymne.*

- *On pourrait arranger La Marseillaise, fait l'abbé.*

- *Ce n'est pas possible ! répète le gouverneur.*

- *Réglez ça. Faites quelque chose comme un cantique…*

Georgy prend alors contact avec le directeur de la radio de Brazzaville, qui n'est guère inspiré mais suggère de voir du côté d'un accordéoniste de La Cloche pelée, un certain Georges Spadillière. A l'heure de la sieste, Georgy contacte le musicien qui croit à une blague quand il entend s'annoncer : « ici le gouverneur… » Celui-ci se rend au domicile de l'accordéoniste et lui expose son problème. Le spécialiste des tangos et pasodoble le résout en deux temps, trois mouvements. Il faut maintenant des paroles. Un journaliste espagnol, Lopez, est connu dans tout Brazza pour sa facilité à rimailler. Georgy lui expose le thème : « Après une longue nuit qui s'achève, debout !... Le soleil se lève… » Lopez ne se fait pas prier. Finalement, l'Assemblée approuve le nouvel hymne national… ». Il s'est agi là d'une indépendance victorieuse mais sans gloire. On a cependant l'impression que Youlou s'est trompé sur les Français qui se sont trompés sur lui à leur tour…

Depuis le 8 décembre 1958, Fulbert Youlou était devenu officiellement Premier ministre. Il avait en main les affaires de l'État. Il en découvrait la complexité. L'exercice budgétaire 1958 s'annonçait difficile. A partir de 1960, le nouvel État congolais doit prendre en charge des dépenses de caractères civil et militaire qui hier était à la charge du budget de la Fédération (A.E.F.). Il y avait en vue la cessation des avances et des subventions d'équilibre qui inévitablement devait déboucher sur des déséquilibres et une crise des finances publiques car les perspectives de nouvelles recettes étaient inexistantes. Il a fallu mettre en place un Trésor public national et procéder à l'accroissement de la pression fiscale par la création de nouveaux impôts et l'augmentation des taux des impôts existants. Pensez-vous que cela ne soit pas de nature à peser sur l'homme d'État qu'était Youlou face à certains opposants ou détracteurs qui pour la plupart étaient jeunes et n'avaient pas une idée réelle des affaires publiques ? Cela n'explique pas tout, je le sais, mais je me dis qu'il se pourrait que Youlou ait été confronté aux réalités du pouvoir.

Pourquoi cette surenchère d'Houphouët-Boigny, passé en six mois du refus de l'indépendance à l'extrême inverse ? Pour se revaloriser auprès de ceux qui le traitent de valet de l'impérialisme ?

Non, ce n'est pas pour cela. On ne peut réduire à cela les motivations d'Houphouët. Il ne voulait pas manquer une occasion de faire asseoir son leadership sur le plan africain. Il était visionnaire et avait senti qu'il serait seul dans sa position car l'enthousiasme pour l'indépendance était tellement grand dans l'Afrique profonde. Il ne pouvait pas continuer à faire cavalier seul, et il voulait trouver le moyen de reprendre la tête du peloton.

N'avons-nous pas mal appréhendé ce que voulait dire « l'indépendance » ?

C'était inévitable. Nous n'étions pas préparés à être indépendant. Nous étions dans l'euphorie. L'indépendance nous tombait comme un cadeau du ciel contrairement aux populations qui l'ont arraché suite à des guerres. Nous avions dansé, mangé et bu en croyant que c'était cela l'indépendance. Certains croyaient qu'avec le départ du Colon nous vivrions enfin comme des blancs. Nous ne savions pas que l'indépendance était une responsabilité à assumer et des devoirs à accomplir au jour le jour. Ceux qui pensaient qu'indépendance était jouissance sont vite tombés dans la désillusion.

Dans une lettre ouverte aux emblématiques tenants du revanchisme bicéphale –nordistes et sudistes-… Aimé Matsika, ancien syndicaliste et ministre, écrit ceci : « En effet, c'est par un discours que monsieur Soupault [ou son successeur] gouverneur du Territoire du Moyen-Congo proclama la naissance de la République du Congo le 30 novembre 1958 à Pointe-noire et, c'est encore par un discours, de monsieur André Malraux Ministre de la culture, que la France annonça que les clés de l'indépendance nationale furent remises à l'Abbé Fulbert Youlou le 15 août 1960. Or cette indépendance intervint dans un contexte difficile pour les militants indépendantistes, lesquels croupissaient dans les prisons, précisément à cause de leur lutte pour l'indépendance. Fulbert

Youlou, lui, n'avait jamais revendiqué l'indépendance du Congo, ni même osé prononcer le mot «indépendance» ; au contraire, il brilla par sa volonté de me combattre au motif que j'étais attaché à un nationalisme patriotique. Il se vit finalement obliger d'accepter l'indépendance du Congo et, en conséquence, d'en supporter les charges, devenant ainsi le premier président d'une nation préfabriquée. »

Telle a été faite notre histoire, on ne peut la changer. Il faut faire très attention. Fulbert Youlou n'était pas contre l'indépendance, il estimait simplement qu'il était trop tôt pour nous d'accéder à l'indépendance. Il avait des raisons qui n'étaient pas toutes infondées. Tous ceux qui avaient déjà géré l'Etat à l'époque étaient très prudents face à cette question. Dans sa déclaration du 28 juillet 1960, Youlou dit ceci : « l'indépendance signifie que la République reçoit l'entière responsabilité de la gestion de ses intérêts sur le plan national et international. Nous prenons notre place dans le concert des nations directement et personnellement, nous voici donc maîtres de notre sort, libres de notre politique. Mais, à côtés de ces droits, n'oublions pas les devoirs mêmes qui en découlent…» Et Opango, quant à lui, déclarera le même jour, entre autres : « Ne vous méprenez pas sur mes intentions, l'indépendance est un bien : on n'a pas le droit de refuser sa liberté et rien de grand ne se fait sans liberté. Mais, il fallait que cette indépendance soit obtenue dans l'amitié, sans rien renier de nos attachements, en conservant l'aide et l'estime de ceux qui nous ont toujours aidés jusqu'à maintenant et auxquels nous demandons qu'ils continuent.

Voilà pourquoi mes amis politiques et moi-même avons soutenu l'action du Gouvernement lors de la poursuite des négociations de Paris qui ont abouti aux accords d'indépendance. ». Le président de l'Assemblée nationale de l'époque, Alphonse Massamba-Débat, ajoutera un bémol en disant : « J'ai parlé d'indépendance juridique, car il y a ce que j'appellerais l'indépendance effective et vraie que le peuple lui-même acquiert par son travail, son dévouement, son civisme, son patriotisme, son abnégation, devant la cause nationale, bref son sacrifice. »

L'euphorie serait allée jusqu'à l'impression de timbres à l'effigie de Youlou et à pousser quelques mois seulement après la proclamation de l'indépendance, certains députés à déposer une motion de censure à l'Assemblée contre le gouvernement pour culte de la personnalité se développant progressivement autour du président Youlou. Dans Les trois glorieuses ou la chute de Fulbert Youlou *paru aux Éditions Chaka dans la Collection Afrique contemporaine en 1990 à la page 62, Rémy Boutet évoque le cas de Youlou qui sort en plein hémicycle, un revolver de sa soutane et force les députés à retirer cette motion.*

Ce furent les premiers pas. Ce qui est plus grave est le fait que cinquante ans après l'indépendance, on dise à un Congolais qui exerce sa liberté d'expression et de penser : « Pourquoi menacez-vous la paix ? Vous voulez provoquer la guerre… Voulez-vous qu'on revienne encore à une guerre ». C'est cela qui est désolant. Le Congo semble avoir été ramené à l'étape du code de l'indigénat, où la volonté du colon était la loi, où la tranquillité du colon était synonyme de paix. C'est vraiment dommage.

En novembre 1961, au cours d'une conférence de presse tenue au Château de Champ, l'abbé Fulbert Youlou a sévèrement critiqué la politique africaine de la France depuis 1958, il a même menacé de quitter la communauté française d'Afrique…

Non, ce n'était pas une menace, mais il avait envisagé la possibilité pour le Congo de se retirer de la communauté au cas où De Gaulle n'apporterait pas de précisions à ce qu'il entendait par « le désengagement de la France en Afrique ». De Gaulle ne disait pas comment il assumerait le « destin africain » dont il parlait en même temps que le « désengagement ».

La déportation des Matsouanistes du 24 juillet 1959 dans le Nord du pays se passe pendant votre séjour à Fort-Lamy mais remue le pays. Quelle est la perception que vous en avez à l'époque ?

La plupart des Laris, comme on le sait, étaient des adeptes du Matsouanisme. Youlou a su jouer sur cette corde. Ces Matsouanistes qui ne trouvaient pas de leaders pouvant poursuivre l'œuvre de Matsoua, mort en prison en 1942, notamment dans la remise en cause du colonialisme, ont trouvé en Youlou le leader qu'il fallait. Quand l'Eglise catholique le sanctionne pour flagrant délit d'adultère, il se trouve paradoxalement en bonne position. Celle de victime du colon comme Matsoua. En octobre 1955, grâce à cette image, une délégation des originaires du Pool (c'est l'expression de Massamba-Débat) le choisit afin qu'il les représente aux prochaines élections législatives. Massamba-Débat dira qu'il a été contacté par la même délégation le 15 août 1955, et qu'il avait refusé. Youlou accepte et est aussitôt sanctionné par la hiérarchie de l'Eglise catholique. Il lui est principalement retiré le droit de porter la soutane et de dire la messe. Un abbé noir, en plus Laris, sanctionné par une église coloniale, et qui résiste à cette institution en portant tout de même la soutane. C'est la lutte contre les Blancs par leurs propres armes comme l'avait préconisée Matsoua. La plupart des Matsouanistes en feront leur affaire en prenant en charge Youlou, cotisant pour le doter d'une voiture et d'un chauffeur. Il devient un mythe vivant, un résistant au système colonial.

A l'époque des histoires nous parvenaient qui sont aujourd'hui rapportées par Rémy Bazenguissa-Ganga dans *Les voies du politique au Congo: essai de sociologie historique*, Éditions Karthala, 1997, à la page 53, Youlou aurait pris l'habitude de se baigner en soutane pour prier et s'imprégner des puissances ancestrales dans les chutes de Loufoulakari où le grand résistant kongo Boueta Mbongo fut décapité et jeté à l'eau par les colonisateurs. Ses habits, bien qu'immergés, seraient restés secs. Tout cela a alimenté le mythe. Mais les contradictions avec les Matsouanistes commencent quand certains lieutenants de Youlou veulent en faire un «Jésus-Matsoua» et fouettent les leaders Matsouanistes qui ne se sont pas ralliés à l'abbé. Florence Bernault dans *Démocraties ambiguës en Afrique centrale : Congo-Brazzaville, Gabon, 1940-1965*, Éditions Karthala, 1996, rapporte à la page 168, les violences subies par Victor Wamba, un des leaders Matsouanistes dont la maison est même incendiée le 18 décembre.

Dans l'un de ces ouvrages, il est même dit que le 2 janvier 1956, jour de l'élection, des adolescents laris se mettent à rosser les électeurs qu'ils soupçonnent de ne pas avoir voté pour Youlou à la sortie des bureaux de vote de Bacongo. Les Matsouanistes qui refusaient de croire à la disparition de Matsoua votaient pour ce dernier depuis près de quinze ans. Ils votaient *«pour les os»*, donc pour le mort. Certains sympathisants de Youlou les forcent à voter pour celui-ci. Il en découle un affrontement qui fait de nombreuses victimes humaines et des pertes matérielles.

L'Armée a dû être réquisitionnée pour protéger les bureaux, c'est une grande première dans notre pays. Il a fallu deux jours de suite pour remettre de l'ordre dans Brazzaville. Il eut des morts, des blessés, des maisons détruites, etc. Fulbert Youlou a dû lancer des appels au calme à la radio. Il a demandé à Jacques Opangault, pourtant son adversaire à la députation, d'appuyer son discours d'appel au calme. Mais c'est Jean Félix Tchicaya qui remporte les élections législatives. Il est réélu député du Moyen-Congo avec 45 976 voix, soit 29,7 % des suffrages contre 43 193 voix pour Jacques Opangault et 41 084 pour Youlou. Cette victoire de Tchicaya avait été contestée par les partisans et les sympathisants de Youlou qui organisèrent une collecte et envoyèrent ce dernier à Paris pour en dénoncer les irrégularités et tenter de faire invalider ladite élection. Mais en vain. Fulbert Youlou, fonde le 17 mai 1956, l'Union démocratique de défense des intérêts africains (UDDIA), qui devient aussitôt principal concurrent du Parti progressiste congolais (PPC) de Tchicaya et de la section SFIO. Cette section qui, en janvier 1957, deviendra le Mouvement socialiste africain (MSA) sous la direction d'Opangault. L'assise politique de l'UDDIA, au départ limitée aux trois régions du Pool, du Niari et de la Bouenza, se voit renforcer de l'électorat du Kouilou avec le ralliement du secrétaire général du PPC Stéphane Tchitchelle.

Aux élections municipales du 18 novembre 1956, l'UDDIA remporte un franc succès et gagne les villes de Brazzaville, Pointe-Noire et Dolisie. C'est là que Youlou devient le premier maire élu de Brazzaville. Il bat Jacques Opangault avec 23 sièges contre 11 à la SFIO et 3 au PPC. Le vice-président de l'UDDIA, Simon Kikounga N'Got, entretemps va quitter le parti pour fonder son propre parti le Groupement pour le progrès économique et social du Moyen-Congo (GPES) qui ralliera la coalition PPC-MSA. Simon Kikounga N'Got emporte avec lui l'électorat du Niari. Avec ce succès politique évident, le parti de Youlou, débute sa démarcation du Matsouanisme politique.

Le 17 juin 1959 les partisans de Youlou s'en prennent de nouveau aux Matsouanistes pour leur désobéissance civile. Cette bagarre entre Lari dans Bacongo, quartier sud de Brazzaville, fait de nouveau déplorer des pertes humaines et matérielles. Malheureusement, cette bagarre fut suivie de plusieurs autres notamment le 23 juillet et le 23 décembre. Cette dernière fois, ce sont les Matsouanistes qui préconisent de venger leurs victimes de juillet. La cour criminelle spéciale du 23 décembre 1959 jugea 135 Matsouanistes toujours pour refus de payer l'impôt et de prendre la carte d'identité. La déception des Matsouanistes est grande et la nécessité pour Youlou de s'adapter aux impératifs d'homme d'État est pressante. Les

Matsouanistes savent que Youlou ne fera pas ce que Jean Félix Tchicaya n'a pas pu faire : découvrir le lieu de détention où les blancs avaient cachés André Matsoua qui, pour certains, n'est pas mort puisqu'on n'a jamais vu sa dépouille. Après avoir compris qu'il ne pourra pas canaliser comme il voulait le mouvement Matsouaniste, Youlou combattra résolument la forme de désobéissance civique que prône cette secte politico-religieuse, caractérisée par le refus de se faire recenser, d'être possesseur d'une carte d'identité et de payer l'impôt. J'étais déjà gendarme et j'avais donc un certain sens du civisme. Je trouvais curieux que cette opposition qui pouvait avoir des arguments solides à une certaine époque (notamment avec les maltraitances que subissaient les noirs lors de la collecte des impôts) arrivât jusqu'à la période de Youlou qui était à ses débuts dans l'exercice de l'autonomie.

Je me dis qu'il fallait que le Président Youlou soit vraiment excédé pour qu'il livre ceux de son ethnie à la police et à la gendarmerie, dans des conditions si dures : ils étaient en effet regroupés dans les entrepôts de la zone industrielle de Mpila, quelquefois attachés ou menottés, avant d'être déportés vers le Nord du pays. Il y eut des morts parmi eux. Muté en novembre 1961 à Fort-Rousset, je les trouve sur place dans le camp contigu au peloton mobile de gendarmerie. Je ne comprenais pas la philosophie de Youlou : pourquoi les exportait-il par centaines vers le Nord ? En tout cas dans toutes les régions du Nord, logés dans des locaux scolaires ou dans des camps ? Ils furent plus de mille Matsouanistes à être ainsi déportés. Certains rentrèrent sur Brazzaville à pied après plusieurs jours de marche, d'autres se fondirent dans les populations du Nord, y exportant la culture lari. Ils pratiquaient le maraîchage, la vannerie, fabriquaient des meubles en lianes, etc. Curieusement, partout où les Matsouanistes arrivaient, ils s'intégraient facilement aux populations locales. Jusqu'à ce jour, il n'y a jamais eu dans un seul district du Nord des conflits liés à cette cohabitation. Cependant, une question m'obsèdera toujours : pourquoi les déportait-il vers le Nord ?

L'effet a dû être terrible dans les milieux laris ?

Cette situation les a peut-être davantage solidarisés, avec ce que cela implique de positif et de négatif. Ils ont même considéré Youlou comme un criminel. C'est ainsi que certains d'entre eux découvrent le Nord, où ils sont bien accueillis.

La découverte du Nord est donc pour eux une forme de sanction…

Pour les Matsouanistes, oui. Ce qui est différent des Laris et Kongo en général. Il faut toujours faire cette distinction. De nombreux fonctionnaires kongo et laris travaillaient dans le Nord du pays, surtout en tant qu'enseignants. C'est un moniteur kongo en la personne de Loufoua qui m'a appris à lire et à écrire au cours préparatoire première année à l'école de Mbaya en 1945.

L'épidémie de la variole fera des ravages auprès des Matsouanistes à Fort-Rousset en 1962 ?

Elle avait déjà fait six morts quand, en tant que commandant du peloton de gendarmerie de Fort-Rousset, je dus réquisitionner des gendarmes pour participer à l'opération entrant dans le cadre de la journée antivariolique des matsouanistes résidant à Fort-Rousset, où intervenaient aussi d'autres organismes. La population ne s'était pas mobilisée car elle était réticente à tout ce qui était organisé par les autorités publiques. Nous eûmes droit à des scènes hystériques, des cris et des lamentations de la part de certains. Mais ce fut juste pour le moment de la vaccination qui avait pris moins de deux heures. J'étais sur place avec le préfet, le sous-préfet et le commissaire de police. Nous avions veillé à ce qu'il n'y ait ni brutalités, ni dérapage.

Pourquoi ne les "rapatriait-on" pas » ?

Fin juin 1961, l'administrateur Georges Mazenot, mon chef hiérarchique, le Préfet de la région de la Likouala-Mossaka, avait reçu la copie d'une lettre dactylographiée du « peuple opprimé matsouaniste, section Ouesso-Souanké » adressée à M. le vice-président Opangault. Ils demandaient à ce dernier une amnistie générale. Mais quand le gouvernement, le 17 mars 1962, les autorisa à rentrer à Brazzaville sans condition, ils refusèrent.

Georges Mazenot, le Préfet de la Région de la Likouala-Mossaka, votre chef hiérarchique, a écrit dans son Carnet du Haut Congo, je cite: « les signataires [de cette Lettre]expliquent qu'ils ont saisi le général De Gaulle, le Premier ministre Michel Debré et toutes les autorités compétentes de la Métropole…Le plus intéressant est qu'ils ont joint à cette lettre le texte de l'engagement que le Gouvernement de la République du Congo demandait aux Matsouanistes de signer : paiement impôts et taxes, visites médicales, déclarations d'état-civil, abandon de toute pratique secrète subversive et, d'une manière générale, engagement de remplir les devoirs du citoyen.».

En effet, les Matsouanistes de Fort-Rousset ne voulaient rien savoir de toutes ces tractations.

Pouvez-vous nous éclaircir ces passages du Carnet du haut Congo : « Au même Opangault qui regrettait (tournée présidentielle du 27 décembre 1960) l'ingérence des « gens des villages » dans la politique [rapide discours d'Opangault : Vous, les gens des villages, « sala café » et vous, les fonctionnaires, pas de politique, il leur disait : « Boza ba fonctionnaires bosala politique tè. Attention !] Je [Georges Mazenot] disais : Donnez-leur la possibilité de faire de la petite politique locale au sein des conseils municipaux, cela les occupera et ils vous laisseront peut-être en paix. Réponse d'Opangault : Pour que les conseillers municipaux bouffent l'argent de la caisse ! Et l'abbé [Fulbert Youlou], présent à cet entretien, a enchaîné : « C'est embêtant ces histoires d'argent. A Maya-Ma, le sous-préfet a bouffé l'argent, à Kimongo aussi, à Abala… »…Martin me disait dernièrement qu'il avait donné l'habitude à tous les transporteurs arrivant à Fort-Rousset, de passer à la gendarmerie pour le « contrôle » de leurs chargements. Il a même précisé qu'il savait combien chacun d'eux apportait de dames-jeannes de vin et, sous-entendu, à qui elles étaient destinées. Or Opangault, qui joue volontiers les FOUCHE et qui aime à le montrer, me disait dernièrement, lui aussi, qu'il savait par exemple combien tel fonctionnaire avait consommé de dames-jeannes de vin dans le mois…Grand respect de Opangault pour les gendarmes qu'il cite ordinairement avant les administrateurs. »

En ma qualité de gendarme, qui plus est en fonction à cette époque-là à Fort-Rousset, je préfère ne pas faire de commentaires là-dessus. Je serais juge et partie.

Quand Opangault disait : « Vous, les gens des villages, « sala café » (cultivez du café) et vous, les fonctionnaires, pas de politique », ne fait-il pas penser à une conception de la politique qui a favorisé un élitisme politique à peine éclairé qui a confisqué la gestion de la cité et ne s'est pas senti obligé de rendre compte, de s'expliquer et même de se justifier… L'implication des gens du village et des fonctionnaires dans le processus des décisions et des choix aurait donné une bonne base à la démocratie congolaise…

C'est de l'histoire, tirons des leçons sans trop apporter des jugements.

Qu'en était-il des rumeurs de détournement d'argent qui couraient dans la capitale bien avant le déclenchement des treize, quatorze et quinze août 1963 ? A la page 50 de l'ouvrage "Le Congo" de Hugues Bertrand, paru aux éditions François Maspero, on peut lire ceci : « Le parti, l'U.D.D.I.A., est organisé par un inspecteur de police français, chargé également de la formation «théorique» des militants ! Un plan de développement est préparé par la SOFRED (Société française d'études et de développement) dont l'objet est « d'associer étroitement producteurs européens et producteurs africains »... la politique économique est entièrement contrôlée et dictée par le capital étranger, et acceptée comme telle. La gabegie du pouvoir, la dilapidation des fonds publics sont notoires : elles atteignent rapidement une ampleur et une incongruité telle qu'elles ne peuvent manquer d'impressionner vivement le peuple et les organisations syndicales.»

Les gens voulaient voir l'abbé Fulbert Youlou prendre des décisions radicales, comme livrer à la justice tous ceux qui dans son régime étaient soupçonnés de vols, d'abus d'autorité et de détournements de fonds. Le Préfet Georges Mazenot, rapporte à la page 241 de son ouvrage que vous aimez tant citer, les informations qui à l'époque parvenaient de Brazzaville. En mars 1962, il écrit : le « jeudi 29 mars : l'Evêque est venu dîner à la résidence hier soir ; il nous a parlé de la « démission » du ministre de la jeunesse et des sports tout nouvellement nommé -7 millions subtilisés. Tantsiba serait également en difficulté ». Un autre passage, à la page 315, dit : « …Tout ceci est à rapprocher du mécontentement général perceptible (surtout à Brazzaville) devant la mollesse de la répression des vols, abus et détournements. Ngouala (ex. ministre de la jeunesse qui aurait 14 MF à son « actif ») sort de prison. Pour Tantsiba un non-lieu est intervenu. C'est le moment qu'a choisi Opangault pour quitter le Gouvernement… ».

Je continue de le citer cette fois-ci à la page 358 en mai 1963 : « …Nzingoula n'est plus directeur de Cabinet à la Présidence et vice-ministre de l'intérieur. Il a été placé à la tête de la Sûreté à la suite d'un détournement de 7 millions dans la caisse noire du président. Ibalico, que j'ai trouvé bien préoccupé le 1er mai à Fort-Rousset – se serait cassé le poignet sur 14 millions pris dans la caisse de l'Assemblée nationale… ». Des informations évoquaient le fait que le président se serait contenté de la démission de Ngouala, l'ancien ministre de la jeunesse et des sports, au lieu de le traîner en justice avec un procès en bonne et due forme comme le souhaitait une certaine opinion à l'époque. Les largesses du président, pourtant destinées à des structures publiques ou d'intérêt public, étaient souvent évoquées, comme ce fut le cas dans l'édition du 2 décembre 1962 de *l'homme nouveau* où l'on disait, après sa tournée dans le nord du pays : « la politique du « cadeau », un camion par-ci, un camion par-là, ces largesses sont faites sur des fonds spéciaux. On pourrait tout aussi bien déléguer ces crédits dans le cadre d'un programme d'équipements. ». Il y avait des gestes qui étaient à l'époque mal pris, tels le fait de distribuer des billets de banque lors des sorties officielles du président ou des tournées à l'intérieur. On dit que madame De Gaulle serait intervenue auprès de son mari pour que Youlou soit démis de ses fonctions afin que l'Eglise ne soit pas davantage salie à cause de son comportement intime. Tout cela passait mal dans l'opinion de l'époque, même si la situation actuelle est mille fois plus grave.

Je vous citerai un autre passage particulièrement long du même livre "Carnet du Haut-Congo" : «Le vendredi 29 mars [1963]… j'ai terminé le rapport économique année 1962 hier. Encore une fois, j'ai entrepris ce travail sans que personne ne le demande ; depuis 3 ans, j'envoie régulièrement ce genre de document à Brazzaville où je suis à peu près sûr qu'il tombe dans les oubliettes. Disons que c'est pour moi que je le fais –pour moi, et par respect pour les populations que j'ai la charge d'administrer car j'estime qu'il est de mon devoir de connaître leur situation sur le plan économique. D'une manière générale, le bilan de l'année 1962 est positif. On constate un courant d'augmentation de la production (huile de palme, café…), du chiffre d'affaires des magasins et du revenu des habitants. Mais il faut noter aussi la persistance d'éléments défavorables : a) Le manque de solidité des structures économiques, qu'il s'agisse de la CFHBC ou des CCR, ou de l'insuffisance du « pouvoir économique ». b) Le poids excessif du secteur public : si l'on ajoute aux 137,8 MF que représentent les soldes, salaires et pensions, les 19 MF du secteur para-administratif (activité des CCR, des sociétés privées de TP et allocations de la Caisse de Prévoyance Sociale) soit, au total, près de 157 MF, on voit que l'argent mis en circulation par le secteur public représente 54 % du revenu global (290 MF). c) Une forte inégalité dans la répartition des revenus […] Voici les dernières lignes de mon rapport : Sans se placer sur le plan de la justice sociale, il y a là un aspect de la situation dont les répercussions sur le plan strictement économique sont indéniables. L'emploi par excellence est l'emploi administratif ; les plus grands efforts sont déployés pour son acquisition, ceci étant particulièrement flagrant chez les jeunes générations. Les métiers agricoles et manuels, dont il est facile de constater qu'ils sont plus pénibles et moins rémunérateurs que celui de la fonction publique, sont discrédités, voire méprisés. Et l'on se prend à penser avec une certaine anxiété à l'aboutissement possible de l'évolution économique de la Likouala-Mossaka quand les enfants qui ont actuellement 10 ans seront devenus des hommes. »

C'était certainement une question de démarche. Youlou voyait les choses en grand. Le rapport méticuleux et détaillé d'un administrateur pouvait ne pas le bousculer comme aurait voulu Mazenot. Il est vrai que nous avions déjà pris un mauvais départ par rapport aux questions administratives et de l'emploi héritant de la puissance coloniale des conceptions de centralisme administratif très fort. Le travail du bureau attirait tellement de gens à l'époque, jusqu'à aujourd'hui d'ailleurs. C'est de là qu'est parti notre malheur économique qui s'est aggravé d'année en année. Mais il faut retenir que déjà dans les années 60, l'abbé Fulbert Youlou, utilisait dans ses propos et discours l'expression "repenser notre économie par rapport à l'avenir". Il voyait déjà ces dangers et en parlait dans ses discours. L'homme était visionnaire malgré l'euphorie du pouvoir. Il avait l'ambition de faire du Congo un grand et beau pays, à l'image de la Côte-d'Ivoire d'Houphouët-Boigny. Il n'a certainement pas fait preuve d'assez de force de caractère et n'a pas disposé d'assez de temps pour matérialiser ses ambitions.

L'abbé Fulbert Youlou a présidé aux destinées du Congo cinq ans durant, de 1959 à 1963...

Un Congo qui venait de passer en un temps record de l'Union française en 1946, à l'autonomie partielle avec la Loi-cadre Gaston Deferre en 1956, à la proclamation de la République en 1958 puis à l'indépendance en 1960. L'abbé Fulbert Youlou a passé beaucoup de temps à la fondation de la République dans l'agitation, la violence et le sang. De Maire de la ville en 1956, il passe Premier ministre provisoire en 1958, président de la toute nouvelle République du Congo la même année, et du Congo indépendant en 1960. C'était peut-être trop pour un début.

En tant que fonctionnaire, quelle impression avez-vous gardée du président Abbé Fulbert Youlou ?

Du président de la République Fulbert Youlou, je garde l'idée d'un président qui avait de grandes ambitions pour le Congo. Malgré des pratiques contraires au bon sens et inacceptables à l'époque, il aspirait réellement à la grandeur du pays. Le peuple, pour des raisons un peu confuses, lui a dit : non, ça suffit.

A qui le peuple a-t-il précisément dit : non, ça suffit ! A Youlou ou à ses ministres ?

Le président Youlou s'était laissé influencer par ce qu'il avait vu en Guinée. Il mijotait l'idée d'y envoyer des Préfets en apprentissage. Au cours de sa tournée d'Août 1962 dans la partie nord du pays, on entendait déjà un discours qui portait sur la création du parti unique, alors que Youlou lui-même reconnaissait la désaffection du pouvoir central. Si le président Youlou n'avait pas accéléré son projet de parti unique, s'il ne s'était pas entêté à faire cause commune avec les ministres de son gouvernement les plus décriés, s'il avait accepté de dialoguer, il n'aurait pas quitté le pouvoir. Je ne pense pas que l'on ait monté un coup bien préparé visant le départ de l'abbé Fulbert Youlou ni que c'était à lui particulièrement à qui le peuple disait non. Je crois que les conséquences de la révolution de 1963 ont surpris tout le monde sans exception. La tension montait depuis un certain temps. La visite de Sékou Touré en 1963 avait occasionné un tel enthousiasme des populations que l'arrestation des dirigeants syndicaux après le départ de ce dernier ne pouvait être qu'explosive. Le fait que les syndicalistes parviennent à se mettre d'accord sur une action commune et demandent un changement de gouvernement a donné lieu à une épreuve de force qui a abouti à la grève générale du 13 août dont le but était de protester contre l'interdiction des réunions publiques. La rue prenait le pouvoir en fait puisque c'est sous sa pression que les trois chefs syndicaux arrêtés sont relaxés.

L'intransigeance de Fulbert Youlou qui refuse toute forme de dialogue pousse à l'extrême une grève qui devient un fort mouvement populaire. L'armée congolaise ne pouvait accepter de tirer sur la foule donc sur les proches parents, les amis, etc. Malgré les renforts arrivés de Bangui et de Fort-Lamy dans la nuit du 13 au 14 août, l'armée française était dans une situation complexe. Le général commandant les troupes françaises, qui avait tenté la veille de convaincre Youlou d'accepter un dialogue, demande confirmation écrite tandis qu'il accepte de servir d'intermédiaire téléphonique entre les délégués syndicaux et le président de la République française à Colombey. Celui-ci, mis au courant de l'ampleur du mouvement populaire, recule, donne l'ordre de ne pas tirer : l'abbé est contraint de démissionner.

Dans l'ouvrage "Tous les soirs avec de Gaulle", **Journal de l'Elysée -I 1965-1967, à la page 789, voici ce que dit Foccart : « *Quand Youlou est tombé, en 1963, là je suis formel, c'est parce que cela se passait un 15 Août, et que ce 15 août j'étais parti pêcher avec mon voilier. On avait essayé en vain de me joindre au téléphone. Le Général n'ayant pas d'indications de ma part avait considéré que l'affaire était très grave et que l'on ne pouvait pas intervenir sans avoir plusieurs milliers de morts ; c'était ce que lui disait le général Kergaravat, alors que, si j'avais été là, je lui aurais dit qu'en tirant en l'air on ne risquait de tuer personne et que cela aurait été bien suffisant pour que les gens s'en aillent. C'était tout à fait évident, on s'en est rendu compte après.* »**

Effectivement, Foccart dit dans « *Foccart parle, Tome 2* », que vous avez sous la main, à la page 138 : « Je pense qu'il est dommage que nous n'ayons pas soutenu Fulbert Youlou et Christophe Soglo, dont nous avons parlé, et plus tard Hamani Diori, 1974. ». Dans "Foccart parle 1", à la page 274, à la question de savoir s'il regrettait donc de ne pas être intervenu au Congo en 1963, il a répondu clairement : « Oui. Il y avait eu vingt-quatre heures d'hésitation, qui ont été fatales. Vous savez que le coup d'État a eu lieu le 15 août. J'étais en mer, à la pêche. Le général m'a fait appeler trois fois dans la journée, mais on ne pouvait pas me joindre. L'intervention aurait été facile, puisqu'il y avait des troupes françaises à Brazzaville. Le dispositif était en place, les chars devant la présidence et aux carrefours stratégiques. Au lieu de s'en servir, on a retiré les forces qui avaient été déployées. En mon absence, le Général a joint notre ambassadeur, Jean Rossard, qui lui a dit qu'une intervention ferait peut-être trois mille morts. Rentré de la pêche, j'ai téléphoné au Général, puis j'ai pris le premier avion pour Paris. J'ai dit au Général qu'il aurait suffi de tirer en l'air et qu'il n'y aurait probablement pas eu de morts. « Vous n'étiez pas là, je ne pouvais pas le savoir », m'a-t-il rétorqué, furieux de mon absence. Mais c'était trop tard.

Nous avons fait savoir à l'abbé Youlou que nous étions prêts à faire quelque chose pour sa sécurité, mais il a refusé. Plus tard, comme je vous l'ai raconté, nous l'avons fait évader. A la décharge de cet ambassadeur, il faut dire que Youlou lui avait dit qu'il ne voulait aucune intervention de troupes étrangères. Mais il y a peut-être eu un malentendu, et pas forcément innocent. Je reste persuadé que la question a été mal posée au président de la République du Congo, par quelqu'un qui était hostile à toute intervention. Youlou ne voulait pas non plus d'intervention pour sa sécurité personnelle, mais il n'a pas compris, ou Rossard ne lui a pas fait comprendre, qu'il pouvait s'agir de le maintenir au pouvoir. »

Pourquoi Alphonse Massamba-Débat n'amnistie pas l'Abbé Fulbert Youlou ? Marien Ngouabi qui accorde une mesure d'amnistie générale le 2 août 1968, dont ce dernier aurait pu être bénéficiaire revient sur sa décision le 4 septembre au grand dam de l'intéressé qui lui écrira une lettre depuis Madrid le 1er novembre 1968…

Je suppose que c'est pour des raisons idéologiques.

Youlou faisait sûrement peur aux fameux progressistes ou marxisants…

Les régimes qui ont fait suite à celui de l'abbé Fulbert n'étaient plus démocratiques dans le sens de l'organisation des élections multipartistes. C'était le monopartisme. Un seul pouvoir, un seul chef suprême, un seul parti et pas de challengeur. La situation de l'abbé Fulbert Youlou condamné à l'exil arrangeait sûrement les tenants des régimes qui ont succédé au sien.

A propos de l'évasion de Youlou, il y a une version qui dit que le soir même de sa démission, l'ancien président de la République est interné dans le camp militaire « Fulbert Youlou » pour être transféré quelques semaines plus tard, avec sa famille au camp de gendarmerie du « Djoué ». Il est bien traité, jusqu'à ce que Alphonse Massamba-Débat, son successeur, apprenant qu'il pourrait faire les frais de la terreur socialiste, l'aide à s'enfuir vers Léopoldville, le 25 mars 1965, alors que dans « De la Révolution messianique à la révolution politique », ***Massamba-Débat écrit : « C'est là que Youlou le [Kolélas] rejoindra dans la nuit du 25 mars 1965 après son évasion qu'il prétendait « mystérieuse » : ceux qui ont entendu les organisateurs de sa fuite pendant les audiences du tribunal populaire peuvent se rendre compte, une fois de plus, que le mensonge n'aura pas servi à notre Abbé auquel la politique semble de plus en plus faire oublier que le mensonge est un péché grave. »…***

Il y a plusieurs versions sur l'évasion de Youlou. La version que j'ai correspond à celle évoquée par Foccart dans le même livre que j'ai cité ci-dessus de la page 213 à 214 : « L'évasion de Youlou a eu lieu dans la nuit du 25 au 26 mars 1965. La veille, au cours de mon audience, j'avais informé le Général d'une tentative d'assassinat de l'abbé dans sa prison. J'avais brièvement commenté en disant que ce malheureux Youlou était en grand péril et que sa seule chance serait une évasion. « C'était évident », avait-il dit, et nous étions passés à un autre sujet. Le 26 en fin de matinée, j'ai appris la réussite de l'opération et j'ai fait prévenir le Général. Je l'ai retrouvé ensuite pour le déjeuner qu'il offrait à François Tombalbaye. Il m'a pris à part et il m'a dit d'un air goguenard : « Alors, Youlou s'est évadé… » Le soir, je me suis présenté à l'audience avec une carte de la région du Pool. Je lui ai montré l'itinéraire suivi par Youlou depuis sa prison jusqu'à l'endroit où l'attendait une pirogue, signalant un pont sur un affluent du Congo, qui était un passage obligé et dangereux, où il y avait souvent un barrage de police. J'ai ajouté que, maintenant, il était sur l'autre rive du fleuve, se dirigeant vers Léopoldville.

Le Général a écouté avec intérêt, sans marquer aucun étonnement ni me demander comment me sont parvenues ces informations. « Bon, a-t-il commenté. C'est très bien». Une autre version évoquée par Pierre Péan, dans *"L'homme de l'ombre" à la page 303* dit ceci : «D'abord consigné sur place, l'abbé déchu est ensuite incarcéré dans un camp militaire. De Gaulle demande à Foccart de tout mettre en œuvre pour éviter son exécution … Avec l'aide du service « Action » et la connivence de Moïse Tschombé, Jean Mauricheau-Beaupré organisera son évasion dans des conditions rocambolesques… Le Premier ministre de la République démocratique du Congo, Moïse Tshombe, ne tarde pas à lui accorder l'asile politique. Le 8 juin 1965 s'ouvre son procès à Brazzaville. Il est accusé de détournement de fonds publics et de l'utilisation à des fins personnelles d'un avion de guerre de type Héron qu'il aurait reçu du gouvernement français, de soutien à la sécession katangaise menée par Moïse Tshombe. On lui impute la mort des trois syndicalistes lors de la prise d'assaut de la maison d'arrêt le 13 août 1963. Le verdict du tribunal populaire est sans surprise. L'abbé est condamné à mort par contumace. Ses biens sont nationalisés notamment la ferme de Madibou et deux hôtels particuliers à Brazzaville ».

L'Abbé se défendra de ces accusations en publiant 1966 : "J'accuse la Chine"…

Evidemment, oui, c'est un véritable pamphlet anticommuniste dont on n'a pas suffisamment tenu compte à Brazzaville...

Pourquoi De Gaulle est si dur avec l'abbé Fulbert Youlou au point de ne même pas lui accorder l'asile politique, de lui proposer de quitter Kinshasa pour le Katanga ou d'aller au Tchad. Selon les mémoires de Foccart … ?

Cela, je ne peux vous le dire sans risque de passer à côté des vraies raisons. Est-il vrai que dans son exil au Congo-démocratique, le président Youlou a plusieurs fois écrit aux autorités françaises pour lui permettre de s'installer en France sans succès ? Je suppose que c'est le fait qu'Yvonne de

Gaulle, fervente catholique, n'apprécie pas du tout ce prêtre surpris en flagrant délit d'adultère en octobre 1953, qui a fait l'objet d'une plainte déposée à l'évêché qui a accepté d'être candidat à la demande d'une délégation de sa région contre l'avis de l'Eglise. Youlou a insisté de porter la soutane malgré l'interdiction de l'Eglise. Il a aussi affiché sa polygamie avec au moins quatre femmes officielles. Le comble de tout cela a été le fait que l'abbé Fulbert Youlou débarque à Paris contre l'avis de de Gaulle le 29 janvier 1966. Foccart explique dans ses différentes mémoires combien de Gaulle ne voulait rien savoir et comment, lui, Foccart évite le pire à Youlou, c'est-à-dire d'être ramené à Léopolville. Tenez-vous bien, il débarque au Bourget avec femmes et enfants. Heureusement, l'Espagne de Franco accepte de l'accueillir. La France lui alloue une pension. Voici ce que Foccart en dit dans le même livre que j'ai cité plus loin, de la page 82 à 83 : « Le 30 janvier 1966, il est arrivé à Paris avec famille et bagages. Avant de prendre l'avion à Léopoldville, il avait fait une grande déclaration, annonçant qu'il allait se relancer dans la politique et restaurer un régime modéré au Congo. Ce n'était évidemment pas tolérable. Nous l'avons fait partir pour l'Espagne et aidé à vivre jusqu'à sa mort en 1972. Je ne l'ai jamais revu et je n'ai plus eu de contact direct avec lui. Et pourtant, son fils était mon filleul. ».

Avec l'histoire des « Trois Francs » et de corbeaux (la traque de ceux qui ne voulaient pas prendre de carte d'identité nationale) et compte tenu du bilan des sociétés concessionnaires dans des régions comme le Kouilou, le Niari, la Bouenza, le Pool et Brazzaville, qui ont vécu la construction du Chemin de Fer Congo-Océan, n'était-il pas trop tôt d'être de droite ou pro-français ? Plutôt que de sanctionner les Matsouanistes en les déportant, si Youlou avait pris effet et cause pour le combat de Matsoua qui était indiscutablement noble parce que revendiquant la dignité et la liberté de l'homme noir d'Afrique face à la pénible condition dans laquelle le colon le maintenait, s'il avait poursuivi cette trajectoire foncièrement Matsouaniste, n'aurait-il pas abouti à une véritable indépendance avec l'appui du peuple, ne serait-il pas de la même dimension qu'un Lumumba. Il a préféré s'aligner sur des gens comme Foccart et s'allier à l'Union du Moyen Congo (UMC), le parti des plus intraitables colonialistes à l'instar de Christian Jayle, un ancien pétainiste, de Mahé des Services français, de Vial le propriétaire de l'imprimerie Centrale et de la SATET, etc. plutôt que sur la construction d'une solide légitimité négro-congolaise si je puis me permettre le terme ?

Pour vous répondre je citerais un passage de Marien Ngouabi… Voici, ce qu'il dit dans son ouvrage, Vers la construction d'une société socialiste en Afrique (Présence Africaine, Paris, pp. 305-306) : « Sans pouvoir rappeler ici toutes les pages de la gloire de notre histoire, il faut cependant citer le mouvement matsouaniste qui cristallisa un moment le sentiment patriotique face au colonialisme français, dans le cas notamment du mouvement des "Trois Francs." […] D'ailleurs, cette histoire du Matsouanisme, qu'il faudra bien que nos historiens écrivent un jour objectivement, nous montre que s'il y a tribalisme, ce n'est pas au niveau du peuple, mais bel et bien au niveau des valets du colonialisme. Les Matsouanistes, qui ont été déportés partout, par une décision autoritaire et arbitraire, ont été bien accueillis par les populations des régions où ils arrivaient. »

Vous étiez déjà gendarme sous Youlou et responsable de peloton de gendarmerie sous le président Débat, vous êtes donc leur contemporain. Que diriez-vous du débat récurrent entre certains « kongo » et « Laris », les premiers pensant que Massambat-Débat, le président moralement probe et financièrement orthodoxe, n'a pas été responsable des crimes commis par la JMNR et la « Défense civile », les seconds l'accusant d'avoir fait tuer des cadres Laris dont Lazare Matsokota.

On ne peut pas toujours revenir sur un tel débat qui est sans issue. Massamba-Débat a eu certes des faiblesses qui ont permis un certain nombre de dérapages. Sous le régime de Youlou, il y a eu des troubles et du sang versé mais pas d'assassinats politiques à ma connaissance. A cette époque-là, on a vécu des débats démocratiques. J'étais gendarme et j'ai vu le procureur Lazare Matsokota, brillant intellectuel, protéger et défendre les gendarmes pour qu'il fasse garantir le respect de la Loi. Il a critiqué certaines pratiques du régime Youlou tout en étant Lari et dit-on neveu de ce dernier. Massamba-Débat aussi a critiqué les pratiques du régime Youlou. Il en était même devenu populaire. Son discours convainquait le peuple et redonnait espoir.

Mais quand Massamba-Débat, lui-même, devient président, les assassinats politiques commencent. Il n'a pas été capable de rendre justice aux Congolais, de sanctionner son entourage et de faire profiter les Congolais de sa sagesse personnelle. C'est là que son orthodoxie financière et son bilan économique ont pris de l'ombre. Le 12 janvier 1968, Massamba-Débat avait presque tout suspendu. Le pouvoir était pratiquement vacant. Selon une anecdote, un certain Tadet sortira à Bacongo, mettra sa tenue et voudra prendre le pouvoir. Massamba-Débat était affaibli par des histoires de sang et les exactions de la Défense civile. Il ne contrôlait plus son propre pouvoir. Le fonctionnement du pays, de Youlou à aujourd'hui, en passant par Massamba-Débat, Marien Ngouabi, Joachim Yhombi Opango, Dénis Sassou Nguesso, Pascal Lissouba, a été hors des institutions dans la plupart des cas. Il y a eu plusieurs fois où des individus prenaient les décisions les plus graves sans se référer au président, le mettant ainsi sur le fait accompli.

Sous le président Alphonse Massamba-Débat

Venons en à Alphonse Massamba-Débat, que saviez-vous de ce dernier qui deviendra le nouveau maître du jeu politique post-Youlou ?

Alphonse Massamba-Débat et l'Abbé Fulbert Youlou s'étaient liés d'amitié. Le premier était directeur de l'Ecole de Mindouli et le second prêtre à la mission catholique dans la même localité. Ils créeront ensemble l'Union Démocratique de Défense des Intérêts Africains en sigle l'U.D.D.I.A. L'Abbé Fulbert sera ensuite élu Maire de la Ville de Brazzaville, le 28 novembre 1958. Le 8 décembre 1958, l'Abbé Fulbert Youlou devient Premier ministre et transfert la capitale de la République à Brazzaville où il est Maire et très populaire. Après la proclamation de la République, il met en place un gouvernement provisoire dans lequel Prosper Gandzion est ministre de l'enseignement. Celui-ci qui nommera Alphonse Massamba-Débat qui vient de rentrer d'un stage d'Inspecteurs à l'Ecole normale supérieure (E.N.S) de Saint Cloud, directeur de Cabinet. Aux élections générales du 14 juin 1959, Massamba-Débat est élu député.

L'Assemblée nationale qui se réunit en session extraordinaire l'élit président de l'Assemblée nationale. La popularité de Massamba-Débat due à ses prises de position et à son discours politique, entame la confiance du président Fulbert Youlou, qui voit en lui quelqu'un qui menacerait son pouvoir. Il le fera remplacer à la tête de l'Assemblée nationale, le 9 Mai 1961 par Marcel Ibalico. Un peu plus tard, le 27 juin donc, il fait d'Alphonse Massamba-Débat ministre du plan et de l'équipement et l'écarte du gouvernement le 6 mai 1963. Entretemps, il voulait faire de lui ambassadeur du Congo en France mais la France avait refusé estimant qu'Alphonse Massamba Débat était un communiste pur et dur.

Massamba-Débat arrive au pouvoir dans la foulée des événements des 13, 14 et 15 août…

Depuis le 12 août 1963, la capitale politique, Brazzaville, était dans une situation très perturbée à cause des revendications des syndicalistes en grève. C'était devenu une épreuve de force, d'abord pour protester contre l'interdiction des réunions publiques, ensuite pour libérer les syndicalistes arrêtés, puis demander le changement de gouvernement. Ils exigaient en fait du Président de la République Fulbert Youlou le départ du gouvernement de quelques trois ministres dont particulièrement le ministre de l'intérieur

Zalakanda. Dans la matinée du 15 août 1963, la situation devient plus grave. Le mouvement de mécontentement se généralise. La manifestation devient populaire. Indignées par le comportement de certains ministres, les populations de Bacongo et de Moungali suivies de celle de Poto-poto ont commencé la descente sur le palais du peuple en scandant la chanson composée à l'occasion : « Youlou a tout volé, nous bâtirons de nouveau ». Le jeune commandant du 1er bataillon Felix Moundzabakani qui a sous ses ordres entre autres le lieutenant Jacques Joachim Yhombi-Opango et l'aspirant Dénis Sassou Nguesso prennent des dispositions pratiques et militaires pour assurer le maintien de l'ordre. Il faut naturellement éviter l'écoulement du sang. Au fur et à mesure, de nombreuses personnes déferlent et s'amassent autour du palais présidentiel. Le président est toujours à l'intérieur. Un moment, le commandant Moundzabakani quitte le palais du peuple en intimant aux officiers ci-dessus cités, l'ordre de lui amener certains syndicalistes au camp 15 août. Il échange avec eux pour savoir exactement ce qu'ils voulaient. Après cet entretien, ils reviennent tous au palais. C'est à cet instant-là que trois syndicalistes : Okemba Morlendé ; Gilbert Pongaut ; Tauley Ganga sont désignés et, en compagnie du capitaine Mountsaka David, Chef d'Etat-major, montent au 1er étage rencontrer le président de la République. Ils descendent un peu plus tard avec à la main la démission du président Fulbert Youlou. Felix Moundzabakani prend la démission des mains de David Mountsaka, sort du palais et l'exhibe au peuple qui acclame en plein délire. Enthousiasmées, les differentes couches de la population et classes sociales se retrouvaient pour la circonstance sans la même vision de la suite à donner aux évènements. Elles venaient de faire tomber un régime sans avoir une idée de ce qui se passerait ensuite. Le pouvoir était dans la rue, les leaders syndicaux ne savaient pas non plus quoi en faire. Dans la nuit du 15 au 16 août 1963, le capitaine Mountsaka, qui a reçu la démission du président Fulbert Youlou le matin du 15 août à 10h30, accompagné de kikadidi va, dans une jeep, chercher Massamba-Débat qui était à la session ordinaire du conseil des notables de Boko.

Très critique et bon orateur, ce dernier était populaire. Ancien président de l'Assemblée nationale, remplacé par le député Ibalico, il avait créé un précédent en exprimant ses désaccords avec le comportement de certains dignitaires de l'époque. Il incarnait l'indignation des populations et avait un penchant pour les idées progressistes. Il était intègre et avait l'expérience de la gestion de la chose publique. Le plus simple pour les syndicalistes était de confier le pouvoir à quelqu'un qui avait osé tenir tête et résister au président Fulbert Youlou avant eux. Il tentera toujours de lever l'équivoque en précisant qu'il n'avait aucun problème personnel avec l'Abbé et qu'il fustigeait juste la manière de faire de Youlou et les mauvaises pratiques de ceux qui gouvernaient avec lui. Alphonse Massamba-Débat deviendra donc le Premier ministre du gouvernement provisoire, le « gouvernement des techniciens » comme on disait à l'époque. Cela traduisait l'esprit même de ce que voulaient les Congolais. En fait toute la révolution a consisté à s'opposer au maintien de certains ministres au gouvernement, des ministres qualifiés de malhonnêtes et de corrompus, qui trahissaient les intérêts de la nation et du peuple. Il fallait les remplacer par des ministres intègres, compétents et soucieux du peuple. Ce qu'on a estimé avoir fait avec Massamba-Débat et ses ministres.

Après l'adoption de la nouvelle constitution congolaise par référendum, l'Assemblée nationale se retrouve en session spéciale le 19 décembre 1963. Au cours de cette session dont l'ordre du jour est : -1 Election du Président de la République ; 2- Prestation de serment par le président de la République ; -3 Election du bureau de l'Assemblée nationale ; 4- Désignation des Membres de la Haute Cour de Justice, Alphonse Massamba-Débat est élu président de la République du Congo au suffrage universel indirect pour un mandat de 5 ans.

Quelle peut-être votre réaction sur cette longue citation de Foccart tiré de "Foccart parle 1", page 281 à 282, à propos d'Alphonse Massamba-Débat et son régime vu de la France : « Porté au pouvoir à la suite du coup d'État, Massamba Débat souffle le chaud et le froid. Surtout le froid, à vrai dire, en tout cas les premières années. Il joue au révolutionnaire. Il prend Pascal Lissouba, qui est un dur, comme Premier ministre. Il fonde le Mouvement National de la Révolution, parti unique, et il laisse créer par André Hombessa les milices des JMNR, le mouvement de la jeunesse du MNR. Il ne conserve pas longtemps les ministres modérés de son premier gouvernement. Il établit des relations diplomatiques avec tous les pays socialistes, qui ouvrent des ambassades et qui les peuplent abondamment. Sans être conciliant, le Général se montre patient. Il pense comme Houphouët-Boigny, que ce gouvernement révolutionnaire n'est pas très sérieux et que Massamba tombera bientôt comme un fruit mûr. Il accepte même qu'une livraison d'armes soit faite au Congo –qui n'en manque pourtant pas- et de recevoir Massamba-Débat. L'audience a lieu le 15 octobre 1965. Le général dit à Massamba ce qu'il faut à son pays, c'est un gouvernement qui gouverne, et que le Congo doit s'affirmer congolais, cessant de naviguer entre les influences. Il se montre satisfait de ce contact, et il le manifeste en remplaçant Jean Rossard, qui était resté ambassadeur à Brazzaville et à l'égard duquel les Congolais avaient exprimé des griefs, par Louis Dauge. Cet entretien reste pourtant sans effet positif. Des Cubains arrivent bientôt pour encadrer les JMNR. Les discours des membres du gouvernement de Brazzaville abondent en propos antifrançais. Les vexations et les mauvais traitements se multiplient à l'égard de nos compatriotes. Des mesures ponctuelles de rétorsion sont prises par le gouvernement français, mais le Général ne veut pas couper les ponts. Malgré les demandes de Youlou, que j'appuie au début, il s'oppose à ce que l'ancien président de la République du Congo s'installe en france, pour éviter de donner l'impression qu'il provoque Massamba... »

Il n'y a pas meilleure réponse à cela que les écrits de Massamba-Débat lui-même. Ecoutez, ce qu'il dit dans *"Congo: De la révolution messianique à la révolution politique"* : « Les grandes puissances occidentales, ce n'est plus un secret pour personne, n'ont jamais la moindre pudeur quand elles veulent corriger un petit pays qui veut affirmer son indépendance, travailler pour une économie nationale indépendante, même quand ce pays n'a nullement touché à leurs intérêts : la seule idée d'indépendance réelle suffit pour faire bouger le déclic de leur système et déverser sur vous un flot de venin et de haine. »

Plus loin dans la réponse à la question suivante posée à Foccart, il dit, à la page 283 : « ... Mais l'attitude du gouvernement congolais devenait insupportable. Un beau jour, le 18 novembre 1966, le Général me dit : « Cessons cette comédie et fermons le robinet. » Et il retient à Paris notre ambassadeur, Louis Dauge, qui a été appelé en consultation. Dès lors, il n'y a plus aucun contact officiel, sauf avec l'ambassadeur du Congo à Paris, Mondjo, qui fait des navettes avec Brazzaville et transmet, à son retour, des protestations d'amitié de Massamba-Débat. »

Le 16 octobre 1965, le président Massamba-Débat avait tenu une conférence de presse à notre ambassade à Paris, devant la presse française et internationale, ainsi que quelques membres du corps diplomatique au cours de laquelle il se félicitait de ce que la coopération entre la France et le Congo n'avait subi aucune modification. Mais sur le terrain, les rapports étaient toujours tendus car la France avait une façon de considérer ses anciennes colonies qui contrastait avec la ligne politique de Massamba-Débat qu'il résuma lui-même comme ceci : « C'est pourquoi le peuple congolais a demandé à son Gouvernement une politique de non-alignement ne l'engageant nulle part et lui permettant de rester lui-même.

D'aucuns prétendent qu'ayant fait dans le domaine économique une option socialiste, le Congo était devenu « rouge », mieux un satellite du bloc de l'Est, un pion de la Chine. C'est faire preuve de légèreté que de juger les peuples africains et plus particulièrement le peuple congolais d'après les règles extra africaines. Ce que je sais, c'est que le peuple congolais n'appartient à personne. Il n'appartient qu'à lui-même et tous les efforts qu'il tente ou qu'il déploie aujourd'hui ne trouvent leur justification que dans le souci constant qu'il a d'être indépendant, c'est-à-dire fidèle à lui-même. Le non-alignement n'est pas un simulacre. C'est une réalité facile à démontrer par nos actes…Cette politique de non-alignement appelle une politique financière basée sur l'austérité qui doit permettre au peuple congolais de dépenser à bon escient et de compter avant tout sur lui-même. ».

Vous dites : « sur le terrain, les rapports étaient toujours tendus… ». Que faut-il entendre par là ?

Après le départ de Youlou du pouvoir, le gouvernement français et certaines sociétés commençaient à tergiverser avant de renoncer carrément à construire le grand barrage de Sounda sur le Kouilou-Niari. L'intérêt électrométallurgique et électrochimique pour le Congo était tellement évident. Et notre vocation de pays de transit que nous voulions à peine asseoir, avec notre position géographique, nécessitait des capitaux que nous ne pouvions plus espérer avoir. A cette époque-là le capital était encore étranger, et spécialement français. Notre croissance économique pendant la période 1964-1967 est presque uniquement le fait du capital étranger français hérité de la colonisation et de la période Youlou. Nous étions déjà en difficulté. Et le marché de l'U.D.E.A.C (Union douanière des Etats de l'Afrique centrale composée du Cameroun, du Gabon, du Congo, de la République Centrafricaine et du Tchad) se refermait car la plupart des clients traditionnels des industries congolaises anciennes et naissantes pouvaient s'adresser aux industries concurrentes installées en pleine U.D.E.A.C. Certaines sociétés préféraient s'installer ailleurs dans d'autres pays de l'Union abandonnant quelques fois installations industrielles pour certaines et plantations pour d'autres. Le Cameroun a beaucoup tiré profit de la désaffection de nos relations avec la France.

L'aide française était-elle si indispensable au point de condamner des chefs d'Etats africains à une certaine attitude ?

En guise de réponse je citerais Alfred Grosser dans *Affaires extérieures : la politique de la France 1944-1984*. Il dit : « Un des collaborateurs de Jacques Foccart s'en est expliqué ainsi : « Nous devions soutenir les Etats nouvellement naissants, sinon tout s'écroulait et se terminait dans un bain de sang […] Nous avions mis sur pied les institutions du pays. Nous leur avions fourni une aide financière considérable. Il fallait les aider à se maintenir debout, à franchir le gué. Il fallait soutenir l'indépendance de ces pays contre des capitaines qui risquaient de remettre en cause toute la politique de coopération. Que de fois certains chefs d'Etats ne nous ont-ils pas demandé de les aider à terminer les "fins de mois", de leur envoyer des enseignants pour commencer la rentrée ». Alphonse Massamba Débat en était conscient, il voulait sortir de cet engrenage. Il avait fait de la bataille pour l'indépendance son cheval de bataille. L'aide française était indispensable, certes, mais pas toujours à notre avantage.

Le même auteur que je venais de citer plus haut en dira d'ailleurs ceci : « Quel est le but de l'aide ? Trois réponses sont possibles. Elles ne sont nullement incompatibles. La première est fournie par le général de Gaulle à la télévision le 14 décembre 1965 : "cet argent que nous donnons pour l'aide aux pays sous-développés n'est de l'argent perdu à aucun point de vue. Je considère même que c'est un très bon placement." Pour conclure ainsi il a parlé de liens culturels, de débouchés pour les exportations françaises et de « notre standing international. » Bien des années plus tard, se défendant contre des accusations concernant son action au Gabon, Jacques Foccart exposera une vision encore plus utilitaire [Figaro-Magazine, du 10 décembre

1983] : « selon une estimation du ministère des finances du Gabon, pour 1 franc dévolu au Gabon par les subventions de l'aide publique française, qui pour l'essentiel vont à des organismes et à des compagnies françaises, la France retirerait, en 1979, 2,8 francs. Sur le plan des investissements privés, l'économie française, en 1979, a retiré environ 717 francs d'un apport initial de 66 francs, soit un retour de 11 francs pour 1 franc investi. »

Massamba-Débat s'est aussi battu pour libérer le Congo de la présence militaire française…

Il ne faut pas oublier que ce sont les troupes françaises stationnées à Brazzaville et à Dakar qui sont intervenues pour libérer le chef de l'Etat gabonais Léon M'ba qui a vaincu un putsch militaire. Le président François Tombalbaye a eu raison d'une rébellion grâce à l'intervention des troupes et hélicoptères français dans des conditions similaires. Alphonse Massamba-Débat ne voulait pas de cette servilité.

Comment aura lieu la reprise des relations franco-congolaises sous Massamba-Débat ?

On ne peut pas parler de reprise mais d'une tentation de reprise qui aura lieu tardivement, plus précisément après le départ de Pascal Lissouba du poste de Premier ministre. Beaucoup de ceux qu'on considérait comme des révolutionnaires purs et durs quittent les postes stratégiques. Ambroise Noumazalaye en acceptant le poste de Premier ministre, fait beaucoup de concession. Il y a carrément changement de politique. La France saisit la balle au bond. Foccart dit quelque part : « Il me semble alors que le moment est venu pour Dauge de retourner dans son ambassade, et Maurice Couve de Murville est du même avis, mais le Général ne veut pas prendre de décision avant que la nouvelle orientation ne soit confirmée … ».

Malheureusement, Massamba-Débat ne s'en sort pas. Il poursuit une politique qu'il considère comme pragmatique et réaliste, mais qui n'est pas assumée par la base avec laquelle il est coupé. Son régime est de plus en plus menacé par des complots et par les mécontentements au sein de l'Armée qui se sent marginalisée et moins bien lotie que la Défense civile.

Est-il vrai que la France par l'entremise de Foccart n'a jamais été instigateur du coup manqué dont les exécutants étaient Debreton et

Laurent arrêtés, je ne sais si c'était par vous les gendarmes ou par les services secrets de l'époque ?

Foccart en dit ceci : « Je n'ai jamais su le fin mot de cette affaire, qui a été suivie par des événements plus graves sans lien avec elle. Ce qui est sûr est que les deux personnages arrêtés, nommés Debreton – c'était un pseudonyme – et Laurent, étaient des cinglés. Ils avaient des connexions en Suisse. J'ai pensé d'abord qu'ils avaient été manipulés par Mobutu. Selon des enquêteurs congolais, le financement de cette affaire aurait été assuré par Mauricheau-Beaupré, en liaison avec Bernard Kolélas –revenu à la politique en 1992-, qui aurait alors recruté des mercenaires et aurait dirigé leur entrainement en Angola. Toujours est-il que c'est un complot parmi d'autres. A ce moment –l'affaire Debreton a éclaté à la mi-juillet 1968-, des bruits de bottes sont de plus en plus perceptibles du côté de Kinshasa. Le Général définit alors l'attitude qui doit être celle de son gouvernement : « Appliquer les accords sans restrictions et sans aller au-delà. Intervenir si la fonction ou la personne du Chef de l'État est menacée, seulement dans ce cas... ».

Pourquoi Alfred Raoul n'a pas pu prendre définitivement le pouvoir après la démission de Massamba-Débat...

Je ne saurai répondre avec exactitude à cette question. Le capitaine Ngouabi, président du Conseil national de la Révolution, était déjà l'homme fort et avait des ramifications avec les forces de gauche que le Lieutenant Poignet, ministre de la Défense, n'arrive pas à convaincre malgré le fait qu'il tirait des ficelles, ou certaines ficelles, à sa manière. Le commandant Raoul a tenté de consolider sa position. Le 10 septembre, six jours après avoir été désigné Chef de l'État, il est allé à Paris. Mais les Français eux-mêmes ne contrôlaient pas la situation de Brazzaville. Ils avaient perdu le pied depuis le règne de Massamba-Débat. Dans *Foccart parle 1* à la page 285, Foccart en fait le commentaire suivant : « [le commandant Raoul arrive à Paris] S'assurer que la France le soutiendra contre une action qui pourrait venir du Congo-Kinshasa, et demander un effort en matière de coopération. Le Général donne immédiatement des instructions pour qu'il soit reçu par le Premier ministre et par le ministre des Affaires étrangères. Maurice Couve de Murville et Michel Debré garderont une excellente impression de cette visite, et moi aussi.»

Les français ont dû se frotter les mains suite au départ de Massamba-Débat...

Selon Foccart oui et non puis qu'il dit ceci dans le même ouvrage à la même page : «Notre inquiétude vient de la forte tension qui se manifeste entre Brazzaville et Kinshasa, d'où les Américains observent attentivement les événements. Le Général en est préoccupé ; il donne des instructions marquant une détermination qui m'étonne moi-même en ces circonstances confuses, et qui vont loin au-delà des limites qu'il avait tracées un mois plus tôt. « Nous ne pouvons pas laisser les Américains profiter de ce qui se passe pour mettre la main sur le Congo-Brazzaville, dit-il. Le ministre des Armées doit se tenir prêt à intervenir. Nous interviendrons immédiatement si les autorités de Brazzaville, fussent-elles provisoires ou mal établies, nous le demandent. Vous devez prévenir notre ambassadeur, et il lui appartient de le faire savoir... ».

Cette déclaration avait-elle à voir avec le voyage du commandant Alfred Raoul ?

On ne peut que le supposer.

Les Français ne s'attendaient pas à la montée du capitaine Marien Ngouabi ?

Certainement pas.

Revenons-en à Massamba-Débat, quand le général de Gaulle lui dit que ce qu'il faut à son pays, c'est un gouvernement qui gouverne, et que le Congo doit s'affirmer congolais, cessant de naviguer entre les influences, il pense certainement aux Chinois et aux Cubains...

A l'époque de la guerre froide, chaque puissance ou pays ambitieux avait sa stratégie. La Chine aiguisait des armes économiques pour gagner de l'espace. Les Chinois, avaient pris en charge l'un des grands projets du Bureau pour la création, le contrôle et l'orientation des entreprises de l'État (B.C.C.O.), la construction d'une usine textile modèle, l'usine de "Kinsoundi". C'était l'échantillon de ce que devait représenter la coopération avec la Chine. Bien d'autres projets naîtront de cette coopération même si d'autres découleront de la collaboration avec la Corée du Nord, l'Union soviétique, les pays de l'Est et même la plupart des pays occidentaux. Une avant-garde ouvrière formée politiquement et techniquement en Chine devait sortir de cette usine et devenir une référence dans la bataille pour l'indépendance économique. La présence cubaine était beaucoup plus militaire bien que la coopération avec Cuba touchait aussi d'autres domaines comme la santé, etc. Du Mali où elle était faible, cette présence prend des proportions importantes et inquiétantes pour la France au Congo.

Les Français prenaient au sérieux cette présence cubaine dans leurs deux anciennes colonies. Vous verrez justement le poids de cette présence dans notre histoire politique et militaire. Les Français, sous la pression des Américains, craignaient par ricochet que la forte présence cubaine ne profite aux soviétiques. Ces derniers, à leur tour, ne passaient pas par quatre chemins pour faire comprendre qu'il était hors de question de laisser aux Africains la latitude de permettre aux Américains une coopération militaire trop étroite et l'emplacement de bases militaires. C'était une véritable guerre sur laquelle Massamba-Débat a eu à se prononcer plus d'une fois : « la République Populaire de Chine et tout dernièrement Cuba ont été abreuvés d'insanités et de calomnies. Un fait étrange : l'Union Soviétique et les autres Etats Socialistes d'Europe ont été épargnés dans cette campagne de dénigrement systématique déclenché contre les amis du Congo… ». Et l'auteur de se demander : « Mais quelle est l'attitude de l'Union Soviétique et celle des autres pays socialistes d'Europe ? Sera-t-elle également « ambivalente » comme celle des capitalistes, sans se renier et renier leurs amis du Tiers monde ? ».

Le président Alphonse Massamba-Débat était-il un pro-Mobutu désillusionné ensuite ?

Non, il n'était pas un pro-Mobutu. Il a cependant œuvré pour faire accepter ce dernier auprès de nombreux chefs d'Etats africains afin d'éviter un éventuel retour au pouvoir de Tschombé dont tout le monde connaissait les accointances avec l'ex-président Youlou.

La révolution congolaise avait une grande influence à Léopoldville…

Oui, bien sûr, Mobutu imitait ce qui se passait à Brazzaville. Nous avions un MNR (Mouvement National de la Révolution) et une JMNR (jeunesse du Mouvement National de la Révolution), Mobutu créé un MPR (Mouvement Populaire de la Révolution) et une JMPR (Jeunesse du Mouvement Populaire de la Révolution)… [Sourire].

Il y a une certaine opinion qui insinue que les grandes réalisations de l'époque de Massamba-Débat sont à mettre à l'actif de son premier ministre, Pascal Lissouba. D'autres diront à l'actif de Van Den Reysen qui dans sa lettre à la Conférence nationale écrit ceci : « Ayant quitté le cabinet pour créer le BCCO fin 1965, j'ai montré comment on pouvait servir le Congo sans voler et sans tuer personne. J'ai mené les projets Kinsoundi, Hôtel Cosmos, Barrage de la Mpama, Usine de Bétou, Briqueterie de Linzolo, comme si j'avais continuellement auprès de moi l'assistance de la divinité. Des politiques, je ne rencontrai que des difficultés, sauf de M. le président de l'assemblée de l'époque. J'ai procuré par mon travail, des emplois à plus de 100 Congolais et tout juste un an après la création de l'organisation. Alors que le BCCO était sur le point de réussir quelque chose d'exceptionnel et sans précédent en Afrique, j'ai été relevé de mes fonctions. Aucun successeur n'était préparé. » …Bien avant cette lettre, Hugues Bertrand écrit dans "Le Congo" à la page 55 : « Pascal Lissouba va essentiellement jeter les prémisses du secteur productif d'État, solliciter à cet effet les aides les plus diverses. Le gouvernement met sur pied deux organismes commerciaux dont l'objet serait de substituer progressivement aux grandes maisons coloniales d'import-export.».

La création du BCCO (Bureau pour la création, le contrôle et l'orientation des entreprises de l'État) en 1965, chargé de la mise en œuvre des projets industriels de l'État, de l'Office national de commercialisation (Ofnacom), qui avait reçu le monopole d'importation des produits de première nécessité; de l'Office national de commercialisation des produits agricoles (O.N.C.P.A), la restructuration de la Régie nationale des palmeraies du Congo (R.N.P.C.) qui reprend les installations et les plantations abandonnées de la C.F.H.B.C et la nationalisation de certaines autres entreprises tenues par des capitalistes, comme on disait à l'époque, sont des œuvres de Alphonse Massamba-Débat. Tout cela faisait bel et bien partie de sa politique. Choisi par ce dernier, Pascal Lisssouba travaillait dans cette optique. Le 21 août 1963, le président Massamba-Débat dans sa première prise de contact avec la chambre de commerce de Brazzaville dit ceci : « ce matin, j'ai eu à discuter avec un responsable de la Société Industrielle et Agricole du Niari (S.I.A.N.) qui me présentait un grand projet, gigantesque. Et il m'a demandé si un tel projet pouvait avoir notre assentiment ou bénéficier de notre encouragement. Mais bien sûr, lui ai-je dit. En voulant s'expliquer davantage, il me dit qu'il n'était pas un homme politique, qu'il ne faisait pas de la politique. Je lui ai répondu : « Monsieur le directeur, c'est vous qui faites la meilleure politique, parce que la meilleure politique c'est l'économie. Ce n'est pas le bla-bla-bla (je m'excuse de ce terme banal) qui est la politique, mais c'est l'économie. » Vous ne faites pas de la politique, c'est un fait, mais précisément pour régler tous les problèmes, il faut assainir l'économie.

Or, le programme que vous me présentez, peut donner du travail à huit mille Congolais et en même temps permettre à la nation congolaise d'avoir certaines devises, puisque vous parlez d'exportations, etc. C'est donc cette politique que nous voulons voir instaurée dans ce pays.». Ce passage peut déjà vous montrer à quel genre de leader on avait affaire. C'est lui qui a bel et bien inspiré la politique qui a été mise en œuvre sous son régime et choisit des cadres pour l'exécuter.

Que pensez-vous de ce passage de l'ouvrage précité de Hugues Bertrand "Le Congo", je cite : « Inquiétude chez les gens du Nord qui voient de plus en plus les amis, la clientèle tribale de Massamba-Débat mettre la main sur les postes importants de l'appareil d'État. Le président va également réussir à s'emparer du secteur d'État, en limogeant l'ancienne équipe du B.C.C.O., celle qui s'efforçait de mettre sur pied les bases d'un secteur industriel socialiste, pour la remplacer par un personnel qui lui est personnellement acquis. C'est le commencement de la fin pour le secteur industriel d'État qui va devenir un merveilleux «fromage» bureaucratico-tribal pour les massambistes d'abord, puis après 1968, pour les gens du Nord également. Les clientèles sont nombreuses, le chômage important et croissant ; l'embauche sera pléthorique et fera du secteur d'État un enfant mort-né, du B.C.C.O. un organisme écrasé par la bureaucratie tribale avant d'avoir pu prendre son envol.»

Je ne sais pas s'il faut le dire ainsi. Je n'aime pas le terme « nordiste », je préfère parler des ressortissants de la partie nord du pays. Alors qui sont ces nordistes qui revendiquent le pouvoir à ce moment-là ? Il y'eut un moment sur notre scène politique, un groupe de réflexion d'obédience marxiste-léniniste appelé le groupe de Mpila créé par Antoine Maboungou-Mbimba et Aimé Matsika en 1961, dans le but d'échanger et de réfléchir pour, comme l'a dit le premier dans les auditions de la Conférence nationale, remplacer les Européens et changer les choses dans le pays.

Ce groupe n'a cessé de grosssir ses rangs avec l'arrivée progressive de Julien Boukambou, Thaulet Nganga, Dieudonné Miakassissa, Balossa-Ntari ; vers 1962, des anciens de l'AEC (Association des Etudiants Congolais) dont Pascal Lissouba, Claude Da Costa, Hilaire Mounthault, Miehakanda ; vers 1964, de Ambroise Noumazalaye. Ce groupe, qui a édicté des mots d'ordre et conduit, comme disent certains, l'insurrection populaire qui dépose Fulbert Youlou en Août 1963, aurait aussi été actif dans l'aboutissement du processus révolutionnaire sur le plan idéologique. Pour nous qui suivions tout cela de loin, il n'est pas à ce moment-là question de nord et de sud, mais d'idéologie marxiste-léniniste. Les plaintes d'Ambroise Noumazalaye d'être l'unique élément du Nord, rapportées par Maboungou-Mbimba, feraient partie d'une tactique personnelle plutôt que d'une revendication des nordistes qui sont hors-jeu. C'est au nom de l'idéologie et des considérations qui n'ont rien à avoir avec la géopolitique que ce groupe va briller dans le bon comme dans le mauvais sens du terme jusqu'à déraper. De ce groupe sortiront les cadres qui vont diriger le pays et dominer pendant longtemps la scène politique. Malgré les problèmes qui arrivent avec le remplacement de Pascal Lissouba par Ambroise Noumazalaye, ce dernier ne prend pas pour autant position pour le nord. Il signera le décret, que astucieusement, le président Massamba-Débat laisse à sa signature, rétrogradant au rang de simple soldat le très critique capitaine Marien Ngouabi, chef des para-commandos, représentant l'armée au Comité central du M.N.R. ayant refusé de rejoindre Pointe-Noire où il est muté. Il n'est pas question à ce moment-là du nord, Noumazalaye étant du nord comme Ngouabi. Au contraire, c'est l'armée, dans un mélange de nordistes et de sudistes républicains qui trouvent en Ngouabi le leader qui peut lui permettre d'en finir avec la Défense civile et la JMNR. Noumazalaye n'a pas comploté avec Ngouabi au nom du nord. Il prendra une part active dans le mouvement insurrectionnel de 1968, au nom de la gauche, misant sur la popularité de Marien Ngouabi mais pas pour ce dernier.

Quand celui-ci prend le pouvoir, il fait passer Noumazalaye, l'homme politique du nord le plus en vue, au procès de l'assassinat de Lazare Matsokota, Joseph Pouabou et Anselme Massouémé. Le verdict l'exclu de la politique avec Pascal Lissouba et consort. Il reviendra en politique en faveur du coup d'État de Kinganga pour comploter deux ans après contre celui-là qui était censé ramener le pouvoir au nord, cette fois-ci avec Ange Diawara. Où est la stratégie nordiste dans tout cela ?

Je continuerai à citer Hugues Bertrand pour constater que la question de la tribu n'est pas évacuée pour autant, on la retrouve à la page 57 de son ouvrage précité : « En avril 1966, Massamba-Débat se débarrasse de son premier ministre, Pascal Lissouba, dont l'ascendant l'inquiète. Celui-ci en effet, issu d'une petite ethnie, s'efforce de travailler dans une optique nationale plutôt que régionale (ou tribale), techniciste plutôt que «clientéliste». Ce faisant, s'il élargit son horizon politique, il se retire l'habituel tremplin de sécurité (ethnique) que se ménagent la plupart des hommes politiques locaux : il inquiète, fait peur, et le président n'aura pas trop de mal à faire le vide autour de lui, à obtenir sa démission. La chute n'en sera que plus dure, puisqu'elle se fait sans filet. Un nouveau Lissouba en naîtra, très « régionaliste », et représentant, pour les initiés, de ce qu'on appellera le bloc du "Grand-Niari"».

C'est un peu la maladie chronique de la classe politique congolaise, depuis les années 50 à aujourd'hui. Tout cadre relevé des fonctions d'État ou politique devient opposant et se replie dans sa tribu ou sa région…

On ne comprend pas si c'est réellement Massamba-Débat qui relève Pascal Lissouba ou ce dernier qui démissionne. Dans Congo : les fruits de la passion partagée, *celui-ci donne deux versions contradictoires de son départ de la primature. A la page 92, il dit : « En 1966, cédant à la pression de l'aile gauche du parti, Alphonse Massamba Débat considère que je ne peux plus remplir mes fonctions de premier ministre. De mon côté, je ne tenais pas particulièrement à servir de caution à une équipe dont la dérive me semblait de plus en plus grave. Je décide donc de démissionner et de réclamer l'ouverture d'une enquête et d'un procès sur les assassinats de 1965. » … plus loin, à la page 102, il dit : « Comme je l'ai souligné, mes fonctions de Premier ministre prirent fin en 1966. La version officielle, je n'y reviens pas, voulut que le président ait souhaité mon départ sous la pression des éléments les plus extrémistes. En réalité, j'avais déjà présenté ma démission à plusieurs reprises sans qu'elle soit acceptée. »*

Nous n'allons pas nous focaliser sur le départ de Lissouba quelles qu'en soient les interprétations. Il en est qu'il n'était plus premier ministre depuis avril 1966. Le président Massamba-Débat ne voulait plus de lui comme premier ministre. Lui, Pascal Lissouba, n'avait plus d'autres choix que de démissionner. La seule marge de manœuvre qui lui restait était de décider du moment.

En quittant à son tour la primature, Noumazalaye ne se replie pas chez « lui ». Est-ce parce que contrairement à Lissouba, il était conscient de faire partie d'une minorité ethnique dans une région plutôt isolée, à l'extrémité de la partie septentrionale du pays, à l'époque, enclavée et dépourvue de cadres en position stratégique soit dans l'administration soit dans l'armée. Ce qu'il tentera de réparer tardivement…

Il est vrai qu'à l'époque tout le nord du pays n'avait pas assez de cadres dans l'armée ou dans la scène politique compte tenu des contraintes d'ordre géographique. Pour poursuivre les études, après le premier cycle, qui n'était pas à la portée de tous, car les écoles étaient implantées dans quelques grands centres, il fallait quitter les villages du nord pour venir vers l'extrême sud du pays. Certains cadres du nord ont eu la chance de commencer l'école primaire à Brazzaville comme Noumazalaye. Mais sur la scène politique l'enjeu n'était pas encore celui-là. L'engagement idéologique était tellement fort qu'il l'emportait sur les autres aspects. Je crois qu'il ne faut pas sous-estimer la foi et l'idéalisme qui animaient les jeunes d'hier. Croyant aux idées, ils faisaient preuve d'une passion et d'un dévouement hors du commun.

Je ne sous-estime pas mais je veux comprendre…

Je crois plutôt que Noumazalaye était confronté à une autre forme de contradiction. Il était le premier secrétaire du M.N.R., ancien leader de l'exgroupe «Basali ba Congo», et Chef historique de la jeunesse du M.N.R. Massamba-Débat était soupçonné de vouloir se débarrasser des socialistes purs et durs dont les marxistes-léninistes Pascal Lissouba et, lui-même Ambroise Noumazalaye. Ces derniers tenteront de prendre des précautions. Le premier se désolidarise du second qui ne voulait pas d'une démission hâtive mais d'un maintien stratégique à ce poste. Lissouba ne l'entend pas de cette oreille et cède en quittant le gouvernement en l'absence de Noumazalaye qui est hors du pays.

Celui-ci en suivant je ne sais quel schéma accepte d'être nommé Premier ministre, or en faisant de lui Premier ministre, Massamba-Débat le mettait dans une position délicate face à la J.M.N.R. qui était devenue à cette époque-là très critique vis-à-vis de l'appareil bureaucratique d'État à cause de certains dérapages et déviations. Noumazalaye devait poursuivre la logique de modération idéologique de Massamba-Débat et assumer la déviation vers le socialisme bantou. C'était grave à cette époque-là. La J.M.N.R. perd en théorie un leader qui assurait sa cohésion et son union. Elle sort de cette crise désunie. Son Chef historique étant obligé de justifier l'injustifiable et de défendre l'indéfendable à ses yeux. Noumazalaye perd beaucoup d'amis politiques, en acceptant d'être premier ministre. Il doit s'appuyer sur certains alliés indéfectibles au niveau des instances dirigeantes plutôt que sur les troupes.

Dans «Le Congo» de Hugues Bertrand, on peut lire : « Si la J.M.N.R. devint rapidement un creuset idéologique formidable, générateur d'une nouvelle jeunesse, il n'y'eut pourtant jamais de vraie tentative pour utiliser la jeunesse afin de transformer les rapports de production à la campagne, et en particulier de mouvoir les femmes, elles aussi. Les villages coopératifs de jeunes, émanations des villes, n'étaient que des enclaves en milieu rural qui ne pouvaient en rien changer l'état persistant des choses : ils connurent une déconfiture totale soldée par leur dissolution définitive en 1971»...

Comme dans ce genre de cas, la récupération est toujours de mise. La JMNR avait été récupérée par certains cadres qui croyaient imposer l'ordre par la terreur. Ce sont des gens qui ont exigé aux autres sans être des exemples.

Le plus grand souvenir que vous gardez du président Massamba-Débat ?

Le souvenir que je garde du président Massamba Débat est celui d'un homme qui avait un grand sens de la morale. Il n'y avait pas chez lui de quelconque confusion entre la chose publique et le bien personnel. Il avait le sens de la rigueur dans la gestion des affaires publiques. C'était un homme très pieux ayant hélas subi les effets néfastes de son entourage qui a fini par le prendre en otage. Massamba-Débat m'a beaucoup marqué par sa simplicité. Il était humble et pas du tout arrogant. Il m'a déçu quand il a laissé Mabouaka et Castro faire ce qu'ils faisaient. Les réalisations de Massamba Débat étaient très prometteuses pour le pays : la cimenterie de Loutété, l'usine de Kinsoundi, etc. En tant que commandant de compagnie de gendarmerie de la région de l'Equateur, j'ai reçu des félicitations écrites du président Massamba-Débat. Il me les avait fait parvenir, une fois rentré à Brazzaville, par le capitaine Alphonse Mabiala après sa visite de travail.

Le président de la République était étonné qu'à chaque repas organisé par le Préfet de l'Equateur jusque tard le soir, je fus présent. Le matin suivant, lorsqu'il arrivait à neuf heures dans le village où il devait se rendre pour sa tournée, j'étais au pied de l'hélicoptère pour l'accueillir. Il remarquait mais ne disait rien. Je restais avec lui jusqu'au banquet qui se terminait vers 21 heures ou 22 heures. Le lendemain matin, quand il arrivait dans un autre village par hélicoptère, il me voyait de nouveau parmi les autorités locales qui l'accueillaient. Il me saluait comme si de rien n'était. Jugeant cette manière d'opérer extraordinaire, une fois rentré à Brazzaville, il me fit donc parvenir une lettre de félicitations par mon chef de corps. Pourra-t-on aujourd'hui vivre encore une chose pareille ? Les chefs actuels peuvent-ils encore remarquer un simple fonctionnaire de l'État dans sa façon de faire et lui écrire une lettre de félicitation ?

Comment le régime d'un président si pieux se retrouve-t-il en pleine inauguration d'un cycle sans précédent d'assassinats politiques au Congo ?

Je n'ai moi-même pas de réponse à cette question que je me suis posée bien souvent.

Connaissiez-vous Lazare Matsokota, Joseph Pouabou et Anselme Massouémé bien avant leur assassinat ?

Il était difficile au procureur de la République, Lazare Matsokota, de passer inaperçu. Non pas parce qu'il était cousin de l'abbé Fulbert Youlou (sa mère Victorine Kilolo, était la sœur de "Ta Mbindi", le père de Fulbert Youlou) mais parce qu'il fut brillant étudiant, remarquable tribun puis exemplaire procureur de la République. Il était le premier procureur de la République noir que notre pays comptait après l'indépendance. C'est en cette dernière qualité que je l'ai connu et apprécié.

Il n'acceptait pas l'arbitraire, même pas au profit de son cousin Fulbert Youlou. Il s'était insurgé contre les bévues et les abus du régime de Youlou. Il n'acceptait pas que n'importe quelle autorité abuse de ses pouvoirs au détriment d'un agent de l'ordre, surtout pas d'un gendarme. Il protégeait la gendarmerie et comptait sur la droiture des hommes qui y travaillaient. Durant mes quarante-deux ans de service à la gendarmerie, je n'ai plus connu aucun autre procureur de la trempe de Matsokota. Joseph Pouabou était impressionnant. C'était un autodidacte brillant qui, avec un certificat d'études, devint un remarquable greffier. Il repartit étudier, cette fois-ci en France, pour devenir docteur en droit et revenir faire ses preuves au pays où il devint président de la Cour suprême. Matsokota et Pouabou faisaient des efforts louables pour que soit respectée l'indépendance de la justice en général, et celle de la magistrature en particulier. Ils étaient de véritables intellectuels qui tentaient de lier la théorie à la pratique. Contrairement à Matsokota et à Pouabou que j'ai vus à l'œuvre, je n'ai pas eu l'occasion de connaître Massouémé dans l'exercice de ses fonctions. Cependant, j'ai entendu dire de lui qu'il était remarquable directeur de l'Information.

Que savez-vous des conditions de leur exécution ?

Quand ils furent exécutés, je n'étais plus à Brazzaville, mais en formation à l'école des officiers en France. De là-bas, j'apprendrais qu'ils avaient été enlevés sans preuve, sur la base de la rumeur selon laquelle ils conspiraient contre la révolution de Massamba-Débat en liaison avec Moïse Tschombé. On me rapportera en outre que le professeur Bernard Galiba avait aussi été enlevé dans la foulée, et qu'il serait sauvé in extremis par la gendarmerie. Celle-ci informée de son enlèvement avait pu suivre le véhicule se dirigeant vers Makala, à la cité de l'OMS, où se trouvait un camp de torture des supposés contre-révolutionnaires. Le professeur avait été sérieusement molesté au point d'avoir des tympans très abîmés.

J'avoue ne pas avoir assez d'éléments consistants pour avancer des noms. Une certaine opinion dit que les Matsokota, Pouabou et Massouémé ont été victimes de l'escroquerie politique et de la jalousie de leurs congénères alors que Maboungou-Mbimba, un des fondateurs du groupe de Mpila entendu à la Conférence Nationale Souveraine a dit : « Il [Matsokota] m'a presque raccroché au nez. J'étais complètement désarçonné par ce que je venais d'entendre de la part de Lazare. Je ne le reconnaissais pas. Et c'est lorsque je suis allé négocier avec les Français que j'avais appris par le biais d'un jeune officier qu'en vue de surmonter la crise, Youlou avait, par l'intermédiaire de certains « sages » de la région du Pool, contacté dans la nuit du 13 août Lazare Matsokota. Il lui avait proposé le poste de Premier ministre, et ce dernier avait accepté. C'est ce qui justifiait bien sûr son refus d'adhésion au mouvement. C'est ce qu'on a appelé la grande trahison de Lazare Matsokota, celle qui lui valut sans doute d'être condamné à mort. […] lorsque le groupe lui propose le portefeuille de la justice dans le gouvernement provisoire dirigé par Massamba-Débat qui succède à Youlou, il répond carrément qu'il « ne pouvait pas se mettre sous les ordres d'un instituteur», et, quand Pascal Lissouba est nommé Premier ministre et lui tend encore la perche, il refuse de « collaborer avec l'agronome de Tunis déguisé en petit commis d'Etat ». La pression ethnique l'avait-elle réellement conduit à trahir ce groupe qu'il n'avait pas dénoncé, au point de renier ses convictions politiques ? Avait-il été trop ambitieux ? Avait-il été surestimé démesurément ses propres capacités ?...

Dans son ouvrage *"Ma vie avec Lin Lazare Matsocota"*, Marceline Fila Matsocota, écrit ceci à la page 74 : « En effet, le groupe de pression Lari, voulait la démission du président Youlou, pour remettre le pouvoir à Matsocota, pressenti depuis comme son dauphin ! Selon le proverbe lari qui dit : *« Tsi tuka gâ ntu, gâ hembo tsi yokaa ».* c.à.d. *« On doit remettre sur les épaules, la charge que la tête ne supporte plus.»* Pour ne pas décevoir Matsocota, on lui proposa le portefeuille de la justice qu'il refusa, sachant qu'on s'était servi de lui, uniquement pour faire tomber Youlou. Ce

Département fut finalement confié à monsieur Nkounkou Jules, tandis que celui de l'Intérieur eut pour chef, Bikouma Germain. Après insistance du groupe, il demanda le portefeuille de *La jeunesse et Sport* qu'on lui refusa, car c'était la chasse gardée de Lissouba qui endoctrinait les jeunes gens au socialisme-stalinisme le dimanche à l'heure de la messe.

Lorsque Pascal Lissouba fut nommé *Premier ministre* de Massamba-Débat, le département de la Jeunesse et Sport fut confié à Hombessa André de la J.M.N.R. A partir de ce moment, Matsocota devint la bête noire des Révolutionnaires ». C'est avec un immense regret que je parle de tout cela aujourd'hui sans les archives qui étaient à ma disposition. Le président Marien Ngouabi avait rassemblé les bandes magnétiques où se trouvaient les auditions de tous ceux qui avaient été jugés au procès qu'il avait fait organiser sur les assassinats de Matsokota, Pouabou et Massouémé. Ils les avaient gardées personnellement je ne sais pas pourquoi, mais après un certain temps il me les avait confiées. Or, quand je quittai les fonctions d'aide de camp et officier d'ordonnance chez lui, je lui remis ces bandes que je n'ai plus jamais revues et dont je n'ai plus entendu parler.

Croyez-vous que celui qui a mis la main sur ce coffret de bandes magnétophones ait pu en user politiquement pour exercer de la pression sur des cadres comme Noumazalaye, Ndalla Graille, Hilaire Mounthaut, etc.

Je n'en sais rien…

Lors de la Conférence Nationale Souveraine, la commission assassinat a auditionné plusieurs personnes sur les conditions de l'exécution de Matsokota, Pouabou et Massouémé, estimez-vous que la lumière a été établie sur cette affaire ?

Il faut reconnaitre qu'il y a toujours des zones d'ombre. Dans l'analyse qui en a été faite, il y a eu délibérément tentative d'innocenter certaines autorités sur simple supposition et d'aggraver la culpabilité bien qu'établie des autres. Je suis étonné de constater dans le livre posthume de Albert Roger Massema, "*Crimes de sang et pouvoir au Congo-Brazzaville*", paru chez l'Harmattan en 2010, que Marien Ngouabi, qui aurait assisté au déroulement du procès dans le fond de la salle, se serait saisi de la présidence des débats, aurait fait prononcer à la sauvette par les jurés des peines minimes en disproportion avec le déroulement du procès, parce que les accusations se seraient portées beaucoup plus sur Noumazalaye. Version qui ressemble à celle de Lissouba évoquée dans *"Congo : les fruits de la passion partagée"*. A la page 92, il écrit : « Au cours de l'audience, il est fait état du véhicule dans lequel les trois victimes avaient été transportées hors de Brazzaville pour y être massacrées. Dans l'assistance, une jeune femme, la nièce de l'un des trois suppliciés, se lève brusquement en criant : elle venait de reconnaître la voiture de son amant qui occupait un poste clé, deuxième personnalité du Parti. Premier Secrétaire et ancien Premier ministre qui me succèdera et sera limogé peu après pour incompétence. Autant dire que le procès tourna court sur intervention personnelle du président du CNR, virtuel remplaçant du président élu, Alphonse Massamba Débat. » Pascal Lissouba continue en disant : « A chaque sortie de Brazzaville se trouve un contrôle de police.

A l'époque du drame, les contrôles avaient été renforcés dans l'hypothèse d'une attaque venue de l'extérieur. Les policiers de faction de ce jour là se rendirent compte de la présence inattendue d'un véhicule tout terrain d'où échappait des gémissements. Ce véhicule était accompagné d'une autre voiture où se trouvait le responsable du parti que vous connaissez maintenant et qui intima l'ordre aux policiers de laisser passer le cortège. Quelques kilomètres plus loin, le drame allait se jouer avec la complicité active de rebelles communistes camerounais qui avaient trouvé refuge au Congo et qui luttaient contre le gouvernement légal de Yaoundé. Ces extrémistes sanguinaires qui n'ont heureusement pas laissé d'autres traces dans l'histoire, prêtèrent main forte aux éléments marxistes qui s'apprêtaient à prendre le contrôle du pouvoir au Congo pour accomplir cet horrible forfait. Tous ces témoignages recueillis en 1991 vont dans le même sens et devraient donc mettre un terme à un débat qui n'a plus aucune raison d'être, si tant est qu'il n'en ait jamais eu une.». Clamant son innocence, Pascal Lissouba, dit ceci : « Il est sans doute nécessaire de replacer les événements dans leur contexte.

Le Congo vivait à l'époque dans la crainte des soubresauts qui agitaient son voisin, l'ancien Congo belge. Compte tenu de la disproportion des forces, nous vivions en permanence dans la psychose d'une invasion puisqu'il suffisait aux zaïrois de franchir le fleuve Congo pour pénétrer en plein cœur de Brazzaville. La veille de l'enlèvement, j'ignore s'il s'agit d'une coïncidence et, de toute façon, la fin tragique du président Massamba

Débat m'interdit moralement de jeter la suspicion sur son cas, le président me prévient que des mercenaires sont sur le point d'envahir le pays et il me demande de lui rédiger un discours en forme d'appel à la nation. ». J'écrivais notamment que le peuple congolais *"assisterait à quelques exercices sportifs pour sauver la révolution en danger"*, et je concluais, dans un style cher à la phraséologie de l'époque : *"Que Dieu me préserve de mes ennemis, mes amis je m'en occuperai moi-même»*. Au tout dernier moment, Alphonse Massamba Débat, prétextant un calendrier trop chargé me demanda de prononcer moi-même à la radio le discours écrit à son intention. Voilà le détail insignifiant sur lequel s'appuient depuis plus de trente ans tous ceux qui veulent me déconsidérer. Ils voient dans le propos que j'ai tenu et dont j'ignorais même que je le lirais quelques minutes avant mon passage à la radio, la preuve d'un lien entre les trois assassinats malheureux et le discours guerrier que j'ai rédigé, alors que dans mon esprit, il s'agissait uniquement de stigmatiser une éventuelle invasion du Congo. ».

Or cette longue version de Pascal Lissouba ne concorde pas avec les autres auditions de la Conférence nationale. Il y a réellement des zones d'ombre qui demeurent sur cette affaire. Albert Roger Massema, président de la commission Assassinats de la Conférence nationale rapporte dans son livre : *"Crimes de sang et pouvoir au Congo-Brazzaville"*, paru chez l'Harmattan en 2010, des éléments qu'il a recueillis lors des auditions et enquêtes, selon lesquels, le 06 février 1965 à 20 heures, la coordination du groupe s'était réunie à la case de passage des travaux publics sur initiative de Pascal Lissouba. Participaient à cette réunion Ambroise Noumazalaye, Claude Ernest Ndalla, Jean Baptiste Lounda, Claude Da Costa, Mounthaut Hilaire, Maboungou-Mbimba, André Hombessa, Michel Mbindi le directeur de la sûreté, et Pascal Lissouba bien entendu. Ce dernier aurait fait part aux autres de ce qu'il s'est trouvé dans l'obligation de les réunir d'urgence pour leur faire part de l'information capitale qui lui était parvenue "relative à l'imminence d'un complot ourdi contre notre jeune révolution de l'extérieur avec la complicité de certains éléments intérieurs." Pascal Lissouba a continué en leur disant : «Cette information m'a été transmise par notre ami Alioune Diakité par le biais d'une correspondance de son chef d'Etat dans laquelle il nous informe de la préparation d'un coup d'Etat par les Etats-Unis avec la complicité d'un groupe organisé par Matsokota et Pouabou à Bacongo.»

Plus loin, il est écrit : « Pendant qu'il rentre chez lui, Antoine Maboungou-Mbimba, qui reste intrigué tout au long du débat tant par la teneur de l'information qui leur a été communiquée que par le fait que Pascal Lissouba n'en ait auparavant discuté avec le Président de la République, fait part de ses soupçons à André Hombessa qui le raccompagne : - Comment se fait-il que le président Modibo ait préféré saisir le Premier ministre alors qu'il a de très bons rapports avec le président Massamba-Débat ? » Sur les propositions soit de les arrêter immédiatement ou de les mettre en résidence surveillée soit d'ouvrir une enquête afin de les prendre en flagrant délit, le groupe aurait retenu celle de les prendre en filature. Le président Massamba-Débat en serait informé le lendemain. Conscient de ce que le Congo était entouré de voisins hostiles au socialisme, il n'émettra pas de doute suite à cette information. De là à l'exécution, il est pourtant vrai qu'il y a tellement de zones d'ombre qu'on ne peut plus voir clairement le véritable fil des événements.

Votre pays risque d'être envahi par un adversaire plus vaste et largement plus peuplé, et vous avez l'humeur de dire à votre peuple qu'il "assisterait à quelques exercices sportifs pour sauver la révolution en danger" en dépit de l'angoisse que supposerait logiquement votre infériorité numérique ...

A chacun d'apprécier. Si on prend le cas de Marceline Fila Matsocota. Elle a évidemment écrit à propos de Pascal Lissouba : « Quant au Professeur des Professeurs, cerveau penseur de toute cette tragédie, il refusa de demander pardon au peuple abasourdi [à la Conférence nationale de 1991] d'un air effronté : « J'ai suffisamment payé ». On sait que Pascal Lissouba avait été emprisonné par les régimes des présidents Marien Ngouabi, Yhomby-Opango et Sassou Nguesso I. Mais était-ce pour avoir conçu et dirigé *de main de maître* l'assassinat de ces trois grandes personnalités ? ».

Vous vous êtes arrêté alors qu'elle continue en disant : « Malgré cet aveu, le peuple à la mémoire trop courte, qu'on venait pourtant de lui rafraîchir, porta Pascal Lissouba à la Magistrature Suprême ! Avec ses mains sales, son règne fut maculé de sang du début à la fin. Il l'inaugurera par la guerre de 1993/94, pour le clôturer par le cataclysme de 1997/98 qui fit des milliers de victimes innocentes. »

Nous sommes tous concernés par cette déplorable crise qui est un drame pour notre démocratie. Quels que soient ses fautes ou ses crimes, le candidat géopolitiquement majoritaire a plus de chances de passer président que le candidat le plus propre, honnête et bon mais géopolitiquement minoritaire. Quand il s'agit de quelqu'un de notre tribu, nous oublions le mal qu'il a causé aux autres. Nous ne voyons que le mal des gens d'autres tribus.

Permettez-moi de lire un extrait assez long mais important du témoignage de Ambroise Noumazalaye en audition à la Conférence nationale : « Il sied de reconnaitre que les tenants du régime déchu, soutenus par les pays anticommunistes- dont plusieurs étaient africains- agissaient à l'unisson et méthodiquement pour bloquer toute opération fructueuse du Congo avec l'extérieur. C'est dans ce contexte que plusieurs commandos et mercenaires ont été envoyés pour renverser le jeune pouvoir révolutionnaire. Sachez que plusieurs jeunes révolutionnaires, cadres militaires et civils ont été tués, même si personne n'en parle. C'est dans ce climat de tensions extrêmes, de menaces réelles et effectives contre la révolution que nous avons été mis au courant du complot de déstabilisation du régime, complot dans lequel étaient impliqués nos trois citoyens. Il fallait accentuer la vigilance et prendre toutes les mesures de sécurité indispensables à la survie du régime, en barrant la route courageusement à la réaction intérieure et extérieure. Pour ce faire, ce qu'on appelle aujourd'hui, le groupe de Mpila s'est réuni au domicile de Monsieur Maboungou-Mbimba, conseiller spécial et confident du chef de l'État. J'étais bel et bien du nombre ; je dois dire qu'il ne se posait pas alors un problème nord-sud, mais révolutionnaires d'un côté et contre-révolutionnaires de l'autre. Dans ce groupe et à cette réunion, j'étais le seul ressortissant du nord du Congo.

Informé par le Premier sur le complot à partir de la lettre qu'il avait reçue et des indications des services de sécurité, nous avons pris la décision de neutraliser et non d'exécuter les auteurs présumés. Il fallait par conséquent surveiller chacun de ces cadres pour éventuellement les prendre la main dans le sac. En ce temps-là, la deuxième personnalité du parti que j'étais, n'avait aucune compétence ni aucun pouvoir pour mettre en mouvement les forces militaires et de sécurité. Celles-ci relevaient de l'autorité du chef de l'État, lui-même assisté par le ministre de l'intérieur et le directeur de la sécurité nationale [...] Une interrogation se pose cependant. Est-il concevable, en cette période de véritable guerre froide, que le confident personnel du président s'engage dans la gestion d'une telle situation sans en avoir discuté préalablement avec le président de la République des tenants et des aboutissants ? Et que les services de sécurité n'aient pas pris des dispositions utiles ? J'aurais souhaité plus de courage politique de ceux-là qui, comme moi, sont concernés par ces événements de 1965. Moi, j'assume ma part de vérité dans cette responsabilité devant l'histoire, le président Alphonse Massamba-Débat n'étant plus. Prêt à répondre à tout moment de mes actes, je suis toujours resté au pays. Néanmoins je confirme ici que la révolution et les institutions étaient en danger ; que le complot était réel. Je regrette –aujourd'hui comme hier- que cette défense ait conduit à ces monstrueuses bavures. ».

Ce passage à mon avis ne suscite pas de commentaire de ma part dès lors que je ne dispose plus des éléments qui m'auraient permis d'en dire davantage. La Conférence nationale a tenté d'établir les responsabilités entre certains hauts dirigeants de l'époque de Massamba-Débat, membres ou non du groupe de Mpila. Cette affaire est toujours demeurée complexe et énigmatique. Trois ans s'étaient écoulés avant que Massamba-Débat ne quitte le pouvoir et que Marien Ngouabi intervienne dans cette histoire en 1969. Le président Massamba-Débat avait gardé sa confiance politique aux criminels de l'affaire Matsokota, les mêmes criminels dont certains se retrouvaient en force dans le régime de Ngouabi. Je parle des décideurs et non seulement des exécutants. Ils auraient été sanctionnés par le président Massamba-Débat que la suite de l'histoire politique aurait été assainie. Marceline Fila Matsocota à la page 80 de son ouvrage que j'ai cité ci-dessus écrit ceci : « Le sieur Graille donna, sans se gêner et sans le moindre remord, la division du travail en trois sous groupes, en précisant les tâches de chacun. Le premier devait *neutraliser* c.à.d éliminer physiquement, le Procureur de la République ; le deuxième, devait neutraliser le président de la Cour suprême, et le troisième, le directeur de l'Information [...] Parmi les auteurs de crimes, un seul demanda pardon, donnant pour excuse sa jeunesse et son manque de maturité politique à l'école : c'est André Hombessa. Ce sournois avait l'habitude de passer au domicile du Procureur avant de se rendre avec lui aux réunions du « Groupe de Mpila » qui se déroulaient non loin de là.

Il ne prenait jamais d'alcool à cause de ses convictions religieuses. Je me disais naïvement : « voici un bon Protestant ! ». Et pourtant il a trempé à la sauce des assassinats. C'est même lui qui prépara toute la logistique (véhicule, armes et personnel chargé d'accomplir la basse besogne), en sa qualité de président de la J.M.N.R. Quant à Mbindi Michel, ainsi que je l'ai rapporté ci-dessus, il fut le premier à nous inviter dès notre retour au pays, aux agapes de fin d'année, en qualité d'amis ! Lui aussi, n'a pas hésité à trahir un ami comme Judas trahit son maître, Jésus ! N'est-ce pas lui qui, en compagnie d'Hombessa, se trouvait au poste frontière de la Tsiémé, la nuit du crime, pour faciliter le passage de la Land-Rover qui emportait les victimes vers Kintélé, le lieu de leur sacrifice ? […] Quant à Maboungou-Mbimba, c'est un ingrat qui oublia très vite que c'est grâce à Matsocota qu'il fut admis au sein de l'Association des Etudiants Congolais en France. Drôle de manière de remercier celui qui avait pris sa défense auprès des compatriotes qui ne voulaient pas l'admettre au sein de l'A.E.C. parce qu'il n'était pas étudiant mais travailleur. Il aurait pu l'avertir de son assassinat dont la décision fut prise par le *Groupe de Mpila* qui se réunissait chez lui ! ».

Entretemps Pascal Lissouba a écrit à la page 93 de son livre " Congo : les fruits de la passion partagée" : «*Pourtant, Noumazalaye, mon successeur au poste de Premier ministre, me dédouanera en prononçant un simple : "J'assume"* »…

C'est de façon ironique, vous n'allez pas prendre cela pour un argument digne de ce nom. Dans la préface de l'ouvrage de Marceline Fila Matsocota, le professeur Makouta-Mboukou, ancien député, raconte ceci : « Mais quel ne fut pas mon étonnement, lors d'une rencontre avec le président de la République Alphonse Massamba-Débat, lors que Pascal Lissouba nia tout ! A cette rencontre étaient conviées plusieurs personnes : Augustin Poignet, Félix Mouzabakani, André Mouyabi, Jean Pierre Makouta-Mboukou, et bien d'autres. L'objet de cette rencontre était une confrontation entre le président de la République, Alphonse Massamba-Débat et son Premier ministre, Pascal Lissouba, au sujet de l'assassinat des trois cadres. On était encore à la question : « Qui les as tués ? ». Comme dit plus haut, cette rencontre ne produisit aucune vérité sur l'évènement. On rit beaucoup, à l'occasion de la réponse à une question du président de la République à l'ancien Premier ministre. Le président demanda à Pascal Lissouba :

- Que faisiez-vous dehors, à 2 heures du matin ?

- Je veillais sur la République ! Répondit –il ;
- Vous veillâtes si bien sur la République, que vous oubliâtes de veiller sur les républicains assassinés sous vos yeux braqués sur la République !

Comme je dis, on en rit malgré l'atmosphère qui s'y opposait. »

A quelles sanctions le procès a-t-il abouti ?

En octobre 1969, Noumazalaye et Lissouba étaient exclus du Parti et interdits de toutes activités politiques. Lors du coup d'État de kinganga, le 23 mars 1970, Noumazalaye trouve un PMK, je ne sais où, et accoure au palais pour défendre la révolution. C'est comme cela qu'il reviendra à la politique… Par ailleurs, les crimes commis contre *Matsokota, Pouabou et Massouémé* ne sont pas les seuls commis par le régime de Massamba-Débat, il y en a eu de nombreux autres passés inaperçus, comme ceux du procureur général Nganzadi curieusement mort par accident de circulation sur la route de Kinkala au trou de Dieu se rendant dans la soirée à Brazzaville, du jeune Moumbani Basile et autres.

Qui est Moumbani Basile ?

Un jeune qui jouait dans l'équipe Renaissance Aiglons Cara. Il a été abattu parce qu'on l'avait confondu avec Marien Ngouabi. Son corps a été porté comme un colis sur les épaules des parents et amis qui avaient décidé de manifester. Une foule a suivi les porteurs du corps en direction du palais du peuple. Ils étaient partis de Moungali, longeant l'avenue des trois Martyrs, dépassant le rond-point, le cinéma ABC, pour atteindre le parquet. Là, la police les arrêta. Ils rebroussèrent chemin et certains passèrent par les immeubles Fédéraux pour remonter par la grande route qui allait vers le palais du peuple. Ils furent stoppés net par les forces de l'ordre à Montre-Bernard (où se trouvait la direction d'Etumba à l'époque). L'immeuble en face abritait l'ambassade d'Israël. D'autres contournèrent le Centre Culturel Français, et là aussi, ils furent stoppés. Finalement tous n'atteindront pas le palais du peuple où ils voulaient aller déposer le corps du jeune footballeur. La foule scandait : « JMNR abomi moto ! JMNR abomi moto ! » (JMNR a tué quelqu'un !). Des négociations avec les parents commencèrent vers le palais de la justice, empêchant un grave soulèvement. Finalement, les gens rebroussèrent chemin et se dispersèrent.

Dans la légende de la page 28 de L'ouvrage posthume de Albert Roger Massema, "Crimes de sang et pouvoir au Congo-Brazzaville", on peut lire ceci : « Cependant il sied surtout de préciser que le caractère très répressif de ce régime a été manifesté de manière politicienne par les régimes qui lui ont succédé, dirigés par les « hommes du Nord » qui ont su exploiter à très bon escient les précédents antérieurs et celui de l'assassinat de Matsokota sur l'unité des deux ethnies principales du Pool dont il fallait à tout prix entretenir la division pour régner. »…

Pour vous les jeunes, qui vivrez encore longtemps après nous, je crois qu'il faut sortir de ce jeu de petites phrases assassines et revanchardes qui, en fait, ne favorise pas la compréhension de l'histoire. Même les populations de Makélékélé et de Bacongo étaient excédées par les actes de la JMNR et de la Défense civile, surtout de la JMNR. Nous sommes nombreux encore vivants à avoir vu Mabouaka et Castro à l'œuvre. Pourquoi a-t-on célébré la prise du pouvoir de Marien Ngouabi dans ces arrondissements là ? Jusqu'au moment où je vous parle, il faut reconnaitre que chaque régime politique rejeté au Congo l'a été d'abord par ses propres déboires. Demain aussi, il y aura certainement des gens qui oublieront ce que fait ce régime pour dire : « le caractère très répressif de ce régime a été manifesté de manière politicienne par les régimes qui lui ont succédé, dirigés par les «hommes du sud». Alors à quoi tout cela rimera. A rien de bon.

Massamba-Débat, de façon prémonitoire, dans "De la révolution messianique à la révolution politique", écrit ceci « Car l'énorme erreur commise par l'Administration coloniale est celle de n'avoir pas eu soin de montrer aux foules la dépouille de Matsoua. Cette erreur a permis d'accréditer l'opinion devenue extrêmement tenace chez les fanatiques, selon laquelle Matsoua André est toujours en vie, gardé dans un lieu secret par les « méchants » Blancs. D'où cette haine sourde qui risque de ne pas tarir, chaque fois que des problèmes politiques sont placés dans ce contexte. » Comment le Comité militaire du parti a-t-il pu commettre une telle horreur avec la dépouille d'Alphonse Massamba-Débat alors que Marien Ngouabi a su éviter une terrible erreur avec celle de Youlou en la faisant rentrer au pays, bien que les circonstances ne soient pas les mêmes ?

Je n'ai jamais été membre du comité militaire du Parti. Je ne peux pas vous parler de ses motivations et de ses raisons. Est-il qu'au-delà de la grave question de la dépouille, Massamba-Débat a fait l'objet d'une cruelle injustice dont je ne comprends vraiment pas la nécessité. Pour quoi a-t-on dû arriver jusque-là ? Je n'ai pas de réponse à cette question.

Et « …la haine sourde qui risque de ne pas tarir… », dont il a parlé…

Il y a dans notre pays une incontournable nécessité de réconciliation véritable fondée sur la vérité et le pardon. A propos de Massamba Débat, il y encore la passion, la douleur, l'émotion parce qu'on n'en parle pas jusque-là, on ne sait pas où il est enterré. La vérité assouplit la douleur…Il n'est pas normal qu'un ancien président, même exécuté par une cour martiale, quelqu'en soit le motif, ne puisse pas avoir de tombe. C'est inacceptable.

Avec Marien Ngouabi

Votre retour à Brazzaville après la formation à l'Ecole Nationale des Officiers de gendarmerie Française à Melun, n'est-ce pas l'étape la plus décisive de votre carrière ? Vous faites la connaissance de Marien Ngouabi, cela change le cours de votre histoire personnelle…

Je viens de finir ma formation d'officier de gendarmerie. Je rejoins mon pays. C'est une nouvelle responsabilité. Nous sommes en 1966. Nous, les stagiaires congolais, prenons le bateau "Jean Mermoz" à Marseille le 12 juillet et arrivons à Pointe-Noire le 26 après une traversée de vingt et un jours. Nous faisons escale à Barcelone, à Casablanca, à Dakar et à Abidjan où descendent les stagiaires ivoiriens de la même promotion. De là, nous mettons le cap sur Pointe-Noire sans escale. Puis, nous empruntons le train Micheline pour Brazzaville. Dans la ville capitale, nous bénéficions d'un mois de permission. Après cette période, je suis muté à Fort-Rousset (l'actuel Owando) en qualité de commandant de la compagnie Equateur de gendarmerie inter-préfectoral, je dois m'occuper de la région des plateaux et de l'équateur, aujourd'hui les cuvettes ouest et centrale. Les régions de la Sangha et de la Likouala ne sont pas sous mes ordres. J'ai le galon de sous-lieutenant. J'avais déjà servi dans cette localité comme commandant de peloton mobile de gendarmerie de 1961 à 1963. Cela ne me réjouit pas. Je proteste et voit le capitaine Alphonse Mabiala, commandant de légion. Je lui dis que j'avais servi à Fort-Rousset comme sous-officier et que je m'y étais par conséquent fait beaucoup d'amis.

Repartir là-bas en tant que commandant de compagnie risquait de me mettre mal à l'aise avec toutes les fréquentations et les relations que j'avais créées quand j'étais sous-officier. Ma réticence n'étant pas prise en compte, je me mis au garde-à-vous et aux ordres. Je dois rejoindre mon poste d'affectation. Le jour de mon départ, le 9 septembre 1966, je me rends à la rue Batéké, au domicile du transporteur Okombi Ebongo à Poto-poto, au croisement de la rue Batéké et de l'avenue de Paris (actuelle avenue de la Paix), avec toute ma petite famille. La réquisition de transport routier lui a été remise par le transit de la gendarmerie. Nous attendons le départ. Il est environ 8 h 30 lorsqu'un capitaine en tenue militaire et au béret rouge, de taille moyenne, de teint clair et d'un regard foudroyant, arrive et se dirige vers moi, certainement parce que je suis aussi en tenue d'officier. Il s'arrête à ma hauteur, réflexe de tout militaire, le jeune sous-lieutenant Ngouélondélé est au garde à vous. Je présente mes devoirs à ce supérieur en grade : sous-lieutenant Ngouélondélé. Il me salue et se présente le plus naturellement possible : capitaine Marien Ngouabi.

Je l'informe que je suis en train de rejoindre mon poste d'affectation. Je suis avec ma famille que je lui présente, mon épouse Henriette et nos quatre enfants : Marie-Christine, l'aînée de mes enfants, Hugues qui vient en deuxième position, Serge le troisième et Annick, encore bébé. Elle est venue au monde le 15 juin 1966 à Melun, en France, pendant mon stage. Le capitaine, après avoir fait des bises à mes gosses, me dit : « je suis venu confier au transporteur Okombi les matériaux de construction de la pierre tombale de mon défunt père. J'arriverai à vos côtés d'ici le mois de décembre.». Il reprécise que ce serait pendant les vacances de Noël et qu'il en profiterait pour passer les vacances avec son épouse et ses deux enfants. Je pars donc pour Fort-Rousset avec cette information. A l'heure indiquée, nous embarquions et démarrions pour arriver à Fort-Rousset en fin de journée. Je connais le camp de gendarmerie pour y avoir séjourné de 1961 à 1963 avant de repartir passer les congés à Brazzaville de mars à juillet 1963. Le logement de gendarmerie est un logement complètement équipé. C'était la tradition pour tous les logements de la gendarmerie. Le commandant de brigade n'a à apporter avec lui que les draps, les assiettes, les cuillères et les fourchettes.

Ne connaissiez-vous pas du tout le capitaine Marien Ngouabi auparavant ?

Non, je ne le connaissais pas. Je suis en fin de formation à l'école d'officier de la gendarmerie nationale française à Melun en Seine-et-Marne quand la presse française donne l'information d'un capitaine nommé Marien Ngouabi qui serait à l'origine d'une agitation voire un soulèvement populaire. Je ne connais pas le capitaine en question. Tout ce que je sais de lui se limite au fait qu'il avait refusé une mutation à Pointe-Noire et était rétrogradé au rang de deuxième classe puis incarcéré sur ordre du président de la République. Certains de ses camarades officiers avaient réagi par une mutinerie. Ils avaient enfermé le Premier ministre, certains ministres, et des instructeurs cubains au stade de la Révolution. Ils demandaient entre autre la dissolution de la Défense civile qu'ils estimaient mieux traitée que l'armée régulière et le départ de leurs instructeurs cubains. Mais, la Défense civile, objet de la grogne des mutins était parvenue à rétablir l'ordre. J'ignore même qu'à la suite des événements du 25 juin 1966, le Capitaine Ngouabi qui avait été rétrogradé et avait perdu ses fonctions militaires, s'était fait inscrire au centre d'enseignement supérieur de Brazzaville pour y poursuivre des études universitaires.

Et le Capitaine Marien Ngouabi tient parole…

Oui, il arrive le 22 décembre 1966 à Fort-Rousset avec son épouse Clotilde et leurs deux enfants Marien et Roland. Absent du pays depuis le mois de septembre 1964, je n'avais donc aucune mauvaise information sur Marien qui aurait pu m'empêcher de l'héberger chez moi. Mes chefs hiérarchiques à qui j'avais adressé un message pour les informer du séjour de la famille Ngouabi à la maison de passage de la gendarmerie n'avaient marqué aucun désaccord. J'avais donc préparé cette maison pour la circonstance, en tenant compte du fait que le capitaine Marien Ngouabi avait une épouse française. J'avais demandé deux bouteilles de gaz pour faire fonctionner exceptionnellement une cuisinière dotée par la gendarmerie. Ils étaient tous pris de crainte. Tout au long de son séjour, nous nous promenons ensemble dans Fort-Rousset. C'est donc lors de ce séjour du 22 décembre 1966 au 02 janvier 1967 qu'il m'expliquera en long et en large toutes les tracasseries politiques et policières qu'il avait vécues et qu'il continuait de subir. Ses vacances finies, Marien Ngouabi rentre à Brazzaville en janvier 1967. Entretemps, le fait d'avoir hébergé Ngouabi à ma résidence m'a coûté un rapport confidentiel du Commissaire de police de l'époque, un français, qui me présentait comme un acolyte de Marien.

Après son départ, continuez-vous à entretenir une quelconque relation ? Si c'est le cas, de quelle nature ?

La mère de Marien Ngouabi, maman Mbonalé, avait une santé très fragile. Au moment où Marien doit quitter Fort-Rousset, il la laisse sous ma surveillance. Deux semaines après le départ du Capitaine, maman Mbonalé est hospitalisée. Mon épouse s'en occupait personnellement. Marien, rentré à Brazzaville, était resté quotidiennement en communication radiophonique avec moi par le réseau de la gendarmerie. Je lui faisais régulièrement état de la santé de sa mère. Tous les jours, il quittait l'Etat-major (l'actuel ministère de la défense) et venait au bureau des transmissions de la gendarmerie en face du lycée Savorgnan de Brazza, aux heures de vacation de la gendarmerie. Nous entrions en contact et je lui donnais toutes les informations sur l'état de santé de sa mère jusqu'à son hospitalisation à Fort-Rousset. Elle devait subir une intervention chirurgicale des mains d'un médecin français. Après cette intervention, maman Mboualé ne prit plus que de la bouillie de riz pendant un certain temps. Tout le temps que maman Mboualé resta alitée, mon épouse lui apporta de la bouillie, puis des aliments solides. Jusqu'à la sortie de maman Mboualé de l'hôpital, je dus rester en communication radiophonique avec son fils, le capitaine Marien Ngouabi, pour lui donner les nouvelles de sa mère. A sa sortie de l'hôpital, je devins pratiquement son fils adoptif. Pendant que le capitaine Ngouabi était encore à Fort-Rousset, mon épouse souffrait de la sinusite et cela le dérangeait de la voir se tordre de douleur. Il avait pitié d'elle et se sentait désemparé quand il la voyait se débattre.

Revenu à Brazzaville, Marien Ngouabi rencontra le Chef d'Etat-major général, le commandant Ebadep, pour qu'il parle au commandant de légion de gendarmerie, le capitaine Alphonse Mabiala, de la nécessité de me muter afin de me permettre de soigner mon épouse à Brazzaville où les conditions médicales étaient meilleures. Nous sommes déjà en 1967 et en décembre, Marien, inscrit au Centre d'Enseignement Supérieur de Brazzaville (CESB) et soumis à un régime d'étudiant, revient en vacances universitaires à Fort-Rousset. Ayant été informée de sa venue, mon épouse Henriette prend toutes les dispositions pour lui réserver un bon accueil. Nous passons ensemble les fêtes de nouvel an. Une fois de plus, il assiste aux douleurs presque quotidiennes de mon épouse.

À son retour, il semble plus que jamais résolu à trouver une solution à ce problème. Il repart lui-même voir le capitaine Mabiala qui, cette fois-là, se prononce favorablement. Le 1er mai 1968, je suis donc muté à Brazzaville, à l'Etat-major de la légion de Gendarmerie comme Chef de secrétariat. Je suis toujours sous-lieutenant. Je prends rapidement mon service qui consiste à préparer les notes de service, les calendriers du travail quotidien du commandant de légion, etc. et les soumettre pour examen et signature.

1968 est bel et bien l'année du mouvement insurrectionnel, qu'en est-il de votre rapport avec Marien Ngouabi ?

À notre arrivée de Fort-Rousset, il me reçoit avec mon épouse. Nous avons conservé de bons rapports mais nous ne nous voyons pas fréquemment. Deux à trois fois, nous avons été invités, mon épouse et moi à aller soit déjeuner soit dîner à la résidence du capitaine Marien Ngouabi au camp du 15 août.

Qu'est-ce qui se trame à ce moment-là dans son entourage ?

Je n'en sais rien puisqu'à ce moment-là, je ne fais pas partie de son entourage. Je suis même surpris d'apprendre que le capitaine Marien Ngouabi et le Lieutenant Gaston Eyabo sont gardés à vue à la brigade de recherche de la gendarmerie en face du lycée Savorgnan De Brazza. Nous n'avons eu l'information qu'au moment où ils ont été amenés. Selon le témoignage d'Eyabo, tout a commencé le matin du 29 juillet, Marien est convoqué chez le Chef d'Etat-major Général et arrêté. Le même jour le lieutenant Eyabo qui revenait de la manœuvre et se trouvait à la hauteur de l'école enfant de troupe général Leclerc, est intercepté par des militaires (un adjudant et un sergent-chef) roulant dans une jeep venant de l'Etat-major. On lui dit de monter. Il s'exécute. Il est conduit à l'Etat-major. Le commandant Ebadep, chef d'Etat-major général, lui dit qu'il a été intercepté avec Marien Ngouabi et mis à la disposition de la sûreté. Il lui dit que le motif exact de l'interpellation leur sera signifié par les autorités politiques. Le lieutenant Eyabo est ensuite conduit vers le Commissariat central.

Le capitaine Marien Ngouabi s'y trouvait déjà. Les deux détenus sont gardés dans des cellules différentes. Dès que la nouvelle s'est répandue, une rumeur s'est fait échos selon laquelle les parachutistes s'agiteraient et préconiseraient de descendre au commissariat central. C'est sur la base de cette rumeur qu'on déplace les deux détenus pour les conduire en un lieu plus sûr en l'occurrence la gendarmerie. Ils y sont donc transférés. Le 31 juillet matin, quelques parachutistes arrivent et disent aux deux détenus de les suivre. Marien refuse et dit qu'avant de partir, il voudrait être reçu par le président Massamba-Débat. Or ce dernier n'est pas dans Brazzaville. Dans l'après-midi vers 15 heures les mêmes éléments reviennent parce que les lieutenants Sassou Nguesso et Nzalakanda sont arrêtés.

C'est à ce moment-là que les deux détenus acceptent de sortir sans aucune opposition des gendarmes. Arrivés au bataillon para, ils se rendent compte qu'ils n'étaient que les deux seuls officiers sur place. Une rumeur circule alors selon laquelle le pouvoir était entrain de s'organiser pour faire encercler le bataillon par les éléments de l'escadron blindé commandé par le lieutenant Léckondza. Ils décidèrent d'envoyer des éléments à la maison d'arrêt afin de procéder à la libération de Léon Angor et des officiers qui y étaient en l'occurrence Moundzabakani, Norbert Sika, Kinganga, et autres. Malheureusement, arrivés sur place, les éléments ouvrent le portail et libèrent tous les prisonniers, mêmes ceux de droit commun. Le lendemain 1er août, du côté de Moukondo, des chars sillonnent.

Pendant la garde à vue du capitaine Marien Ngouabi et son compagnon, quelle est votre réaction ?

Je réagi comme si de rien était. Je dois me comporter comme si je n'avais aucune attache avec Marien Ngouabi. Ce dernier et son acolyte étant gardés à vue pour des raisons politiques, gendarme que je suis, je ne peux pas lui rendre visite. Il serait gardé à vue pour une affaire de droit commun, que j'aurai pu lui rendre visite. J'étais en plus chef du secrétariat du commandant de la légion.

Même en tant que Chef du secrétariat du commandant de légion, vous n'avez aucune information ?

Aucune.

Et les deux détenus sont tout de même accueillis chez vous…

Le commandant de légion de gendarmerie lui-même était surpris de les voir conduits chez lui. Il a même refusé de les recevoir en détention dans nos locaux. Ce qui lui valut soixante jours d'arrêt de rigueur pour refus d'obéissance. Cette sanction ne sera pas exécutée dans la mesure où les jours suivants, la situation nationale dégénéra. Les deux détenus seront libérés par une section de parachutistes du groupement aéroporté de Maya-maya, parmi lesquels André Akouala, Moussa Eta, Mazaombé, Malonga Moungabio, Tchocassa, etc.

Malgré le refus du capitaine Alphonse Mabiala de garder les deux détenus Ngouabi et Eyabo, ces derniers sont tout de même conduits dans les locaux de la gendarmerie...

Bien sûr. Malgré le refus, on impose les deux détenus qui viennent du commissariat central, la gendarmerie étant considérée comme le lieu le plus sûr pour la garde à vue. Sauf que cette affaire avait une dimension politique. L'Armée et la gendarmerie en avaient assez. Elles étaient sérieusement dérangées par la Défense civile.

Quand les parachutistes du groupement aéroporté de Maya-maya viennent libérer les deux détenus, que font les gendarmes ?

Il n'y a aucune riposte de la part des gendarmes.

Et vous personnellement, où étiez-vous ?

J'étais à l'étage dans mon bureau. On est venu me faire signe de ne pas bouger. Nous nous sommes comportés comme des complices. Marien Ngouabi et Gaston Eyabo ont été pris et conduits à bord d'un bahut militaire vers la base à Maya-Maya. Nous sommes restés dans notre camp. Il y a ensuite eu une panique générale dans la ville. Castro, le régisseur de la Maison d'arrêt, est abattu par les parachutistes, alors qu'il tentait de s'échapper. Mabouaka avait pu se sauver.

Comment peut s'expliquer cette attitude de la gendarmerie ?

Par le mécontentement de la troupe qui en avait assez de la Défense civile.

Comment, avec le recul, doit-on considérer le mouvement du 31 juillet : comme un coup d'État, ou une véritable insurrection ?

Le 31 juillet 1968 était une insurrection. Le peuple et les cadres de l'Armée régulière étaient excédés par les agissements des éléments de la Défense civile. L'insécurité et le désordre que semait la JMNR révoltaient outre mesure les populations de Brazzaville. Marien Ngouabi en avait fait son affaire. Il ne pouvait pas accepter cela et affichait son activisme dans les milieux de gauche. Il se fit beaucoup plus remarquer parce qu'il était militaire, et le régime de Massamba-Débat en avait fait sa cible. Je vous ai déjà raconté qu'un jeune joueur de l'équipe de football Renaissance Aiglon Cara, avait été tué à sa place par les éléments de la J.M.N.R. C'est le courage de Marien Ngouabi qui le positionne au centre des évènements et qui le fait devenir président. Durant leur détention à la gendarmerie, les événements s'accélèrent. Les Sassou, Kimbouala, Ferret, André Akouala, Moussa Eta, et bien d'autres s'organisent pour les enlever et les emmener au groupement aéroporté à Maya-Maya. Les gendarmes n'ont pas réagi.

Et c'est de là que part le mouvement du 31 juillet. Mais paradoxalement, le capitaine Marien Ngouabi ne se préparait pas personnellement à prendre le pouvoir. Il me dira plus tard qu'il n'avait sincèrement pas l'ambition de devenir Chef de l'Etat. Il voulait bien être Chef d'Etat-major général des armées. Son objectif était de confier le pouvoir à un intellectuel de la gauche, mais en contrôlant, lui, les forces armées congolaises. Saint-Cyrien, Marien Ngouabi était passionné par le métier des armes. Ce qui l'intéressait, c'était l'armée, le pouvoir militaire, et non le pouvoir civil. Ambroise Noumazalaye et Pascal Lissouba sont consultés pour assumer les fonctions de président de la République, ils déclinent l'offre plus d'une fois, l'un après l'autre. Marien Ngouabi est mis devant le fait accompli. Il se sentira obligé de prendre le pouvoir, étant très courageux et téméraire.

Dans "le Vieux Noumaz : une vie, un destin, un testament", il est écrit : « Au creux de la vague, le président de la République révoque Ambroise Edouard Noumazalaye, le 12 janvier 1968, et supprime le poste de Premier ministre pourtant prévu par la constitution. Il tente de conduire seul les affaires du pays, en méprisant la loi fondamentale. Alphonse Massamba-Débat est loin de s'imaginer que ce faisant, il fait fausse route, en allant tout droit dans le mur. Car, dans la rue, c'est la grogne générale… Pour venir à bout d'Alphonse Massamba-Débat, Ambroise Edouard Noumazalaye peut faire confiance à Marien Ngouabi, mais aussi, à d'autres jeunes officiers tels que Dénis Sassou Nguesso, Xavier Katali et bien d'autres… Marien Ngouabi estime qu'il ne revient pas à l'Armée de prendre le pouvoir, sa mission étant de protéger les institutions. Ambroise Edouard Noumazalaye, contacté à trois reprise, décline l'offre ; la gauche étant, selon lui, trop fragmentée, trop fissurée. Pascal Lissouba, quant à lui, veut aller aux élections ; il ne tient pas à être l'otage d'un pouvoir "donné" par ses adversaires. Il veut que soit organisé un scrutin

qui lui permette de s'appuyer sur les « pays du Niari »…Estimez-vous cela proche de la réalité ?

Heureusement que vous n'utilisez pas le mot vérité. Oui, j'estime que c'est une interprétation proche de la réalité d'autant plus qu'elle confirme que le capitaine Marien Ngouabi voulait remettre de l'ordre dans l'armée et dans le pays sans intention de prise de pouvoir. Je souligne que c'est en fait l'armée qui parvient à prendre le contrôle du pouvoir et non les civils à qui on voulait plutôt confier le pouvoir après que Massamba-Débat a refusé de jouer le jeu. Le MNR n'avait pas de plate-forme idéologique.

Des éléments aux intérêts quelquefois divergents s'y retrouvaient. Plusieurs éléments progressistes avaient pesé sur les évenements et sur le MNR au point d'en faire franchement un parti anti-impérialiste proclamant le socialisme scientifique. Le MNR avait pu mener la systématisation du travail politique dans l'armée, la nationalisation de l'enseignement, la création d'un secteur d'État. Des problèmes se posèrent pour capitaliser ces victoires et aller de l'avant. Le MNR n'a pas pu venir à bout des conflits permanents existant entre les révolutionnaires et les non-révolutionnaires membres du Comité central. Les contradictions entre les révolutionnaires et les non-révolutionnaires n'en finissaient pas. Les débats devenaient sans issue au point qu'une session du Comité central durera tout un mois, du 26 février au 26 mars 1966. Elle aboutit à l'adoption d'un document intitulé "la Charte du MNR" qui consacra le triomphe des idées révolutionnaires. Il fut décidé : -D'édifier un parti de type nouveau destiné à faire la Révolution ; -D'édifier les forces armées et de sécurité révolutionnaires et populaires ; -D'édifier un appareil administratif populaire destiné à accomplir les tâches de la Révolution. Le capitaine Marien Ngouabi qui représentait les militaires au sein du Comité Central du MNR, avait saisi cette occasion pour poser le problème de l'armée.

Il souhaitait que notre armée devienne une armée populaire, acquise à la cause du peuple, ne défendant aucun pouvoir servant des intérêts égoïstes ou étrangers. Malgré l'adoption de la Charte du MNR, Massamba-Débat, Secrétaire général du MNR, changera de cap trois mois après cette session. Il ne sera plus reconnaissable. Il déclarera que le socialisme qu'il faut à l'Afrique c'est le socialisme bantou qui n'a pas besoin de s'inspirer des expériences étrangères. C'est à ce moment-là qu'intervient la rétrogradation de Marien Ngouabi et une vague d'arrestations politiques. La plupart des révolutionnaires démissionnent. De nombreux progressistes quittent le Bureau politique, le Gouvernement et l'Armée. Le comble de tout cela est la suspension de l'Assemblée et du Comité Central du MNR en violation de la Constitution du 12 janvier 1968. C'est dans cette foulée que le capitaine Marien Ngouabi, soupçonné de préparer un coup d'Etat, est arrêté et conduit au commissariat central de police puis à la gendarmerie suite aux rumeurs qui couraient sur les agitations des militaires.

C'est de là que part le mouvement insurrectionnel du 31 Juillet 1968. Un Conseil National de la Révolution sera alors mis en place le 5 août 1968 présidé par le capitaine Marien Ngouabi qui devient le commandant en chef des armées. Il est composé de la manière suivante : -Le capitaine Marien Ngouabi, Président, chargé de la sécurité ; -Ange Diawara, premier vice-président ; - Le lieutenant Aimé Portella, deuxième vice-président ; - Ambroise Noumazalaye, secrétaire à l'organisation ; -Alfred Raoul, secrétaire chargé de la défense ; -Martin Mbéri, secrétaire chargé de la propagande ;-Pierre Nzé, secrétaire chargé des relations extérieures et de l'éducation populaire ;-Georges Mouyabi, secrétaire chargé de la permanence du CNR ; - Le lieutenant François Makouzou, secrétaire chargé de l'organisation financière et matérielle. Au départ, c'est un simple directoire qui se donnera pour mission de réajuster la Révolution en résolvant les problèmes fondamentaux des structures tout en gardant les hommes. C'est ainsi que Massamba-Débat est désigné membre du CNR tout en étant Président de la République.

Quelle est la réaction du président Massamba-Débat ?

Il se retire et se replie à Boko, dans son village natal. Augustin Poignet, ministre de la défense, est nommé président de la République. Deux jours après, Alphonse Massamba-Débat rejoint son poste au Palais. Le 14 août 1968, le CNR adopte un acte fondamental selon lequel le président de la République, Alphonse Massamba-Débat, ne détermine plus la politique de la nation et ne préside plus le Conseil des ministres. Alphonse Massamba-Débat, ne supportera pas ce rôle de figurant qui lui est attribué. Un mois après, plus précisément le 4 septembre 1968, il rentre définitivement à Boko. Mais le président du CNR, le capitaine Marien Ngouabi lui lance un message en disant : « Je ne veux pas être président ». Il s'attendait à ce que le président de la République donne l'ordre à la Défense civile de n'entreprendre aucune opération de combat et de baisser les armes. Mais le président de la République ne réagira pas au message de Marien Ngouabi, laissant ainsi la Défense civile sur ses positions de combat, prête à déclencher les hostilités. C'est ainsi que l'Armée nationale et la gendarmerie coalisées suite à de nombreuses tractations tombent d'accord pour attaquer le "camp Biafra", camp de la Défense civile, qui se trouvait dans l'actuel périmètre du CEG Angola libre au quartier Météo. Des engins blindés avancent vers le "camp Biafra" et ouvrent le feu dans la nuit du 30 au 31 août 1968, faisant une centaine de morts et de nombreux blessés. La Défense civile, déjà divisée, est vaincue. C'est la débandade.

L'Armée nationale et la gendarmerie reprennent la situation en main. Massamba-Débat pose sa démission le 4 septembre 1968, Marien Ngouabi l'annonce ainsi au peuple : « Après les débats, le Conseil National de la Révolution a estimé que le président de la République a failli à sa mission essentielle : celle d'assurer le respect des institutions, l'unité nationale et la paix. A ce titre, le Conseil National a pris acte de la démission du Président de la République Alphonse Massamba-Débat, et a décidé en conséquence la constitution d'un gouvernement provisoire dirigé par le Premier Ministre jusqu'à la mise en place de nouvelles institutions. Nous tenons également à rassurer le peuple et le monde : le Conseil National de la Révolution prend l'engagement d'assurer la sécurité de l'ancien Président de la République... ».

La Défense civile est dissoute trois jours après le départ d'Alphonse Masamba-Débat, le commandant Alfred Raoul est nommé chef de l'État le 7 septembre 1968. Il restera président de la République pendant 4 mois jusqu'au 31 décembre 1968 quand le capitaine Marien Ngouabi, président du Conseil National de la Révolution (CNR) devient président de la République. Les rédacteurs de l'Acte fondamental avaient astucieusement fait du président du CNR le véritable président de la République, Chef de l'État.

Quand le capitaine Marien Ngouabi devient président de la République, vous renouez avec lui…

Nous n'étions pas séparés. Nous évoluions dans des domaines différents, c'est tout. Une fois au pouvoir, Marien Ngouabi m'appelle au 2ème bureau de l'Armée. Ainsi commence pour moi la vraie connaissance de l'Homme du 31 juillet 1968. Avec ma formation d'Officier de Gendarmerie, je découvre petit à petit l'homme Ngouabi, l'Officier St-Cyrien. Il était d'une intelligence vive et d'un courage exceptionnel qui frisait parfois la témérité. Le jeune Capitaine traité par le journal Dipanda lors des évènements du 25 juin 1966 de contre-révolutionnaire était tout à fait un homme engagé dans la cause révolutionnaire. Il parlait de la révolution avec passion. Il me parlait de Karl Marx, de Lénine, et d'Engels. Tout cela était du véritable vent pour moi.

Je suis gendarme, mon boulot lui dis-je, c'est mettre de l'ordre là où il n'y en a pas, d'arrêter les voleurs, les assassins, les ivrognes, les détourneurs de deniers de l'Etat, les déférer devant les magistrats chargés de les juger. Alors à ce moment-là, il me regardait fixement et me disait : « tu n'y comprends rien à la révolution ; les gendarmes vous êtes des contre-révolutionnaires, des réactionnaires ». Marien Ngouabi, c'était aussi l'homme aux colères vives, excessives mais éphémères. Il était d'une simplicité sans mesure, une simplicité qui désarmait aussi bien les collaborateurs que tous ceux qui avaient eu à le rencontrer et à le côtoyer. Marien Ngouabi avait par ailleurs un grand et haut respect pour la vie humaine. Le dialogue et le pardon ont aussi été ses qualités. Il me parlait souvent de la paix sans laquelle rien n'est possible. Ni unité nationale, ni développement.

Vous devenez ensuite son aide de camp et officier d'ordonnance…

Je vais rester quelques mois au deuxième bureau avant qu'il fasse de moi son aide de camp et officier d'ordonnance. J'assumerai cette fonction de 1969 à 1974. En tant qu'aide de camp, je devais m'occuper de la sécurité de Marien, et comme officier d'ordonnance, je gérais tout ce que Marien Ngouabi devait faire, même choisir ses costumes, je devais être capable de dire que telle cravate ne convenait pas. Il était lui-même un homme élégant, etc. J'avais des rapports qui, bien que hiérarchiques, confinaient à l'amitié. Il me faisait entièrement confiance. Il m'avait confié la gestion des frais particuliers du président qui s'élevaient à 60.000 .000 FCFA par an. Je tenais le chéquier, mais lui avait toujours la signature. Mais chaque fois, quand nous rentrions d'un voyage officiel, il me talonnait afin que j'aille justifier et restituer la caisse d'avance. J'assistais en qualité d'aide de camp à toutes les sessions du Bureau politique et du Comité central du Parti.

Quand nous revenions à la résidence, à l'État-major, je partageais la table de Marien, avec son épouse et ses enfants. Je ne le quittais que lorsqu'on avait fini de manger. Là, je pouvais rejoindre ma maison. Je n'avais plus de vie de famille. J'étais loin de ma propre famille qui ne me voyait que le soir. Avec les Ngouabi, j'avais une seconde famille. Clotilde Ngouabi, l'épouse du président, était devenue comme une sœur cadette pour moi. Les enfants à l'époque, Roland et Marien, me considéraient, non pas comme un aide de camp, titre dont ils ne comprenaient sans doute pas grand-chose, mais comme un parent de leur père, un membre de la famille présidentielle. Ils m'appelaient tonton, ce qui traduisait en quelque sorte l'étranger qu'on acceptait d'introduire dans la famille.

Je vais vous raconter une anecdote. Nous nous trouvons une fois en plein repas organisé chez Marien Ngouabi en l'honneur du président centrafricain Jean Bédel Bokassa, en séjour à Brazza. Nous mangeons avec les enfants de Marien qui, à un moment donné, descendent au sous-sol à la cuisine, prennent des bouchons de la bière Kronembourg qu'ils collent, chacun sur son T-shirt, à hauteur de la poitrine. Lorsqu'ils remontent, c'est pour exhiber des poitrines couvertes de bouchons, disant à leur père : « Nous aussi, nous sommes autant décorés que lui ». Bien que gênés, nous nous sommes tous mis à rire. Le président Bokassa leur a répondu : « sauf que mes décorations et les vôtres n'ont pas la même signification ».

Quand Marien Ngouabi entre à Bacongo, il y a des gens comme les Kimbouala Kaya, Kinganga, Mouzabakani, Diawara etc. autour de lui. Il est appelé Moïse par des Laris et des Kongo… Selon le témoignage de Maître Moudileno-Massengo, au-delà des contradictions idéologiques, Marien Ngouabi n'était pas un tyran. Tout ce qu'il faisait était discuté au Comité central. Il discutait sur que faire de l'argent. Il y avait un esprit et un espace de débat. Comment perd-t-il cette légitimité dans le Pool qui l'avait bien accueilli bien qu'il remplaçait un président qui en était originaire ?

Comme pour le cas du président Massamba-Débat, Marien Ngouabi a été affaibli par des histoires de sang. Le sang avait trop coulé sous Marien Ngouabi, avec les condamnations à la peine capitale à chaque tentative de coup d'État, même quand il n'y avait pas mort d'homme. Tous ces coups d'État ont été de nature à installer un climat de suspicion surtout face au pool dont sont venus les coups les plus durs contre le régime Ngouabi. Mais est-il que le président Marien Ngouabi s'est souvent trompé d'ennemis, il a cherché très loin des ennemis qui étaient proches de lui. Il l'a compris vers la fin mais il était trop tard.

***N'a-t-il pas été rattrapé par la logique de « nordisation du pouvoir » dont parlait maître Moudileno dans :** "République populaire du Congo, une escroquerie idéologique",* **édité à Paris par Maisonneuve et Larose en 1975 ?**

Je ne le pense pas. Aide de camp de Marien Ngouabi, bien qu'étant ressortissant de la partie nord du Congo, je ne suis pas de sa tribu. Benoît Loembé, son médecin personnel est vili. Les témoins de son mariage avec Céline sont Tâ Nkéoua, Téké du Pool, et Flavien MBongo, mbochi. Mariage auquel n'assiste d'ailleurs qu'un seul chef d'Etat, Omar Bongo et l'envoyé spécial de Mobutu. Marien Ngouabi n'était pas porté sur des considérations de tribu ou de région. Il a dû commettre des erreurs d'appréciation sur son entourage mais n'a pas considéré les gens en fonction de leur origine.

Pourquoi quittez-vous Marien Ngouabi si les choses se passaient si bien ? N'y a-t-il pas eu dans son entourage des gens qui vous ont harcelé pour des raisons tribales…

Je quitte Marien Ngouabi pour une raison de santé. La santé de mon épouse ne s'améliorant pas, Je lui demande de partir servir dans une ambassade.

Pourquoi spécifiquement dans une ambassade ?

Parce qu'à l'extérieur, dans un pays développé qui disposerait des équipements nécessaires, je pouvais faire face à ce problème de santé

Il vous laisse partir aussi facilement ?

Bien sûr, puisqu'il s'agissait presque d'une doléance. Il donne son accord mais pour Bruxelles, et en qualité de conseiller. Je montre la décision au capitaine Ondoko, directeur du protocole national à l'époque, aujourd'hui colonel, qui me dit : « Ce n'est pas la peine d'aller à Bruxelles, la politique n'est pas notre affaire. Entre le Congo et la France, les relations militaires ne sont pas au point, moi, j'étais en fonction au cabinet militaire à Paris, je souhaiterais plutôt que tu négocies pour être nommé attaché militaire à Paris. » J'en informe Marien en lui précisant ce que venait de me dire le capitaine Ondoko. Marien est d'accord, il appelle le ministre des affaires étrangères et l'instruit de faire une demande d'agrément pour le capitaine Ngouélondélé aux fonctions d'attaché militaire à Paris.

Ce qui est fait. Pendant ce temps, nous restons en attente. Quelques mois après, l'agrément est accordé. Je dois aller prendre mes fonctions. Pour les adieux, Marien Ngouabi organise un repas en mon honneur au cours duquel il invite tous les membres du Bureau politique du Parti Congolais du Travail (PCT) présents à Brazzaville, ses parents et mon épouse. Au cours de cette cérémonie, le président Marien Ngouabi me décore pour l'avoir servi avec fidélité, pour ne pas avoir joué au conspirateur, ni avoir été mêlé à un coup d'Etat. Il me remercie de ne pas avoir agi comme le général Oufkir vis-à-vis du roi Hassan II du Maroc. C'est le chancelier, le commandant Ebadep, qui apporte la médaille d'Officier du mérite congolais. Je suis directement élevé au grade honorifique d'Officier du mérite congolais, sans avoir été chevalier. Quelques jours avant mon départ pour Paris, Marien m'apporte une aide d'un million de francs CFA pour m'installer.

Pourquoi le président Marien Ngouabi, invite-t-il, les membres du Bureau politique pour fêter le départ de son aide de camp ? Voulait-il montrer votre cas comme un exemple de loyauté à suivre ou faire de la provocation, ce qui a dû être de nature à choquer certains, non ?

Après mon départ pour Paris, certains membres du Bureau politique se sont mis à bavarder autour de ce repas, de l'honneur que me faisait le président alors que je n'étais ni membre du PCT, ni membre du Comité Central, encore moins membre du Bureau politique. Certains, évidemment fâchés contre Marien, estimaient que c'était à eux que devaient être rendus des honneurs. Plusieurs d'entre eux, par hypocrisie, avaient préféré verser dans les ragots et la diffamation. La nouvelle parvint aux oreilles du président Marien Ngouabi qui m'en informa. Mais il n'était pas de nature à prêter attention à ce genre de provocation. En tant qu'aide de camp, j'avais la sécurité, je dirais même la vie du président, sous ma responsabilité. Je vous assure que c'est un poids énorme. Il le savait et il ne m'a rendu que ce qu'il estimait que je pouvais mériter en guise de reconnaissance.

Tout s'est bien passé ensuite, je suppose...

Oui, je me suis rendu en France. J'avais les 200.000 franc français que Marien m'avait donnés pour résoudre le problème de logement. Quand j'arrivai, c'était le défunt Auxence Ickonga qui était ambassadeur. Le 4 juin 1974, je pris mes fonctions et y restai jusqu'en mars 1977. Au départ, je pris d'abord une chambre à l'hôtel de France, au boulevard la Tour Maubourg, dans le 7ème arrondissement. Puis je trouvai un appartement dans le 19ème, mon épouse et mes enfants m'y suivirent. J'inscrivis mes enfants, Christine, Hugues, Serge, Annick et Michelle à l'école qui se trouvait à cinq minutes de notre bâtiment. Mais je fus bientôt confronté à un problème. Quand je quittai l'hôtel de France pour m'installer dans le nouvel appartement, il ne me restait plus grand chose pour vivre sur ma rémunération fonctionnelle.

L'année suivante, deux de mes enfants devaient être internés. Ma rémunération était plus qu'insuffisante pour couvrir toutes ces charges. Je mis ma maison qui se trouvait face à l'hôtel Olympique palace en location. Le loyer mensuel que me versait le locataire, l'ambassadeur du Sénégal, 250.000 FCFA (l'équivalent de 5000 francs français à l'époque) me permettait alors de joindre les deux bouts. Cela coïncida avec la lutte contre l'embourgeoisement au sein du PCT relayée par le journal Etoumba. La mise en location des villas était jugée incompatible et incohérente au marxisme-léninisme. Je fus cité dans l'article du journal Etumba aux côtés de plusieurs autres cadres qui avaient mis leurs maisons en location. Le journal publia les photos de nos maisons. Très en colère, j'appelai le Premier ministre, Henri Lopes, pour lui dire que j'avais eu connaissance de l'article publié dans le journal Etumba, dénonçant les cadres qui, travaillant à l'étranger, dans des ambassades ou autres institutions, avaient mis leurs maisons en location.

Je l'informais de ma décision sans chantage. Je lui dis que j'avais déjà demandé à l'ambassadeur qui louait ma maison de la libérer suite à la façon de faire des dirigeants du Parti Congolais du Travail. Cette maison, je l'avais construite avec un crédit de trois millions que j'avais emprunté à la banque nationale du Congo (BNDC) à l'époque où la tonne de ciment coûtait l'équivalent de 10.000 francs CFA et poussières. En 1970, j'avais pris 4 tonnes, soit 40.000 francs CFA environ pour démarrer les travaux. L'État devait donc s'arranger pour loger l'ambassadeur du Sénégal.

Le premier ministre me demanda d'attendre, mais je refusai. Quelque temps après, on trouva un appartement ou une maison de location pour l'ambassadeur du Sénégal qui dut quitter ma maison. Je la confiai par la suite gratuitement à un couple ami de nationalité française, monsieur et madame Pierre Mille, tous deux coopérants, l'époux enseignant à l'Université Marien Ngouabi et l'épouse dans un lycée de la place. Ils habitaient auparavant un immeuble de dix étages en diagonale du palais de justice de Brazzaville.

Repartons tout au début, vous êtes présent quand Marien Ngouabi prend le pouvoir. La situation économique du Congo s'aggrave avec lui à la tête, comment cela s'explique-t-il ?

Dès la prise de pouvoir par le président Massamba-Débat, la situation avait commencé à se dégrader. Malgré ses remarquables efforts, le fait que la France nous tournât le dos pesait énormément sur notre situation économique et financière. Quand Marien Ngouabi est arrivé au pouvoir, nous n'avons pas tout de suite connu des problèmes de salaires. Les fonctionnaires étaient payés régulièrement, mais on en recrutait beaucoup, de sorte que les charges de l'État augmentaient. Notre option politique faisait accroître des charges sociales sans que cela soit compensé par une augmentation de la production. Il était exclu de penser au développement d'un secteur privé dont aurait pourtant bénéficié notre tissu économique. C'était en quelque sorte de l'État-providence sans une base économique solide. La faiblesse des investissements sur le plan productif et la mauvaise gestion des entreprises d'État ont fait empirer la situation. Les problèmes de salaires commencent à se poser à partir des années 75-76-77, je suis déjà à Paris.

***Dans** "A cœur ouvert pour le Congo-Brazzaville, mon Beau pays", d'Ange Edouard Poungui, il lui est posé une question qui commence comme suit : « En 1974, le président Marien Ngouabi annonçait une dette de 185 milliards de FCFA alors que celle-ci était symbolique ou quasiment inexistante lors de sa prise de pouvoir en 1968... », Cela est étonnant au regard des statistiques du ministère des Finances du Congo, des années 60 à 70 que nous sommes allés fouiller...*

Au lendemain de la chute de l'abbé Fulbert Youlou, le secteur d'État s'est mis à préparer et à procéder à la liquidation progressive du secteur étranger. Il était préconisé de passer à la propriété socialiste des moyens de production. Mais le pays n'avait ni les ressources financières, ni les cadres pour étatiser le secteur moderne de l'économie. Le régime de Massamba-Débat a été dans une position contradictoire : chercher à concilier les capitaux privés tout en adoptant une attitude résolument hostile envers le petit capital congolais en formation.

Aussi, pendant les premières années de la « Révolution », l'étatisation de l'économie commence avec les nationalisations ou la récupération des entreprises abandonnées par leurs propriétaires par souci politique ou de rentabilité économique. S.A.T.A. en 1964, en 1965, C.A.S.P. et UN.EL.CO en 1967. La politique d'industrialisation souffre des difficultés de financement. Et c'est moyennant un lourd endettement financier que se bâti le secteur d'État. Vous pouvez lire ces statistiques que j'ai, moi aussi, pu avoir au ministère des Finances et constater l'évolution de la dette. A partir de 1969, les nationalisations (A.T.C.) 1969, S.I.A.N. 1970 et distribution d'hydrocarbures en 1971, vont connaitre une forte extension. La création de nombreuses fermes et la constitution de nouvelles unités de production vont s'accélérer. Il y a aussi les Congolais refoulés de Léopoldville en 1964 qui vont en masse être intégrés dans la fonction publique, l'alourdissant davantage.

La politique des années 70 vient en fait aggraver une situation financière qui ne s'annonçait pas facile et grossir encore plus les rangs de la Fonction publique. L'orthodoxie financière du président Massamba-Débat ne pouvait pas compenser la sécheresse des capitaux et la ligne politique de Marien Ngouabi encore moins.

Vous avez vécu l'histoire des 22 milliards de Francs Cfa avec Marien Ngouabi, pouvez-vous nous en parler ?

J'étais déjà en France quand cet argent est décaissé. Si mes souvenirs sont bons, il provenait d'un redressement fiscal opéré par les services algériens à notre demande. Ils nous avaient fait recouvrir une redevance pétrolière juteuse auprès d'Elf. Marien Ngouabi était fou de joie et gagné par un enthousiasme débordant, il alla jusqu'à parler de l'importation de la main-d'œuvre du Zaïre à l'époque. Mais hélas ! Sa joie fut de courte durée. Cette manne avait été mal gérée. Les espoirs s'estompèrent. Et Marien Ngouabi était fou furieux. C'était la désillusion. C'est de ce constat amer que découle en partie la déclaration du 12 décembre, et son attitude vis-à-vis de son entourage. Entendez par là : le Bureau politique et le Comité Central. Cette situation se présente d'une façon particulière. En effet, le relèvement considérable du prix du pétrole brut avait permis au Congo (petit producteur de pétrole) de dégager dès le début de 1974 des plus-values considérables.

***Dans** "Matsoua et le mouvement d'éveil de la conscience noire", Pierre Mantot évoque à la page 110, le passage suivant : « Patrice Yengo rapporte, dans un article fort intéressant paru dans la Revue Rupture dont il est fondateur, qu'en 1965, Massamba-Débat aurait repoussé, sur les conseils des experts algériens, l'offre de la compagnie Elf, pour une exploitation pétrolière qui avait été jugée peu avantageuse pour le pays. Selon certaines sources proches de son entourage, la connivence entre l'Algérie et le Congo, sur les questions énergétiques, aurait été considérée comme une provocation par les milieux gaulliste. [...] En décembre 1975, Marien Ngouabi réitère l'erreur de Massamba-Débat en cherchant à s'appuyer sur une expertise algérienne pour régler ses problèmes avec Elf qu'il accuse de mauvaise foi dans l'exécution des contrats et de rétention de la production. Il décide d'augmenter la fiscalité sur le pétrole. Pierre Guillaumat entreprend alors une «grève» de la redevance pétrolière qui va asphyxier l'économie congolaise et entrainer la chute et l'assassinat de Marien Ngouabi en mars 1977. » Votre commentaire...*

Ce passage dit tout et je n'ai rien à ajouter.

Marien Ngouabi, dit-on, parlait beaucoup. Il faisait trop de discours pour peu d'actions...

Il donnait des orientations. Mais certains ne suivaient pas. Ayant fait de la politique un métier, ils ne pensaient qu'à leur tour de diriger ou d'être nommés. Nous avons la même classe politique depuis-là, elle se préoccupe plus de ses intérêts que des résultats de la mise en œuvre des politiques. Même quand ça ne va pas, nombreux préfèrent entretenir la langue de bois, jeter des fleurs au président, faire des discours d'autosatisfaction et d'autofélicitation alors que le peuple grogne et se lasse de certains hommes et des pratiques politiciennes.

Marien Ngouabi était-il au courant des critiques qui le qualifiait d'assez bon dirigeant politiquement, mais mauvais dirigeant économiquement parlant ?

Le pays avait des problèmes économiques. Le président Marien Ngouabi avait trop d'ennemis autour de lui. Des ennemis qui le combattaient et ne lui disaient pas toujours ce qu'il fallait lui dire. Marien Ngouabi, Saint-Cyrien, a gouverné comme un militaire qui se retrouvait dans une bataille permanente. Son option idéologique ne facilitait pas les choses sur le plan économique. Les pays capitalistes étaient malgré tout indispensables sur les plans monétaires, financiers et économiques ; or, les rapports n'étaient pas bons avec ces pays. Je m'en vais vous raconter une anecdote. Sur la route de kinkala et au-delà de Nganga-lingolo, Marien Ngouabi qui rentre à Brazzaville en voiture prend quelqu'un fait un auto-stop. En roulant, il lui pose des questions sur la révolution.

Le monsieur débite des critiques sur le président, le pouvoir, la mauvaise gestion et la révolution qui n'apporterait pas de solutions aux problèmes du pays. Arrivé à sa destination au niveau du marché Total, il demande de descendre. Marien le fait descendre et se présente, il lui dit : « je ne suis pas si mauvais que cela puisque je t'ai transporté ». La personne tombe sur place faisant pipi dans son pantalon. Accompagné de certains membres de sa famille, il chercha à voir maître Aloïse Moudileno-Massengo le ministre de la justice de l'époque et lui dit : « j'ai critiqué le président sans savoir qu'il s'agissait de lui-même, j'ai dit qu'il ne faisait rien, que la révolution c'était de n'importe quoi ». Maître Moudileno lui dit : « il ne t'arrivera rien, Marien Ngouabi n'a relevé ni ton nom ni ton adresse. Alors n'aie pas peur ».

Marien en reparlera à maître Moudileno pour lui dire qu'il y a des critiques contre-révolutionnaires vers Nganga-Lingolo. Dans *Vers la construction d'une société socialiste en Afrique*, à la page 64, le président Marien Ngouabi résumait la complexité du pouvoir de la manière suivante : « Je me suis rendu compte qu'il y a une grande différence entre ce que je veux et ce que j'obtiens, entre ce que je dis et ce qui se fait réellement ou concrètement. Je me suis rendu compte et je me rends de plus en plus compte qu'il risque d'exister un vide entre les directives et l'exécution, entre la théorie et la pratique. »

Marien Ngouabi misait énormément sur la Chine ; a-t-il pensé suivre la ligne idéologique de Mao ?

Non, pas jusque-là. Et je me souviens de ce qu'à l'occasion d'une visite de notre premier ministre de l'époque en Chine, Chou en Laye envoya un message à Marien Ngouabi disant : « Les eaux lointaines n'éteignent pas l'incendie ». Visant surtout les relations de Marien Ngouabi avec la France, il préconisait clairement que le Congo améliore ses relations avec la France. La Chine était très éloignée, et la France proche.

Tout au début, Marien Ngouabi l'anti-impérialiste, semble ne pas avoir tenu grand compte de ce qu'il est président d'une ancienne colonie française ?

Il avait un penchant pour la Chine et les autres pays progressistes : l'Union Soviétique, la RDA, la Hongrie, la Roumanie, la Bulgarie, etc. avec lesquels le Congo entretenait de très bonnes relations. Mais les relations n'étaient pas au beau fixe avec la France, qui, bien qu'ancien pays colonisateur du Congo et pays ami, était aussi et surtout impérialiste. En février 1977, au cours d'un meeting de l'URFC, Marien Ngouabi tient des propos très durs à l'endroit de l'impérialisme français, qui affectent l'ambassadeur de France au Congo… Il quitte la tribune. Et Marien Ngouabi de dire : « Voilà l'impérialisme français ». C'était un peu maladroit. Pour Marien Ngouabi, l'ambassadeur français n'avait pas à quitter les lieux de cette façon-là. Il avait pris cela pour un mépris et il dit donc : « Laissez l'impérialiste partir ».

A-t-il fini par prendre conscience de l'importance de la France pour le Congo ?

Oui, il en prend conscience et entreprend même une « normalisation » des relations avec la France. A quelques jours de son assassinat, il y envoie une mission pour l'amélioration des rapports entre les deux pays. Celle-ci n'est pas terminée qu'il est assassiné. Foccart dira de la dernière visite de Marien Ngouabi en France : « Hormis la question de la mine de potasse de Holle dont la maison mère, les Potasses d'Alsace, voulait arrêter l'exploitation prétendument déficitaire alors qu'ils avaient maquillés les chiffres comptables, la visite s'était bien passée et les relations avec la France s'étaient améliorées au point que Pompidou avait prévu recevoir le président Marien Ngouabi de manière plus pompeuse car c'était une visite privée. ».

Cette amélioration des rapports avec la France n'a-t-elle pas précipité une éventuelle programmation de sa fin ?

C'est une possibilité. Certains proches de Marien Ngouabi lui avaient fait du tort en lui conseillant la fermeté face à l'Occident. Pour ne citer qu'un exemple, une fois, le président Marien Ngouabi devait se rendre à Kigali à un des Sommets du Marché Commun de la Communauté Économique Européenne. Des cadres de son entourage lui demandèrent de ne pas aller à un sommet d'impérialistes, malgré l'importance capitale que celui-ci pouvait avoir pour le pays. Le président Marien qui avait accepté de s'y rendre s'était finalement désisté suite aux conseils de ses camarades. Dommage !

Pensez-vous que les réactions de Marien Ngouabi face à ce qu'il a qualifié d'impérialisme français aient pu être la cause de ses brouilles et de son divorce d'avec la française Clotilde, sa première épouse ?

Clotilde Ngouabi était une bonne Française qui ne supportait pas de voir son époux traiter ainsi son pays et aller contre les intérêts de la France. La confection de notre drapeau rouge avec la faucille et le marteau avait mis Clotilde dans tous ses états. C'était comme une rupture consommée entre le Congo « français » et le nouveau Congo, République populaire. Elle s'opposait aux options de régime rouge et n'hésitait pas à prévenir la représentation diplomatique de son pays de tout ce qui menaçait les intérêts de la France. Elle ne supportait pas que tout ce qu'avait fait la France soit passé aux comptes et profits de l'URSS et de la Chine. Quand Marien Ngouabi est follement tombé amoureux de Céline, enseignante à Ngabé, les choses se sont aggravées. Clotilde n'acceptait plus les absences prolongées de son époux. Ils finirent par conclure de se séparer. Au moment de la séparation de corps, alors que Clotilde doit quitter le Congo, Marien Ngouabi n'a pas d'argent. C'est le président Omar Bongo qui lui en envoie pour Clotilde, afin qu'elle s'achète un appartement en France. Le divorce n'a pratiquement jamais eu lieu.

Ecoutez ce que dit Foccart dans "Foccart parle 2" : « ***…Quant à la pureté…En janvier 1970, Bongo lui a annoncé de ma part que l'aide d'urgence qu'il avait demandée lui serait accordée avec le concours de la Compagnie minière de l'Ogooué. C'était à Yaoundé au sommet de l'OCAM. Ngouabi a réfléchi, puis il a répondu : « Ecoute, c'est très bien, mais cet argent, j'aimerais que tu me l'apportes toi-même à Brazzaville, parce que tu comprends, ma femme a grande envie d'un appartement à Paris.*** »

Foccart avait-il de l'argent à donner à un chef d'État africain ? Même s'il avait de l'argent en donnerait-il à un Marien Ngouabi qui était, pour eux, une bête noire qu'il rêve de démettre à la moindre occasion ? C'était de la spéculation. Marien Ngouabi en avait parlé avec Bongo qui lui avait fait la promesse de l'aider dans ce sens. Il a fini par réaliser cette promesse. Marien Ngouabi a construit sa maison en prenant un crédit à la Banque Nationale de Développement du Congo (BNDC), j'en suis encore un témoin vivant. Marien Ngouabi meurt après neuf ans de pouvoir sans un seul compte bancaire à l'étranger, ni en Europe ni dans un autre pays d'Afrique. Il ne dispose ni d'un appartement ni d'un hôtel particulier en France ou ailleurs. Marien avait pour couturier au moment où je le quitte en 1974, Sam, un jeune tailleur de Bacongo, qui lui confectionnait ses costumes de cérémonie. De toute la période où j'ai été Aide de camp de Marien, je n'ai vu ni Clotilde ni Céline se parer de diamants ou d'or au cours d'un banquet. Clotilde n'était pas d'une origine bourgeoise, elle était très modeste, sans arrogance aucune, elle venait à chaque banquet de la manière la plus simple. Lors d'un voyage officiel en Côte-d'Ivoire, Céline s'est présentée au banquet en pagne, vraiment à la congolaise, alors que la plupart des femmes étaient en tenue occidentale. Les femmes ivoiriennes en étaient surprises. C'est comme cela qu'il a construit sa vie.

De la part du président Omar Bongo, n'est-ce pas une trahison ?

Que voulez-vous que j'en dise ? Bongo serait vivant qu'il aurait dit : « c'est de la politique ».

Connaissiez-vous personnellement Omar Bongo à cette époque-là ?

Omar Bongo, je l'ai connu lorsque j'étais aide de camp du président Marien Ngouabi en 1969. A la première rencontre de Marien Ngouabi et Omar Bongo à Libreville, nous parlions téké et Marien Ngouabi de réagir en plaisantant : « Vous ne parlez pas de moi, j'espère ». Bongo lui répondit : « Non, nous ne parlons pas de toi». Depuis, Bongo et moi avions gardé de bons rapports. Je me souviens qu'au cours de la soirée organisée à l'occasion de cette première rencontre, Ange Diawara, membre de la délégation, avait voyagé en tenue de combat. Il était militariste et aimait le look à la Fidel Castro. Le soir, il était prévu un banquet, un problème se pose : le lieutenant Ange Diawara ne peut pas se présenter à la soirée en tenue militaire. L'embarras est total. Marien Ngouabi se confie à Bongo qui fait prendre des mesures à Ange par un tailleur appelé spécialement pour cela. Quelque temps après, un costume prêt-à-porter lui est livré pour la soirée au banquet.

Hormis le cas de Omar Bongo, quelle était la qualité des rapports entre le président Marien Ngouabi et les présidents africains non progressistes ?

Au départ difficiles, mais par la suite, il y a eu des améliorations. Pour le cas d'Houphouët Boigny, la dernière visite de Marien Ngouabi en Côte-d'Ivoire fut décisive. Il avait fait un discours de réconciliation très apprécié des intellectuels ivoiriens et du vieux Houphouët lui-même. Les Ivoiriens étaient très contents de voir celui qu'on traitait de communiste avoir de la considération pour leur président, pour son expérience et sa sagesse. Marien Ngouabi avait plaidé pour que le vieux soit compris des Ivoiriens. À Dakar, ce fut la même chose avec Senghor.

N'était-il pas trop tard ?

Comment cela trop tard ?

Se pourrait-il que de l'un des pays non progressistes africains aient appuyé ceux qui voulaient renverser Marien Ngouabi ?

Que voulez-vous dire par là ?

Que ces pays ou l'un d'eux ait aidé les auteurs du coup d'Etat fatal contre Marien Ngouabi à s'organiser financièrement et diplomatiquement… J'ouvre devant vous le livre de Foccart "Dans les bottes du Général, journal de l'Elysée III 1969-1971", de la page 391 à 392 où je lis un passage qui me laisse perplexe : « Le lundi 13 juillet 1970, avec Houphouët et Bongo, à la recherche de successeurs pour Tombalbaye, Bokassa et Ngouabi…Je pensais rester chez moi, mais j'ai reçu un coup de téléphone d'Houphouët dimanche soir. Il veut absolument me voir avec Bongo à 11 heures 30 et nous garder à déjeuner…Enfin, ils estiment qu'en ce qui concerne le Congo l'affaire risque de se jouer assez rapidement. Pour d'éventuels remplacements, ils avancent les noms de Bangui au Tchad, de Goumba (Abel Goumba était vice-président de la République avant le coup d'Etat de Bokassa), en Centrafrique et de Youlou, le brave Youlou, au Congo. Pour ma part, j'écoute et je donne des conseils de prudence. Il est certain qu'ils tiennent grand compte de ce que je dis.»

Cela n'a rien à avoir avec l'époque de l'assassinat du président Marien Ngouabi. Ce passage fait référence à une vielle période.

Marien Ngouabi a subi combien de coups d'Etat avec vous comme aide de camp, et dans quelles circonstances ?

Durant la période où j'ai été aide de camp, Marien Ngouabi a connu quelques coups d'Etat dont deux principaux, ceux du 23 mars 1970 et du 22 février 1972. Le premier commis par les capitaines Augustin Poignet, Pierre Kinganga alias Sirocco et Miawama, à l'époque commandant de groupement de gendarmerie, et le deuxième par le lieutenant Ange Diawara, Ambroise Noumazalaye, le sous-lieutenant Jean Baptiste Ikoko, etc.

Dans quelles circonstances ?

Le 23 mars, lorsque Kinganga alias Sirocco, réalise son coup d'État, je suis lieutenant, officier de gendarmerie, aide de camp et officier d'ordonnance du commandant Marien Ngouabi. J'aimerais revenir à 1968, pour montrer combien j'étais lié à Pierre Kinganga qui était pour moi un véritable camarade. Après la démission du président de la République Alphonse Massamba-Débat, je suis au 2ème bureau de l'Armée. Une commission d'enquête est mise en place, et j'en suis le chef. Avec Kinganga et d'autres membres de la commission, dont l'adjudant-chef Mathey et le sergent-chef Tsiba, nous devons mener des enquêtes pour rechercher les anciens collaborateurs du président Massamba-Débat qui ont pris le chemin de l'exil ou qui se cachent ici et là. Chaque jour, nous sommes à Poto-poto Djoué, Madibou, Ngangalingolo dans le cadre de nos investigations. Vers 13 ou 14 heures, nous revenons à ma résidence au camp de la milice, juste au croisement des avenues Gouverneur général Augagneur (l'avenue de l'Ecole française Saint-Exupéry) et Gascogne (celle qui mène vers Kinsoudi).

Mon épouse avait pris l'habitude à ma demande de nous préparer à déjeuner. Nous mangions avant de nous séparer pour repartir le lendemain. Après chaque repas, le capitaine Kinganga, qui appelait mon épouse « mâ-yoo », la complimentait pour sa bonne cuisine. De cette période-là à la période qui précède son coup d'État, nous avions gardé de bons rapports, jusqu'à ce que je le perde de vue, pour le revoir le matin du 23 mars 1970. Il est 6 heures. En allumant mon poste radio, au lieu des trois glorieuses, j'entends l'ancien hymne national : la congolaise. Je n'en crois pas mes oreilles et n'y comprends rien. Je sors sous la véranda, mon regard va vers la maison de la radio nationale, l'actuel ministère de l'enseignement technique en face du stade marchand dans l'avenue des premiers jeux africains.

Je vois Kinganga en tenue militaire, les cheveux non peignés, faisant des va-et-vient sur la route, arme à l'épaule. Il devait s'agir d'un pistolet mitrailleur MAT 49, si mes souvenirs sont bons. Je vois un véhicule de travailleurs de Kinsoundi arrêté et, un moment plus tard, quelqu'un toque à mon portail. J'ouvre, c'est Jacques Mbon, un de mes parents, travailleur à l'usine de Kinsoundi, qui, ayant refusé d'entrer dans la cour de la radio où on avait entraîné tous les autres ouvriers, et sachant que j'habitais en face de la radio, s'était soustrait pour se retrouver là, je ne sais trop comment.

J'entends quelqu'un appeler en patois : « Grand frère, grand frère… ». J'ouvre le portail, il m'explique ce qui s'est passé et je le fais entrer. J'entre dans la maison expliquer à mon épouse ce qui se passait à l'extérieur. J'essaie de téléphoner à la présidence pour donner des informations au commandant Marien Ngouabi, mais en vain. La ligne est coupée. Je me mets en tenue de combat pour me rendre à l'État-major général. Ma fille Annick, qui a quatre ans, me demande : «Papa, tu vas à la guerre ?». Je sors du camp de la milice par l'intérieur, en allant vers les bureaux de la gendarmerie devant le lycée Savorgnon de Brazza. À mon passage, des gendarmes qui habitent le camp de la milice me regardent sans rien dire. Personne ne m'adresse la parole. Personne ne m'interroge. Je pénètre au rez-de-chaussée du bureau de légion, traverse la cour.

La circulation est quasiment inexistante. Quelques minutes après arrive un taxi que j'arrête. Je m'y engouffre en direction de l'État-Major. Lorsque j'arrive, je vois le commandant Marien Ngouabi debout. Il est surpris de me voir, il ne comprend pas comment j'ai fait pour arriver jusqu'à lui. Du camp de la milice, lui répondis-je. Il me salue, m'attrape et m'embrasse. Je lui décris ce que j'ai vu à la maison de la radio depuis la véranda de ma résidence. La radio est donc prise. Elle est occupée par les éléments de Kinganga. Le commandant Marien Ngouabi donne des instructions au Chef d'Etat-major général qui répercute l'ordre au commandant du groupement aéroporté, le capitaine Dénis Sassou Nguesso, d'aller prendre la radio. Une fois sur les lieux, ce dernier est pointé par Kinganga depuis l'intérieur de la radio. C'est le sergent Mpassi, un des éléments du groupe d'intervention, qui, s'en étant aperçu, tire sur Kinganga et l'abat, sauvant ainsi la vie à son Chef de Corps. Kinganga avait auparavant sensibilisé les gens pour venir se rassembler à la radio. À l'audition de la congolaise, certains s'y étaient rendus et avaient été accueillis par Kinganga qui les avait fait entrer dans la cour. Il avait aussi pris en otage les travailleurs qui se rendaient à l'usine de Kinsoudi, faisant de ces derniers des boucliers humains. Ce coup d'État avait été massivement appuyé par les gendarmes pour la simple raison que Kinganga leur avait promis, en cas de réussite, le retour du képi dont le port avait été aboli en 1969 par le président Marien Ngouabi. Ces derniers allèrent jusqu'à piétiner la loi qui veut que le salut passe par la fidélité aux institutions.

Certains cadres pensaient que la gendarmerie, pour avoir incarné l'ordre et la rigueur de la période coloniale à la période républicaine pré-révolutionnaire, ne pouvait pas suivre la révolution. D'autres estimaient que le képi qui incarnait l'ordre et effrayait avait quelque chose de mystique qui empêchait les gendarmes d'adhérer à la révolution. Le béret, semble-t-il, paraissait plus révolutionnaire. Mais les gendarmes n'étaient pas à l'aise avec le béret. Ils le portaient même mal. Ils ne se trouvaient pas beaux avec le béret. C'était une nouvelle culture qu'ils ne partageaient pas. Je me rappelle et me souviendrai toujours de cette phrase. Nous sommes au mois de mai 1970, un mois après la dissolution du corps de la Gendarmerie par le Gouvernement. Un matin, nous sommes réveillés sous une avalanche de tracts contre le conseil National de la Révolution. Tout naturellement toute la police mise en chantier n'arrivait pas à interpeller le ou les auteurs de ces tracts. Ce jour-là, le président Marien Ngouabi était visiblement mal à l'aise par rapport aux propos diffamatoires contenus dans ces tracts. Il me dit : "Ngouélon" c'est comme ça qu'il m'appelait de temps en temps, nous avons commis la plus grosse faute en prononçant la dissolution de la Gendarmerie Nationale. Je parie poursuit-il, que les gendarmes auraient déjà arrêté les auteurs des tracts ». Je lui réponds : «mon Commandant, malheureusement c'est trop tard». Il était visiblement affecté.

Je m'en vais citer Foccart en rapport avec ce coup d'État, dans "Foccart parle", tome 2, paru chez Fayard-Jeune Afrique en 1997 : « Le 23 mars 1970, je suis au balcon pour assister à la première tentative de déstabilisation du régime, celle du lieutenant Pierre Kinganga – un Lari, comme l'abbé Youlou, qui attend son heure dans sa retraite en Espagne. A la tête d'un commando, Kinganga a opéré son coup manqué en partant de Kinshasa. Je suis justement en visite à Kinshasa. Du bureau présidentiel, où je me trouve, on voit le fleuve. Mobutu est agité et peu attentif à notre conversation. Il fait des allées et venues vers la fenêtre. Soudain, on aperçoit un petit bateau. Mobutu s'excuse et se précipite sur son téléphone. Il a des conversations très animées en lingala, avec plusieurs interlocuteurs. Je le quitte sans recevoir d'explication, mais peu après, j'apprends le coup d'État qui vient d'être tenté à Brazzaville, et son échec. Je vais voir le colonel Claude Mademba Sy, l'ambassadeur du Sénégal, qui a été éloigné de Dakar et qui semble avoir trouvé « chez les bantous », comme dit Senghor, un exutoire à son activisme. Mademba Sy est un homme loquace. Il ne fait pas beaucoup d'efforts pour me cacher qu'il avait concocté quelque chose avec Mobutu. » . Contradictoirement, Foccart dit : « *Il [Mobutu] tient à restaurer un gouvernement modéré chez ses voisins. Il a des moyens. Bongo et les Américains l'encourageront dans ce sens »*, page 205, Foccart parle. Qu'en dites-vous ?

Le jour de ce coup d'Etat, comme par hasard, Foccart est à Kinshasa. Allez y réfléchir.

Pierre Kinganga était probablement sûr de certaines complicités intérieures avant de se lancer, mais au dernier moment, il n'est pas soutenu, et curieusement, aucune enquête sérieuse ne sera ouverte….

Pierre Kinganga et sa clique étaient morts ; quoi de plus compliqué que d'établir des liens ou de réunir des preuves ?

Kinganga aurait reçu Leckondza, à qui on a demandé de lui parler parce qu'il était contre révolutionnaire comme lui donc capable de le ramener à la raison. Il se serait rendu et aurait malgré tout été exécuté. De même pour certains membres du commando qu'il dirigeait ?

Je n'ai pas cette information. Comme je vous l'ai expliqué, je n'étais pas sur place, j'étais avec le président. Il ne nous a pas été rapporté que certains se seraient rendus ou auraient tenté de le faire dans cet échange de coups de feu.

Que faisiez-vous à la résidence ? Vous attendiez sans suivre la situation …

Le président suivait la situation et il lui était rendu compte du déroulement des événements. Ce que je vous dis est en rapport avec ce que nous recevions comme compte rendu. Je vais vous raconter une anecdote. Après le passage de Auguste Gongara Nkoua à la radio pour dire que le pouvoir de Marien Ngouabi n'existe plus et qu'il n'y a plus de révolution … Maître Moudileno-Massengo se dit que tout est fini et il reste chez lui à la maison attendant que le nouveau pouvoir décide de son sort. Le ministre de la santé publique et des affaires sociales, le docteur Jacques Bouity se dit qu'il ne voudra pas mourir sale, au cas où ceux qui auraient pris le pouvoir venaient à le tuer. Il s'est bien rasé. Maître Aimé Emmanuel Yoka vient voir maître Moudileno et lui demande ce qu'il faisait là alors que tous les autres étaient au Palais. Maître Moudileno et Bouiti, qui étaient venus lui rendre visite pour s'enquérir de la situation, courent à la résidence présidentielle et trouvent Marien Ngouabi qui s'écrie : « voici les deux retardataires ». Le président leur demande : « pourquoi venez-vous avec un tel retard alors que tous les autres sont déjà là ». Maître Moudileno lui répond : «j'ai écouté que le président n'est plus là et qu'il n'y a plus de révolution. J'attendais que les gens de Kinganga viennent m'arrêter». Marien Ngouabi s'en prend à Bouyti et s'étonne qu'il ait pris le temps de se raser. Bouiti explique qu'il est Rosicrucien et qu'il a appris à rester stoïque face à toute situation. « Au point de ne même pas vous blesser en vous rasant», réplique Marien. Il l'enlèvera du Gouvernement et changera de poste à Maître Moudileno qui passera du ministère de la justice et de la fonction publique au ministère de l'information. J'ai déjà dit que c'est à cette occasion qu'Ambroise Noumazalaye revient en politique. Ayant écouté que la révolution était menacée, il a pris une arme, je ne sais où, et a couru vers la résidence présidentielle pour défendre la révolution.

Dans "*la France pompidolienne, Journal de l'Elysée*" **à la page 12, Foccart dit ceci : « Lundi 23 Août [1971] Thierry-Mieg vient me dire, comme Robert me l'avait laissé entendre samedi, que Pascal Lissouba, ancien Premier ministre de Massamba-Débat, voudrait bien préparer un coup contre Ngouabi, mais qu'il voudrait auparavant avoir un contact avec moi. J'ai été assez réservé et je n'ai pas voulu m'engager. »**

Je n'ai pas de commentaire à faire là-dessus.

Et le coup d'État du 22 février 1972 ?

Le coup d'État du 22 février 1972 était le fait de plusieurs éléments de la gauche, membres du Parti Congolais du Travail, dont les principaux étaient le lieutenant Ange Diawara et Ambroise Noumazalaye. Le 21 février 1972, le président de la République et sa délégation quittent Brazzaville pour Pointe-noire en visite de travail. Je suis de la délégation en tant qu'aide de camp. Tous les membres du Bureau politique et du gouvernement sont bien sûr à l'aéroport de Maya-Maya pour saluer le président Marien Ngouabi.

Parmi eux, il y a bel et bien Ambroise Noumazalaye, le lieutenant Ange Diawara et bien d'autres protagonistes de ce qui deviendra le

Mouvement du 22 février 1972. Ils saluent normalement le président qui s'en allait. Le soir en séance de travail à la chambre de commerce et de l'industrie du Kouilou, il est presque 18 h 30 ou 45 lorsque tout à coup se produit une coupure de courant. Tout le monde est stupéfait. Nous croyons d'abord à un incident normal, alors que c'était un coup monté. Matoumpa Mpolo, connaissant Pointe-Noire, avait été envoyé pour procéder à la coupure d'électricité et à l'interpellation du président Marien Ngouabi. Pour éviter la panique, le président Marien Ngouabi hausse la voix : « personne ne sort ni ne rentre dans cette salle. Le courant doit être rétabli ». Les militaires de service prennent rapidement position autour de l'immeuble. Au fond de la salle, il y a des chuchotements.

On décide alors d'évacuer la salle, le président Marien Ngouabi tenait absolument à attendre que la lumière soit rétablie. Tout le monde se demande ce qui se passe. On ne saura que plus tard, que c'était toute une opération qui visait l'arrestation de Marien Ngouabi ou peut-être sa liquidation physique dans le noir. A Brazza, pendant ce temps, puisque le top de Pointe-Noire ne venait pas, il y avait une sorte de débandade. Le colonel Kimbouala Kaya décide d'aller au régiment blindé sortir les engins et démarrer les opérations. Peine perdue. A l'époque, le responsable du régiment, le colonel Raymond Damasse Ngollo, qu'on devait arrêter le soir-là, à son domicile, avait, comme par hasard, décidé de passer la nuit au corps et lorsque l'Officier mutin arrive pour donner les ordres à la troupe, le colonel Ngollo, alors commandant l'Escadron blindé est là et fait donc arrêter le colonel Kimbouala. Les éléments du M. 22 envoyés sur Pointe-Noire par train pour démarrer l'opération et donner ainsi le top à Brazza, avaient échoué. Le coup venait d'être déjoué sans que nous sachions ce qui se passait réellement. Une fois rentré au palais à côté de la mer, à la résidence officielle du Préfet, nous dînons, puis chacun va se coucher. Il est presque 3 heures du matin lorsque le téléphone sonne.

Le Commandant Marien Ngouabi décroche. Au bout du fil, une voix féminine. « Parle », lui dit Marien. « M. le président, je suis Mme Ngouélondélé, je voulais parler à mon mari. ». Chaque fois que je voyageais avec le président de la République, dès mon arrivée, je transmettais toujours à mon épouse le numéro de téléphone par lequel elle pourrait m'appeler en cas de situation familiale grave. Or l'unique téléphone fixe dont j'avais communiqué le numéro se trouvait dans la chambre occupée par le président de la République. « Parle Henriette, c'est le président, tu peux parler… Mais parle Henriette, poursuit Marien ». Non, répond mon épouse, je voudrais parler en patois à mon mari. Elle s'excuse et dit au président : « je dois malheureusement lui parler en patois. Passez-le-moi, s'il vous plaît. » Ma chambre est contiguë à celle du chef de l'Etat, on frappe à ma porte, j'écoute la voix de Marien : -« Ngouélondélé, c'est pour toi, ta femme veut te parler, elle ne veut rien me dire. » Je me précipite, prends le téléphone et écoute ma femme dire : « Allô, Allô, oui, c'est moi, il se passe des choses graves. Ici, l'information qui circule est qu'il y a un coup d'État. C'est Ange Diawara qui en est l'auteur. Préviens le président, il vous faut rentrer ce matin, si vous pouvez. En tout cas, ajoute-t-elle, on nous dit que l'aéroport est gardé par des mutins. Alors, faites attention. Je raccroche. Je rends compte immédiatement au président. Il est presque 4 heures du matin. Nous veillons jusqu'à l'aube en tentant en vain de joindre le Commandant Yhombi, alors Chef d'Etat-major Général pour obtenir de plus amples informations. Impossible. Entre Pointe-Noire et Brazzaville la ligne téléphonique est coupée. A Brazza, les mutins ont réussi à prendre Ekamba Elombé et Henri Lopes qu'ils ont conduit au Camp Makala. Dans sa geôle, Elombé, ancien transmissionnaire de l'Armée Française, tombe sur de vieux fils de téléphone qu'il tente de rafistoler. Il réussit à joindre Marien à Pointe-Noire et lui donne de plus amples informations.

Cette fois-ci c'est clair, il s'agit d'un coup d'Etat des éléments de la gauche. Marien est totalement abattu, fatigué parce qu'il s'agit des camarades révolutionnaires. Il est 7 heures, il se met en tenue de combat. Nous nous dirigeons vers la Radio qui était juste à côté. Nous y allons à pied. Le président Marien Ngouabi commence à lire une déclaration quand le directeur de la radio lui dit qu'il n'y a plus de signal. Il voulait faire un message destiné beaucoup plus aux mutins qu'au peuple. Il voulait parler aux camarades membres du parti, surtout à ceux qui étaient en train de perpétrer ce coup. Pendant qu'il parlait la liaison s'est coupée. Il n'a juste eu que le temps de lancer un appel pathétique de Chef : « je vous en supplie éléments de Brazzaville, ne vous entretuez pas ! Je ne veux pas qu'il y ait effusion de sang. ». Les mutins étaient parvenus à tout couper à partir de Brazza. Quelques instants après, c'est leur message qui passe contredire celui de Marien. Ce dernier est dans un état de fureur terrible. Il n'y a plus rien à faire, il faut absolument s'organiser pour descendre à Brazza. Mais comment ? C'est le grand point d'interrogation dans la mesure où la tour de contrôle est aux mains des rebelles.

Ce matin-là, Karombo Okounou, le Directeur général de Lina Congo, qui était à Pointe-Noire, parvient à obtenir une liaison radiophonique à travers Aéro-Services, une société privée d'aviation civile. Le président Marien Ngouabi entre ainsi en contact avec le Chef d'Etat-major, le commandant Joachim Yhombi Opango. Les deux parlent en Kouyou et conviennent du lieu et de l'heure probables d'atterrissage. Il faut cependant trouver quelqu'un pour piloter l'unique avion d'Aéro-Services disponible. Serge Blasiféra, pilote français en service dans cette compagnie privée, se porte volontaire. Nous embarquons donc dans l'avion, un petit CESNA, sans instrument de bord, le président Marien Ngouabi, le commandant du groupement aéroporté, le capitaine Dénis Sassou Nguesso, le premier ministre Louis Sylvain Ngoma, le Directeur général de la sûreté nationale, Jean Michel Ebaka et moi-même.

Serge Blasifera, notre pilote de fortune, au cours d'un témoignage en commémoration de l'assassinat du président Marien Ngouabi, racontera l'histoire de la manière suivante : *« me rappelant notre séjour dans le paquebot « Le BRAZZA », je n'ai pas hésité un seul instant à prendre tous les risques pour accomplir ce devoir d'ami, sans aucun à priori politique. Le premier inconvénient, c'est que l'unique avion dont disposait Aéro-Service, était en panne de radio, un instrument indispensable à la navigation. Mais il fallait risquer. Le second inconvénient, c'est que les communications téléphoniques et radio avaient été coupées entre Pointe-noire et Brazzaville par les insurgés. C'est alors que ma très chère épouse décédée depuis, qui fut chef de service Abonnements aux PTT à Pointe-Noire, avec monsieur Mvoula Leya, son collègue de service, ont réussi non sans peine, après multiples tripotages, à obtenir une ligne, qui a ainsi permis d'établir le contact téléphonique avec Brazzaville, depuis le hangar de l'Aéro-service Le président Marien Ngouabi et le Commandant Joachim Yhombi Opango alors Chef d'État-major ont conversé en Kouyou pour convenir du point d'atterrissage. Arrivé au lieu d'atterrissage après 1 heure 45 minutes de vol, j'ai cherché un bout rectiligne sur une longueur suffisante pour poser l'avion, autour d'une forêt d'herbes touffues. Après avoir posé l'avion, n'ayant pas vu le commandant Joachim Yhombi Opango dont la voiture serait semble-t-il tombée en panne en route, après quelques minutes d'attente, le commandant Marien Ngouabi pour raison de sécurité probablement me donna l'ordre de redécoller immédiatement et rejoindre Pointe-Noire, les laissant sur place entourés de nombreux curieux, étonnés de la présence en ce lieu, de leur chef qui semblait descendre du ciel. »* Effectivement, nous avons volé à vue, sans radio ni communication avec qui que ce soit. Nous devons atterrir non pas à l'aéroport de Maya-Maya, mais sur la route du Nord. À Brazzaville, c'est la panique, tout semble définitivement consommé. Certains pensent que Marien Ngouabi est tombé, d'autres se demandent s'il est à Pointe-Noire. On ne sait pas s'il est encore vivant ou mort.

Il est environ 13h 30 lorsque l'avion se pose en plein goudron à 45 kilomètre de Brazzaville. Dieu merci, nous atterrissons sur une route nationale encore neuve. Il n'y a pas de pluie ce jour-là, et aucun véhicule n'y circule. Après avoir arrêté l'avion, le pilote descend le premier, se met au garde-à-vous, salue le Président en disant : «Mission terminée». Après la descente de tous les passagers, il remonte dans l'avion et redécolle pour Pointe-Noire sur ordre du président. Le véhicule que devait envoyer le Chef d'État-major n'est pas encore là. Nous ne pouvons qu'attendre. Un agent des Eaux et Forêts nous reçoit et nous fait entrer dans sa maison pour la sécurité du président. Il nous installe. Et nous attendons le véhicule promis.

Les paysans du village environnant, tous joyeux d'accueillir celui qui était considéré comme mort, prennent leurs calibres douze et assurent la garde tout autour de la maison. À bout de patience, nous nous demandons s'il ne faut pas envoyer quelqu'un à Brazzaville avec un mot du président. Ce dernier écrit donc un petit mot en kouyou pour dire : « Nous sommes déjà arrivés. Il faut nous envoyer le véhicule.» Je me porte volontaire pour apporter le message au Chef d'État-major. Tous les autres pensent que ce serait imprudent parce que ma sortie pourrait faire repérer le président. Jean Michel Ebaka se propose alors d'assurer cette mission à ma place. Là encore, les autres objectent les mêmes arguments d'autant plus qu'il est chef des services spéciaux. Nous continuons d'attendre jusqu'au moment où nous voyons passer un pick-up Peugeot 404. Nous demandons au chauffeur de s'arrêter et Marien Ngouabi lui dit : « Conduisez-nous à Brazzaville ». Ce dernier répond : « Pas dans mon véhicule ». Marien Ngouabi de rétorquer : « Je suis encore Président de la République ». Il le tire de son véhicule et prend le volant. Il me demande de m'asseoir à côté de lui.

Jean Michel Ebaka, Dénis Sassou Nguesso, Louis Sylvain Ngoma, montent derrière, dans la carrosserie. Et nous voilà partis. Pendant que nous roulons, nous apercevons la Jeep militaire envoyée par Yhombi, protégée par un engin blindé, et c'est à ce moment-là que le véhicule dans lequel nous étions va connaître des problèmes mécaniques. Le président freine désespérément, mais le véhicule ne s'arrête pas. Le freinage était défectueux. Marien Ngouabi ne parvient pas à arrêter le véhicule, et nous voilà dans la savane pour éviter d'entrer en collision avec la Jeep qui venait en face. Dieu merci, il n'y a pas de ravin ; nous abandonnons la Peugeot, et montons dans la Jeep en direction de la capitale. À Brazzaville, nous sommes directement conduits au Régiment blindé en passant par l'avenue de l'Intendance. Là, le président est accueilli par des militaires en liesse. Ils retrouvent leur président qu'ils croyaient mort. Nous sommes ensuite conduits à la résidence officielle du président.

Que se passe-t-il dès que vous arrivez au palais présidentiel ? Comment apprenez-vous le sort des auteurs du coup d'État raté ?

Les éléments du M22 qui attendaient à l'aéroport sont surpris d'entendre que Marien Ngouabi est déjà chez lui. Cette surprise sème une panique totale chez les insurgés. Plusieurs arrestations sont opérées. Le lieutenant Ange Diawara, le sous-lieutenant Jean Baptiste Ikoko, le sergent-chef Jean Pierre Olouka, le sergent Jean-Claude Bakekolo et de nombreux autres éléments s'évaporent dans la nature, mais pas Noumazalaye. Il vient se présenter à la résidence pour demander pardon. Il est accueilli par des coups de crosse des militaires de la garde de Marien, qui interviendra lui-même pour arrêter la bastonnade et le protéger. Marien Ngouabi avait un sens profond du pardon. Noumazalaye gardé à vue, nous partons à la recherche des putschistes dans la ville, du côté de Poto-Poto, du Djoué à l'OMS. Marien Ngouabi se rend à la radio et lance un appel demandant à Ange Diawara de se rendre avant qu'il ne soit trop tard. Il lui donne un délai et se porte totalement garant de sa sécurité. Il lui demande de se rendre pour qu'ils continuent la révolution. Ange, en dépit de ce message, ne s'est jamais présenté.

Les services spéciaux rapportèrent des informations affirmant qu'on aurait vu Ange à Poto-poto du Djoué, à Madibou, à Nganga-lingolo, à Goma tsé-tsé, etc. et qu'il circulerait avec la complicité de ses connaissances dans divers moyens de transport, dont les ambulances, etc. Une semaine après, une information arrive à Marien, affirmant que le directeur général de la sûreté nationale, Jean Michel Ebaka, héberge Ange Diawara chez lui, dans la rue Mossaka. Marien m'appelle et me demande d'aller procéder à une perquisition. Ebaka est un ami, nos femmes sont amies, elles ont fréquenté ensemble l'école Sainte Thérèse de Poto-Poto, mais au nom des fonctions que j'assume et du fait que je suis malgré tout gendarme, je dois m'exécuter. Ebaka est avec moi, nous allons chez lui. Je donne l'ordre aux militaires de commencer. Mais intérieurement, je me dis que Jean Michel ne peut pas prendre un tel risque. Tout est mis sens dessus-dessous dans toutes les chambres. On fouille sans résultat. Je peux enfin me décrisper, me déstresser et reprendre une respiration normale. Je reviens faire le compte-rendu à Marien.

On trouve une version complémentaire de ce coup d'Etat dans "Le Congo" d'Hugues Bertrand de la page 67 à 68 : « Le 22 février 1972, tandis que le président Ngouabi se trouve à Pointe Noire, la gauche du parti tente un coup d'Etat essentiellement militaire. Lancé dans l'impréparation et la coercition (une partie de la gauche n'est pas d'accord), il avorte, faute d'un accord véritable, ce qui fait traîner les choses et interdit de neutraliser suffisamment vite les principaux dirigeants ennemis, en particulier le chef d'état-major de l'armée, le commandant Joachin Yhombi Opango, représentant autorisé de la fraction nordiste et de l'armée « classique » au sein du pouvoir, cousin du président Ngouabi. Il reçoit le soir du 22 février son cousin, de retour de Pointe-Noire, en chef de l'armée « fidèle » et garant de la légitimité du pouvoir.

Le président « rétabli » ainsi dans ses fonctions est largement prisonnier de son cousin : il se voit dicter une ligne répressive très dure et l'institution immédiate d'une cour martiale siégeant à huis-clos. La quasi-totalité des dirigeants de gauche sont arrêtés, de même que de très nombreux militants de base, lycéens, ouvriers, militaires, impliqués ou non dans le complot. Le lieutenant Diawara, commissaire politique à l'armée, principal instigateur du « coup », parvient à s'échapper avec quelques camarades. Dans l'armée l'épuration est sanglante : le moment des règlements de comptes, tant attendu, est enfin arrivé. Plusieurs civils seront exécutés sans autre forme de procès. Du côté des ministères, et même de l'armée, c'est la ruée sur le « plan », ancien fief de Noumazalaye, où sont centralisés tant de projets économiques qui n'ont encore rien « rapporté »...La cour martiale, contrôlée par des militaires affiliés à Yhombi, prononce tant de condamnations à mort (une immense fosse est creusée au cimetière de Talangaï) que Marien, responsable officiel, se voit obligé de lancer, alors même qu'il est en position de faiblesse, une très vive contre-attaque. Il prend parti contre les exécutions et se voit immédiatement désavoué par son chef d'état-major qui réunit un grand meeting militaire au cours duquel il reprend une phrase déjà historique : « Camarade Marien [Ngouabi], si tu avances nous te suivons, si tu t'arrêtes nous te pointons, si tu recules nous t'abattons. »

Cette phrase illustre très clairement le rôle qu'entend faire jouer Yhombi à son cousin dans cette affaire particulière, et dans la vie politique en général : endosser à sa place la répression qu'il souhaite, lui servir de devanture politique « progressiste ». Le chef de l'Etat réagit très vigoureusement en présentant l'affaire devant la presse internationale, en dénonçant la « cour martiale » publiquement, et en décidant qu'à ce problème « politique » doit être apporté une solution « politique ».

Effectivement, c'est la réaction du président Marien Ngouabi, qui ne dormait plus. Il était affecté par cette affaire. Il y avait 52 condamnés à mort prononcé par la Cour martial. Il était embarrassé par ce jugement. En cherchant une solution politique dans le délai d'une semaine qui était accordé avant l'exécution de la peine, Marien Ngouabi convoque le Comité central pour qu'une décision collective soit prise. Que restait-il du comité central ? Pas grand monde et surtout plus d'éléments de gauche les plus en vue. La tendance ne pouvait être qu'au vote pour l'exécution des peines.

Il consulte maître Moudileno-Massengo, alors ministre de la justice, et lui demande de trouver une solution. Ce dernier lui dit : « ce que vous demandez là est impossible. Il n'y a pas de solution, tout ce qu'on peut faire c'est d'exercer votre droit de grâce en tant que président de la République ». On sursoit à l'exécution pendant que le président réfléchit. Il y avait déjà une immense fosse à la Tsiémé. Le président Marien Ngouabi en rentrant chez lui après la session du Comité central s'est retrouvé seul, face à ses responsabilités devant l'histoire et aux destins de tous ceux qui étaient condamnés à mort. Il a pleuré. Il y a lieu de souligner qu'auparavant le capitaine Alphonse Mabiala, commandant de la légion de gendarmerie nationale consulté par le président Marien Ngouabi, avait refusé de présider la Cour martiale parce qu'il était chrétien. Il avait dit : « si je dois juger des gens pour les exécuter à la fin, je refuse. Si c'est pour juger et voir ce qui se passera après là peut-être. ». Comme ce n'était pas le cas dans l'atmosphère qui avait fait suite à ce coup d'Etat, il avait refusé… S'il avait accepté il aurait été élevé en grade mais il avait tenu à ses principes. Et Marien Ngouabi confiera à son ministre de la justice, maître Aloïse Moudileno-Massengo que le capitaine Mabiala a raté l'occasion d'être nommé commandant.

Et la suite…

Les peines de mort ont été commuées en condamnation à la prison à vie. Les conditions d'emprisonnement étaient des plus pénibles.

Je vous lirais ce passage du réquisitoire du ministère public au procès sur l'assassinat de Marien Ngouabi : « Tous les membres du Comité central se sont tus dans la trahison […] Quel est le poste, quel est le district, quel est le P.C.A, quelle est l'organisation politique, quelle est l'organisation syndicale, l'organisation des masses, quel est le milieu politique, qui de nous n'a pas demandé l'exécution de ces assassins ? Qui de nous n'a pas demandé qu'on exécute… Le président Marien Ngouabi, toujours lui […] seul devant sa conscience, l'homme du 31 juillet a pardonné à ces Messieurs, les assassins en cravate, en tenue militaire, en tout autre. Contre tout le peuple, les motions de l'Armée, les motions de tous les milieux, les motions des étudiants à l'extérieur, les motions de partout, Marien Ngouabi… alors que le peuple criait au poteau, alors qu'on aurait déjà creusé à la Tsiémé la fosse pour y mettre les corps, alors que tout le monde savait que ces gens allaient être exécutés, seul, devant sa conscience, l'homme du 31 juillet a pardonné à ces pires ennemis […] Il a pardonné ! Le peuple un moment ne l'a pas compris. Et ensuite le peuple l'a approuvé. L'extérieur l'a approuvé. Les messages de soutien et d'encouragements sont venus au moment où il était ébranlé. ».

Il y a du vrai dans cela. Le président Marien Ngouabi, lui-même, m'avait dit que seul Henri Lopes s'était prononcé contre l'exécution de la peine de mort.

Pourquoi les autorités militaires de l'époque restées à Brazzaville n'ont-elles pas informé à temps le président Marien Ngouabi de ce qu'un coup d'État était déjà en plein accomplissement dans la capitale politique ?

Je ne peux porter de jugements sur l'entourage de Marien Ngouabi à l'époque. J'étais aide-camp de Marien Ngouabi et je me trouvais avec lui à Pointe-Noire. Je ne suis donc pas témoin de la complexité de la situation à Brazzaville.

Des informations font état de l'envoi de troupes sur le terrain pour débusquer Diawara, qu'en était-il réellement ?

L'armée était mobilisée dans les forêts de Nganga Lingolo à Goma tsé-tsé. Le président descendait aussi sur le terrain. Marien Ngouabi recherchait activement Diawara et les autres. Il ne restait pas dans son bureau. J'étais derrière lui. Nous allions fouiller dans ces forêts, en fonction des informations qui nous parvenaient. Ange Diawara pouvait nous surprendre avec son équipe et tuer Marien. Il faut dire que le président prenait des risques énormes.

Nous avons ouï dire à l'époque qu'à partir de certaines de ses cachettes, Ange Diawara vous regardait passer et aurait dit : « Je n'ai pas de problème personnel avec Marien Ngouabi pour le tuer »…

Les Congolais parlent trop. Qui a entendu Ange Diawara le dire ?

Dans *"Principaux problèmes liés à l'édification du Parti Congolais du Travail, premier Parti marxiste-léniniste au pouvoir en Afrique",* **à la page 104, Jean François Obembé écrit : « *Le moins qu'on puisse dire du Mouvement du 22 février 1972, c'est qu'il n'est pas un mouvement de droite et son examen doit se faire de manière à ne pas desservir le processus révolutionnaire en République Populaire du Congo. Certains évènements historiques ont quelquefois besoin d'un grand temps pour leur éclairage objectif. Ce qu'il importe de retenir c'est que ce Mouvement, dont les acteurs sont essentiellement les éléments de gauche, s'est produit dans un parti né sans programme d'action et qui n'avait pas encore tranché les problèmes importants résultants de la stratégie et de la tactique de lutte. Le programme du Parti qui va naître précisément en décembre 1972 ne surgira pas par un simple hasard.* » ; Comment Diawara qui**

voulait résoudre des problèmes internes réels au Parti pouvait-il entrer en contact avec Mobutu qui était à la fois impérialiste de premier ordre et opportuniste…

Je ne saurais me prononcer à la place des concernés.

Pensez-vous que la colère de Diawara ne soit justifiée que par des contradictions idéologiques, n'aurait-il pas des raisons plus personnelles d'en vouloir à Marien Ngouabi, qui paraissait aussi laxiste et sentimental dans certains cas ?

Me trouvez-vous bien placé pour répondre à une telle question ?

Oui, parce que vous étiez l'aide de camp de Marien Ngouabi. Témoin privilégié de sa collaboration avec Ange Diawara avant son coup d'État…

Cela ne pouvait me donner les pouvoirs de lire dans les pensées d'Ange Diawara qui était désormais du côté adverse.

Je veux dire cette adversité, était-elle strictement politique, ou touchait-elle un autre motif qui aurait fait déborder Diawara ?

Ange Diawara était un homme de gauche insatisfait de la manière dont la révolution était conduite. Marien Ngouabi l'a reconnu.

Insatisfait aussi des comportements des uns et des autres membres de la direction politique nationale…

En dehors des déclarations politiques, sur quoi m'appuierais-je pour avancer une telle affirmation ?

En refusant de répondre favorablement à l'appel de Marien Ngouabi qui prétendait garantir sa sécurité, Ange Diawara ne craignait-il pas l'entourage de Marien Ngouabi plutôt que l'homme lui-même ?…

Encore une fois cette question devrait être posée à un proche d'Ange Diawara dans les derniers moments de sa vie, plutôt qu'à un proche de Marien Ngouabi. Je ne peux pas témoigner sur ce que je n'ai pas vécu.

Et la suite des événements de ce coup d'État du 22 février ?

Quelques mois plus tard, en 1973, on a l'information par le Président Mobutu, de la présence de Diawara à Kinshasa.

Ils sont montrés au public déjà morts alors que Mobutu les livre vivants…

En tout cas, je n'ai pas assisté à leur arrivée et je ne veux pas me prononcer à la légère sur ce fait. Marien Ngouabi n'a jamais été un chef violent et n'aurait jamais ordonné l'exécution d'Ange Diawara.

Dans** la fin du gaullisme, Journal de l'Elysée –V, 1973-1974 **à la page 220, Foccart dit ceci : « Il [Bongo] m'a raconté [à Foccart au téléphone]… son intervention bénéfique auprès de Ngouabi, ainsi que la façon dont Diawara a été arrêté froidement par Mobutu, qui a ensuite téléphoné à Ngouabi pour qu'il vienne le chercher. Il y est allé et les gens ont été torturés sur place, paraît-il, les doigts coupés, les organes arrachés, et ensuite exécutés. Et c'est lui Bongo, qui a dit à Ngouabi : « tu sais, tu devrais exposer les corps, sans quoi on ne va pas te croire. » … Pourquoi Marien Ngouabi, qui était humain et sensible, dites-vous, avait-il procédé à l'exposition des dépouilles mortelles des maquisards et ne les avait-il pas rendus à leurs familles respectives ?

Je ne peux pas me prononcer sur la torture ou les mutilations alors que je n'en ai personnellement pas fait le constat. Marien Ngouabi n'était pas allé à Kinshasa chercher Ange Diawara. J'étais à Brazzaville avec lui en tant que aide de camp. Il ne l'a donc pas vu vivant. A ce propos, Marien Ngouabi exprimera sa désolation au cours du discours qui suivait cette exposition en la qualifiant de « spectacle odieux ». Il voulait plutôt montrer que Diawara et Ikoko étaient bel et bien morts pour couper court à l'effet d'entraînement ou d'exemple que pouvait avoir cette histoire. Il ne fallait pas que l'on puisse donner suite à cela, surtout sur le plan mystique. Ceux susceptibles de le faire étaient nombreux. Nous sommes des Bantous avec des pratiques, des croyances et des mythes liés à la mort et au cadavre qui prêtent souvent à confusion. Tout cela devait être évité !

Livré vivant, avec Ikoko, par Mobutu, Diawara aurait certainement fait des révélations fracassantes, apporté des informations et

des éclaircissements sur son attitude et sur cet événement du 22 février 1972. C'aurait peut-être été éclaboussant de le faire passer par un procès en bonne et due forme, n'est-ce pas ce qui a fait qu'on le liquide de manière aussi expéditive ?

J'avoue que la situation était difficilement contrôlable, il y a eu beaucoup de sous-entendus qu'on ne peut pas vérifier et des débordements comme ceux ayant conduit à l'assassinat du musicien Franklin Boukaka et de l'ancien membre du comité central, Elie Théophile Itsouhou. Avant de prendre l'avion pour Paris où il va rencontrer le président français Georges Pompidou, le Président Marien Ngouabi insiste alors fermement auprès des autorités militaires de l'époque en disant ne pas vouloir qu'on touche à un seul membre du M22 pendant son absence. Une consigne que j'avais considérée alors comme un test de confiance, et surtout, comme une affirmation de son pouvoir en tant que chef, car il y avait eu trop de dérapages.

Un vieux Kouyou (de la tribu de Marien Ngouabi et de Joachim Yhombi Opango) m'a dit que Joachim Yhombi Opango ne supportait pas d'être commandé par Marien Ngouabi qui était d'une souche inférieure de la tribu Kouyou. C'est ce qui fait qu'il a été de tous les coups qui lui auraient permis de renverser la situation, principalement celui du 23 mars 1970 de Kinganga, alias Sirocco, et du 22 février, du lieutenant Ange Diawara et compagnie.

[En colère] Là, vous allez loin !

Vous avez promis de répondre à toutes les questions que je trouverais opportunes...

Des questions qui portent sur des faits et non sur les jugements des attitudes, des liens ou des personnes.

Dans « Les dessous de la Françafrique », de Patrick Pesnot, paru aux éditions Nouveau monde poche à la page 231, on peut lire, je cite : « Déjà, l'un des meilleurs amis de Ngouabi, Yhombi Opango, qui faisait partie des officiers venus le libérer après son arrestation et qui commandait maintenant l'Armée, avait envoyé des signaux très clairs en direction de Paris. Il voulait savoir quelle serait l'attitude de la France s'il prenait le pouvoir. La réponse a été ambiguë : Opango n'a pas été dissuadé mais il ne lui a pas non plus été promis une aide. Non, on lui a simplement laissé entendre que s'il réussissait, Paris examinerait favorablement toute nouvelle demande d'aide économique. Ce qui en bon français pouvait se traduire par un encouragement implicite. Mais il se passera encore plusieurs années entre le moment où Yhombi a envoyé ces signaux et l'assassinat de Ngouabi qui lui permettra de se hisser à la présidence de la République. » Qu'en pensez-vous ?

Je n'ai pas pour habitude de me prononcer sur les écrits de ce genre. Tout ce que je sais de cet auteur est qu'il est journaliste et homme de radio, alors de là à le considérer comme une source d'information, il y a un grand fossé que je ne peux me permettre de franchir.

Dans tous les coups d'État dont nous avons parlé, il est curieux que les instigateurs doivent mourir sans être écoutés. Et pour les survivants, la règle sera toujours des cours martiales à huis clos ...

Kinganga ne pouvait pas survivre. Il était déterminé dans son retranchement. Pour le cas de Diawara, je n'ai pas de détails sur les conditions de son arrestation. Ceux qui étaient allés le chercher s'étaient-ils préoccupés de l'écouter ? Avaient-ils besoin de l'entendre ? Je ne le pense pas...

Pourquoi des civils comme le musicien Franklin Boukaka, fût-il célèbre, le membre du comité central, Elie Théophile Etsouhou et bien d'autres sont-ils assassinés sans jugement ? Etaient-ils si dangereux pour être purement et simplement liquidés dans de telles conditions ?

Il paraît qu'ils auraient été exécutés après un interrogatoire. Commandité par qui ? Qu'auraient-ils dit qui aurait nécessité leur exécution ? Pour couvrir ou cacher quoi ? Je ne saurais le dire. J'avais été témoin de la colère et de la désolation de Marien Ngouabi quand il a eu cette information. Dans sa colère, avait-il pu donner des instructions de manière à savoir d'où venait l'ordre de les liquider ? Je l'ignore.

C'est dans la foulée que Pascal Lissouba est arrêté alors qu'il n'avait rien à avoir avec ce coup de force raté…

Oui, mais Pascal Lissouba n'est pas arrêté sur ordre du président Marien Ngouabi.

Dans ce cas Pascal lissouba n'a-t-il pas eu raison d'écrire dans "Congo : fruits de la passion partagée" à la page 106 : « Marien Ngouabi était déjà victime de ses propres contradictions et du piège dans lequel il s'était introduit et qui se refermera brutalement sur lui en 1977, date de son assassinat. » ; et à la page 107 : « L'opinion publique congolaise n'a pas toujours compris l'évolution de cette situation car, de loin, Marien Ngouabi apparaissait comme l'homme fort du régime alors qu'il n'était que le représentant d'un certain nombre d'idéologues qui tiraient les ficelles dans les coulisses… »

Autour de Marien Ngouabi comme autour de tous les autres présidents, des abus d'autorité et des trafics d'influence, il y en a eu, mais de là à dire qu'il n'était que le représentant d'un certain nombre d'idéologues est invraisemblable. Marien Ngouabi a été victime non pas de ses propres contradictions mais de la confiance qu'il a faite à certains.

Ange Edouard Poungui, dans "A cœur ouvert pour le Congo-Brazzaville, mon beau pays" dira : « Je signale que la plupart des membres du Comité central et du Bureau politique avaient déjà été arrêtés. Le Bureau politique était réduit de 10 à trois membres à savoir : le président Marien Ngouabi, Pierre Nzé et moi. Lorsque j'appris la nouvelle des exécutions sommaires des personnalités telles que Elie Itsou et le célèbre chanteur Franklin Boukaka, j'ai pensé que je n'avais plus rien à faire dans une direction politique responsable d'actes aussi odieux, que je réprouvais. J'ai donc rédigé ma démission pour, d'une part, manifester ma désapprobation des assassinats qui venaient d'être commis et, d'autre part, pour me mettre éventuellement à la disposition des enquêteurs puisque des rumeurs persistantes, faisaient peser sur moi des soupçons de connivence de participation au putsch. Malheureusement pour moi, le président Ngouabi rejeta catégoriquement ma démission car, loin de clarifier la situation, elle aggraverait selon lui, la confusion ambiante. »

C'est un témoignage. Je n'ai pas à en faire un commentaire.

Martin Mbéri dans son ouvrage "Congo-Brazzaville : Regard sur 50 ans d'indépendance nationale" *écrit ceci :* **« Durant ses dix ans de règne (1968-1977), Marien ne réussit jamais à s'imposer complètement ; Son pouvoir fut en permanence contesté de façon violente malgré tous les efforts qu'il déploya pour le consolider. Après le putsch du 22 février 1972, le président Marien Ngouabi, pris dans son propre jeu, se trouva devant un comité central vidé de toute sa substance. Tous les militants présumés de droite étaient présents et ceux présumés de gauche avaient disparu dans la bourrasque de l'affaire Diawara (prison, exécution sommaire…) et le Congrès du PCT de décembre 1972 était un congrès réparateur, un congrès de rééquilibrage des forces au sein du comité central du PCT, un congrès aussi pour ouvrir des perspectives nécessaires à la sortie de prison des membres du comité central encore en vie et emprisonnés à la Maison d'arrêt. C'est à ce titre que le groupe de Lissouba comprenant Martin Mbéri, Moungounga Kombo Nguila, Abba Ngandzion, Tamba Tamba Victor, Moukouéké Christophe, prit part aux préparatifs du Congrès de 1972… A l'issue de ce Congrès, Pascal Lissouba et Mbéri Martin entrèrent au comité central du PCT. »**

On a dit de tous nos présidents qu'ils n'ont jamais réussi à s'imposer complètement. Tous sans exception. En réalité, le problème se pose non pas en termes de réussir absolument à s'imposer, mais du prix qu'un président accepte de payer pour obtenir la tranquillité des hommes politiques du genre de ceux dont dispose le Congo. Ces derniers, hormis quelques hommes de conviction que l'on peut compter sur ses doigts, veulent le contrôle du pouvoir, les postes, l'argent ou les privilèges. Le président Marien Ngouabi, était certes sentimentaliste, mais il n'avait pas voulu se compromettre dans une certaine façon de faire la politique. La façon de faire de Marien Ngouabi est bien résumée par Ange Edouard Poungui qui dit, dans son livre d'entretien que vous avez cité plus loin : « Je me souviens qu'une fois au cours d'une session du comité central du PCT, le président Marien Ngouabi s'était mis à qualifier certains d'entre nous. Et comme vous le savez, il lui arrivait de dénoncer pêle-mêle les fourbes, les tortues à double carapace et j'en passe… Une autre fois, toujours au comité central, il dit de moi qu'il me préférait à certains autres membres du comité central qu'il trouvait hypocrites. » Nous, les Congolais, nous supportons mal cela. Nous n'aimons pas la critique et l'autocritique.

Quand vous imposez un régime de sanction et de vérité aux Congolais, ils s'arrangent à vous sacrifier plutôt qu'à sacrifier leurs avantages et intérêts. Faites attention à l'histoire politique de notre pays, vous remarquerez que les agitations politiques dans notre pays correspondent à l'éloignement de certains cadres des postes les plus juteux. Comment s'imposer à un cadre qui vous fait comprendre par ses agissements que : « soit Lissouba, Kolélas ou Milongo est président, je marche, soit il ne l'est pas, je m'oppose … ». J'estime que les gens n'ont pas aidé le président Marien Ngouabi à mener le pays vers l'avant. Dans la grave situation politique que traversait le pays suite au coup d'Etat du 22 février 1972, Marien Ngouabi a voulu prendre le peuple à témoin. Il a convoqué une conférence nationale du 27 au 31 Juillet 1972. Chacun des acteurs politiques était appelé pour faire des critiques et proposer des solutions.

Qu'est-ce qu'il en a été ? Qui a dit quoi ?

Il faudrait tout un livre uniquement pour cela…

Pouvez-vous commenter ce passage extrait du communiqué du Comité central du Parti Congolais du Travail publié dans le journal Etumba du 19 août 1972 : « Le Comité central du Parti Congolais du Travail s'est réuni ce jour 11 août 1972 au siège de sa Commission d'organisation et de propagande. Au cours de cette importante réunion, les membres du Comité central ont examiné les questions relatives aux travaux de la Conférence Nationale et à l'orientation à donner à la célébration des festivités des 13, 14 et 15 août 1972. L'instance politique supérieure de la Nation a ensuite statué sur le cas de l'ancien Vice-président du Conseil d'Etat, maître Aloïse Moudileno-Massengo dont le comportement, ces derniers temps, a suscité à l'intérieur comme à l'extérieur les fabulations les plus fallacieuses, les plus fantaisistes… »…

Le Comité central venait en réalité de prendre acte de la démission de maître Aloïse Moudileno-Massengo dont la lettre a été écrite le 5 août 1972. Il décidait ainsi de son exclusion du Parti. Maître Moudileno-Massengo avait précisé dans sa lettre au président Marien Ngouabi : « J'ai attaché beaucoup de soin à vous tenir régulièrement informé sur l'évolution de mon état de santé. C'est ainsi que je vous ai transmis dans le cours de ce mois les derniers avis et ordonnances des médecins concernant l'éventualité de mon retour et reprise d'activité. Comme vous avez pu le constater à la lecture de ces documents, les experts m'ont, jusqu'à nouvel ordre, interdit « expresis verbis » tout voyage. Mieux, ils m'ont placé sous stricte surveillance médicale. C'est sous ce régime que je me trouve ici, depuis mon retour d'Allemagne. Or, par deux dépêches successives transmises à notre Ambassade à Paris, Diplobrazza (dont les compétences, sauf erreur de ma part, sont hautement étrangères aux affaires de la médecine), semble, sans autre considération que l'approche de la Grande Conférence du Parti et le souci de me «voir» dans ces circontances à vos « côtés », Diplobrazza, dis-je, semble prendre ces avis autorisés à son aise…N'aurait-elle gardé aucune copie de votre lettre présidentielle N° 00784/PR-CAB-A30-25 B 31- 25, en date du 5 novembre 1971 à Monsieur le Ministre des Finances et celle de ce dernier N° 0308/MFB-4/I DFA 192 à Monsieur le directeur des Finances (Bureau des passages) toutes deux réglant les dernières modalités matérielles de mon départ et séjour en Allemagne (je dis bien lettres de novembre 1971, il y a 9 mois) ? Diplobrazza qui eut à intervenir à Berlin, chaque fois que mon voyage fut différé à la suite de nécessités plus urgentes et impératives de dernière minute, ignore-t-elle que ce furent notamment la grève des élèves du 15 novembre et le discours présidentiel du 23 novembre que cette dernière a entraîné qui m'ont fait remettre cet éternel voyage au printemps 1972 ? ».

De son côté, le Comité central considérait que maître Moudileno-Massengo qui était sorti du pays pour représenter le parti Congolais du Travail et le Conseil d'Etat aux obsèques du président KWAME N'KRUMAH à Conakry et qui devait transiter par l'Europe au retour décida, selon les termes du communiqué, de mettre à profit une vieille bourse de santé à lui accordée par un pays ami, avec l'autorisation du Camarade Marien Ngouabi, Président de la République Populaire du Congo. Ce qui, toujours selon le communiqué, ne rentrait pas dans le programme de son voyage initialement établi au départ de Brazzaville. Le président Marien Ngouabi, pour qui, maître Aloïse Moudileno-Massengo était un cadre brillant, honnête et moralement intègre, avait dit devant le peuple le 12 juillet 1972 à l'hôtel de Ville : « Même s'il est malade, qu'il arrive, même sur un lit, je veux qu'il vienne couper court à tous ces bruits ; je ne veux pas croire que maître Moudileno soit un réactionnaire ! ». Mais en vain.

Maître Moudileno-Massengo ne se sentait-il pas soupçonné suite à l'affaire d'Ange Diawara pour des raisons géopolitiques ?

Je ne saurai le dire. Le concerné avait des raisons consignées dans son ouvrage : « République populaire du Congo : une escroquerie idéologique ou au cœur du long drame ».

Pourquoi tout au long du règne de Marien Ngouabi, tout procès politique devait-il être conduit de manière toujours exceptionnelle et aboutir à des exécutions même quand il n'y avait pas eu mort d'homme, alors qu'il avait lui-même la réputation de beaucoup écouter. Il était estimé et avait le sens du pardon et des élans contraires à ce qu'on appelle communément « le sang kouyou »…

La question mérite d'être posée mais pour y répondre il faut réaliser toute une enquête. Etait-ce pour cacher quelque chose, pour faire taire des gens qui faisaient partie des réseaux ou des complots ? Je ne saurais avancer de tels propos gratuitement mais est-il que j'ai moi-même été confronté à des situations où il était impossible de comprendre ce qui a dû réellement se passer.

N'est-ce pas cela qui fait que Marien Ngouabi, applaudi le 31 juillet 1968 à Bacongo comme un messie, devienne, après sa mort, la bête noire du Pool en particulier et de toute la partie sud du pays en général ?

Parce que sa mort est liée à des injustices inexplicables sur certains ressortissants du Pool. Elle a entrainé à la mort d'innocentes personnes dont le Cardinal Emile Biayenda. Marien Ngouabi qui avait le sens du pardon, qui n'était pas favori des exécutions se retrouve avec un destin sali. Avec les exécutions qui faisaient suite à son assassinat, on tuait Marien Ngouabi pour une seconde fois.

Après le départ en exil de Moudileno-Massengo, le pouvoir ne retrouve pas pour autant la quiétude, en janvier 1974, ce sera le tour des étudiants de se révolter...

A ce propos, Marien Ngouabi dira ceci : « Si le Parti n'a que deux ans, l'État est là, archaïque, vieux comme le monde, avec son arsenal de hauts fonctionnaires formés pour la France d'outre-mer : les administrateurs des colonies, oui, ce sont eux, les parents d'élèves, leurs cousins ou amis. Ils sont partout. Ils occupent tous les postes clés parce qu'ils ont le « bagage », un bagage tellement plein qu'il devient vide, totalement vide ! Oui, ce sont eux qui administrent les établissements scolaires, qui dilapident et qui détournent les fonds, qui ne gaspillent rien sauf tout ce qui appartient à l'État ! Ce sont eux qui se chargent des virements de bourses destinés aux élèves non pas sans retard car c'est encore eux qui sont chargés de diffuser les décisions et de ventiler les décrets et arrêtés pris en conseil, c'est bien eux qui "classent" tout ce qui touche aux biens de masse ou des élèves et étudiants dans les tiroirs de somptueux bureaux. En un mot, ce sont eux qui sont chargés d'appliquer les décisions du Parti. Pendant que les administrés, ouvriers et élèves, attendent leurs salaires ou leurs bourses, le matériel scolaire, pendant que les malades attendent leurs soins ou le pauvre dans sa cabane un secours, pendant ce temps, eux, les administrateurs, les commis de tout acabit, bâillent, se téléphonent à longueur de journée ou discutent, disent-ils, de politique... Disons plutôt qu'ils discutent sur leurs affaires, la marche de ces affaires, les "ambiances" du samedi ou du dimanche au ... *Night club* ! Ils rêvassent à des changements, à l'augmentation de salaire bien qu'ils soient férus d'indemnités de tous ordres pour " service rendu au peuple". Et ce sont eux qui sont les premiers à plaindre les élèves, qui parlent de plus de "ce que ça ne va pas".

A ce sujet, permettez-moi de vous citer une anecdote congolaise, que l'on peut traduire ainsi : "... Un enfant est mort, brulé par le feu ; autour du même feu, il y a des lamentations, mais on se réchauffe !..." Je disais qu'il ne fallait pas condamner tous ces élèves. Car comment voulez-vous qu'ils puissent se résigner, qu'ils se taisent alors que médiocrement internés, affamés et entassés, ils ne peuvent suivre les cours avec attention ? Comment rester indifférent lors que vous voyez un maître confortablement assis et à l'aise devant les pionniers regroupés à même le sol, parfois même debout, sans souci de rang, de taille pendant des heures et chaque année ? Comment les élèves peuvent-ils se taire lorsqu'il va jusqu'à manquer du bois pour la section dite "bois" au Lycée technique ? Mais la section "bois" de quel bois ? La section "bois" de sans bois ! Est-ce vraiment par manque d'argent ? Est-ce vraiment à cause du nouveau Président ? »

Dans l'un de ces témoignages sur Marien Ngouabi, Jean Pierre Ngombé, dit qu'un jour, Marien Ngouabi, président de la République, visitant l'Hôpital général de Brazzaville (aujourd'hui Clinique Hospitalier Universitaire), est choqué par les conditions inadmissibles dans lesquelles les Congolais sont hospitalisés et soignés et s'exclame en disant : « à voir tout ceci, je me demande si je mérite d'être le président de ce pays »…

Oui, Marien Ngouabi l'a dit et a raconté sa désolation à certains cadres qui sont encore aux affaires aujourd'hui.

Et le fameux accident d'hélicoptère ?

L'accident d'hélicoptère (le Puma) dans la région de Makoua en 1976… A cette époque, je n'étais plus avec le président Marien Ngouabi. Je l'avais déjà quitté le 04 mai 1974. Je n'ai donc pas vécu cela avec lui. J'étais déjà nommé Attaché militaire, naval et de l'air auprès de notre Ambassade à Paris.

Ne pouvez-vous pas nous en parler…

Je suis mal placé pour le faire.

La déclaration du 12 décembre 1975 suspendant les activités du Comité Central du Parti et du Bureau politique et mettant en place un État-major spécial révolutionnaire, ne donne-t-elle pas lieu à la revanche des cadres politiques pas toujours compétents mais attachés aux privilèges, à l'impunité et prêts à en finir avec Marien Ngouabi ? Pour preuve, elle sera suivie quelques mois après de l'accident d'hélicoptère.

À cette époque-là, je suis déjà à Paris comme attaché militaire à l'ambassade du Congo en France. Je ne vis donc pas l'accident d'hélicoptère, mais cela n'empêche pas de reconnaître que Marien Ngouabi avait pris conscience de l'incapacité de certains cadres à se sacrifier pour le peuple, à donner le meilleur d'eux-mêmes pour la révolution, à combattre les injustices sociales, la mauvaise gestion et la corruption.

Quelles étaient les circonstances de cette déclaration du 12 décembre 1975 ?

Le 5 décembre 1975, le comité central du parti congolais du travail est convoqué en session extraordinaire sur fond de crise économique et sociale. Durant une semaine, les membres du comité central débattront de la situation économique préoccupante (difficultés de trésorerie, retard dans le paiement des salaires, mauvaise gestion des entreprises d'Etat dirigées pour la plupart par des membres du comité central...). Les membres du comité central consacreront une bonne partie des débats sur les questions d'éthique, de comportements des membres du comité central au sein de la société. Ils passeront au crible et stigmatiseront tous les actes répréhensibles. Après ce sombre constat, les membres du comité central feront leur autocritique en reconnaissant qu'ils ne se sont pas comportés en avant-garde vis-à-vis du peuple. Ils se sont donc sentis indignes de conduire le combat politique et socio-économique pour lequel ils avaient été élus. Ils en sont arrivés aux conclusions suivantes : - Suspendre les activités du comité central ; - Mettre en place une équipe spéciale chargée de préparer un congrès extraordinaire du parti congolais du travail qui renouvellerait toutes les instances (nouveau comité central, nouveau bureau politique). - Il a été laissé au président Marien Ngouabi le loisir de désigner les membres de cette équipe spéciale.

Le vendredi 11 décembre au soir, le président Marien Ngouabi annonce aux membres du comité central, les noms des quatre camarades qu'il avait choisis, en l'occurrence : -Jean-Pierre Thystère Tchicaya chargé de la vie du parti (permanence du parti) ; -Louis Sylvain Ngoma chargé du gouvernement (premier ministre) ; - Denis Sassou Nguesso chargé de la commission permanente à l'armée (Sécurité) ; -Jean-Pierre Ngombé chargé de l'éducation, de l'information et de la propagande. Cette équipe dirigée par le président Marien Ngouabi sera appelée État-major Spécial Révolutionnaire (EMSR) et sera présentée au peuple, le samedi 12 décembre 1975, lors de la séance de clôture de la session. Le communiqué final de cette session portera le nom de déclaration du 12-12-1975 parce qu'elle sera lue le 12 décembre. C'est pendant la période où l'État-major Spécial Révolutionnaire conduit les affaires de l'Etat et du parti que le président Marien Ngouabi est assassiné. Le président Marien Ngouabi voulait assainir et redresser la situation en mettant fin aux privilèges de certains et au désordre. Les Thystère Thicaya, Théophile Obenga, Dr Ossebi Ndouniam,

Rodolphe Adada, Pierre Moussa, Taty-Loutard, etc. vont faire leur entrée aux instances supérieures du Parti et au gouvernement. Naturellement, nombreux parmi les membres du comité central, sont mécontents des dispositions prévues par le président. Ils manipulent les travailleurs et tentent la même chose auprès des étudiants et des élèves.

En mettant en place cet État-major spécial révolutionnaire de cinq membres, le président Marien Ngouabi ne se trompe-t-il pas une fois de plus sur les cadres ? N'aurait-il pas signé par là son arrêt de mort ?

Seule l'histoire nous le dira.

Le Secrétaire général de la Confédération Syndicale Congolaise (CSC) de l'époque Anatole Kondo, qui a été arrêté, torturé puis incarcéré au camp militaire du 15 août à Brazzaville, pour avoir déclenché la grève du 24 mars 1976, a-t-il pu être manipulé par les victimes de la tentative d'épuration qu'avait perpétrée Marien Ngouabi ?

Cela, je ne peux vous le dire parce qu'absent de Brazzaville. Je suis en poste d'attaché militaire, naval et de l'air auprès de notre ambassade à Paris.

Vous n'étiez certes pas sur place mais les informations circulaient aussi bien à Brazzaville qu'à Paris. Cette grève était-elle seulement sociale ? N'avait-elle pas une connotation politique ?

Toute grève, aussi sociale soit-elle, devient toujours à la fin politique. A l'époque, on disait que la deuxième personnalité de l'État Pierre Nzé et le premier responsable de la C.S.C., Anatole Kondo, s'étaient alliés avec Lissouba pour aboutir à la grève du 24 mars 1976. J'avoue ne pas avoir été dans les conditions de vérifier cette affirmation qui a été reprise par le ministère public au procès sur l'assassinat de Marien Ngouabi. En tout état de cause, cette grève était illégale car toutes les voies prévues par le code du travail n'avaient pas été épuisées.

Plus précisément, consistait-elle à protester contre la déclaration du 12 décembre 1975 dite du 12-12 ?

Le Syndicat était bel et bien manipulé par ceux qui étaient menacés par cette déclaration et qui ne voulaient pas perdre leurs privilèges. Le président Marien Ngouabi disait, entre autres, dans cette déclaration : « Les méthodes de travail des membres du Comité Central ne favorisent pas le renforcement du Parti dans la vie nationale. L'organisation demeure insuffisante et le rôle dirigeant du Parti ne s'affirme pas. Les nombreuses orientations, instructions et directives ne sont pas appliquées par *manque de cohésion* et d'*esprit de camaraderie* au niveau des membres du Comité Central. *La faiblesse de la direction politique* constitue la cause principale du *blocage du processus révolutionnaire.* »

Cela ne pouvait que mettre en débandade un certains nombre de comploteurs. Le 31 décembre 1975, dans son Message de fin d'année, le Président Marien Ngouabi insistait en disant : « Le constat du Comité Central est clair et courageux. Mais il est surtout dangereux et grave, dans la mesure où la direction politique qui se trouve précisément à la tête d'un parti d'avant-garde au pouvoir reconnait que sa pratique freine et bloque la Révolution au lieu de l'aider à avancer correctement. La démission du Bureau politique devant le Comité Central du PCT et la mise sur pied, toujours par le Comité Central, d'un État-Major Spécial Révolutionnaire sont les deux éléments immédiats traduisant concrètement le constat du Comité Central. » ; Cela sonnait certainement le glas… Le président Marien Ngouabi avait annoncé la tenue prochaine d'un congrès extraordinaire qui permettrait d'avoir un parti redynamisé, il disait : « Le Parti ainsi épuré, revigoré, rénové, réorganisé, adapté aux exigences de lutte, sera vraiment un parti marxiste-léniniste d'avant-garde, non point verbalement mais dans l'action révolutionnaire concrète. C'est malheureusement pendant qu'il prépare la tenue de ce 3ème Congrès extraordinaire du PCT qu'il sera assassiné, le 18 mars 1977.

Bien avant cela, il lance le 13 mars 1977 au cours du discours prononcé à l'occasion de la commémoration du 1er anniversaire de l'Union Révolutionnaire des Femmes du Congo (URFC) : « Lorsque ton pays est sale et manque de paix durable, tu ne peux lui rendre sa propreté et son unité qu'en le lavant de ton sang » ? Elle ferait bien état d'un pressentiment ?

Oui, mais tout cela, c'est après que l'on y pense, lui-même n'a certainement pas mesuré la profondeur de cette expression prémonitoire, sinon il aurait pris des précautions.

Marien Ngouabi a vécu tellement de coups d'État en neuf ans de pouvoir… Après lui, c'est le départ sans une seule goutte de sang de Joachim Yombhi Opango et près de vingt-cinq ans sans un seul coup d'État de Dénis Sassou Nguesso. Comment expliquez-vous cela ? Était-il particulièrement malchanceux ?…

Quelle autre explication voulez-vous que je vous donne, en dehors du fait qu'il n'a pas eu la chance d'être entouré de gens sincères ? Par ailleurs, ne pensez surtout pas que l'absence de coups d'État soit synonyme de tranquillité. De graves problèmes de sécurité, on en a connu tout au long de la période après Marien Ngouabi.

Pourquoi, avec tant de coups d'État, de complots et de mécontentement, Marien Ngouabi ne démissionne-t-il pas comme Massamba-Débat ?

Le président Marien Ngouabi me disait toujours que jamais il ne quittera le pouvoir par démission parce que quelqu'un le lui aurait demandé. Il ne pourra quitter que si le peuple l'exigeait. A ce moment-là, il démissionnera immédiatement sans coup de fusil, ni de la police, ni de la gendarmerie. Il n'était pas défaitiste. C'était un téméraire qui aimait le Congo, son pays. Il voulait se battre jusqu'à la fin et croyait sincèrement résoudre les problèmes du peuple. C'est pourquoi il aimait discuter avec des jeunes, des travailleurs, des étudiants, des retraités, etc. N'oublions pas que Marien Ngouabi était populaire et il le savait. Il était totalement désintéressé, la preuve, il ne laisse qu'une seule modeste maison, et aucun compte à l'étranger. Pas de château, d'appartement ni même un chalet dans un quelconque pays européen, même pas en France notre ancienne Métropole.

La dernière rencontre du président Marien Ngouabi et de son prédécesseur Alphonse Massamba-Débat

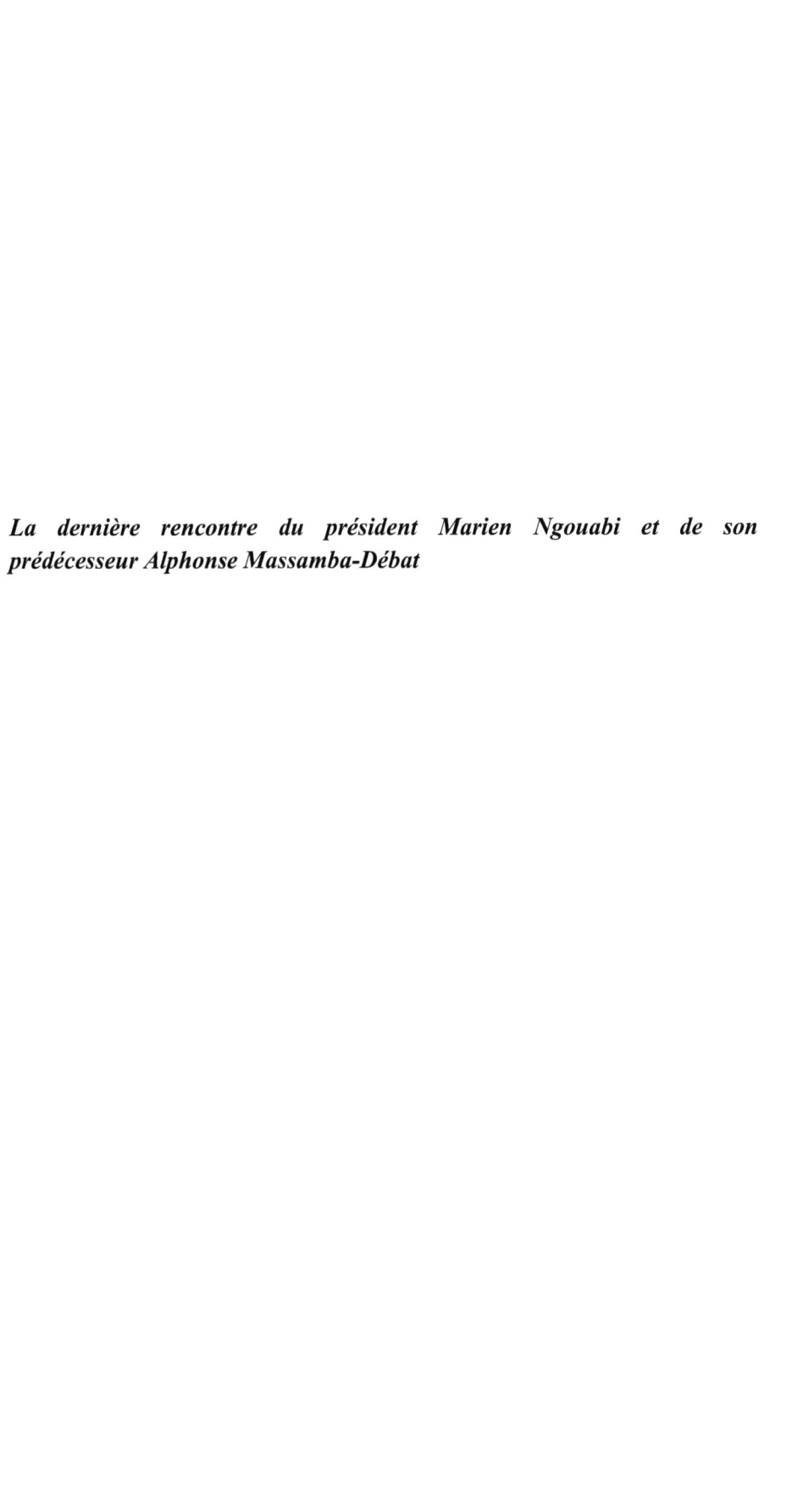

Était-il possible que Marien Ngouabi ait demandé le secours de Massamba-Débat pour une meilleure gestion économique ?

Possible, oui, Marien Ngouabi était un homme simple, mais il aurait fallu que ce soit sur un dossier ou une affaire particulière, dont le rapport avec Massamba-Débat était établi. Marien Ngouabi était un rouge, je ne sais pas si vous réalisez ce que ça pouvait signifier à l'époque.

A-t-il été possible que Marien Ngouabi ait appelé Massamba-Débat pour lui remettre le pouvoir ?

Qu'il ait eu besoin de parler avec Massamba-Débat, oui. Il ne pouvait se gêner pour cela. Mais qu'il lui ait demandé secours, je ne le pense pas, surtout quand je tiens compte de leur écart idéologique. Par contre, toutes les interprétations étaient possibles de la part de ceux qui voulaient trouver des motifs poussant à en finir avec Marien Ngouabi.

S'il n'était pas question de remettre le pouvoir à Massamba-Débat, alors en quoi a consisté la dernière audience accordée par le Président du Comité Central du Parti Congolais du Travail, le commandant Marien Ngouabi à son prédécesseur Alphonse Massamba-Débat ?

Je n'étais plus en fonction. Mais je sais qu'il n'était pas question de pouvoir mais de la lettre de Massamba-Débat.

Votre prédécesseur à la Sécurité d'État y était, n'est-ce pas ?

Oui, bien sûr.

Au nom de la continuité de l'administration on peut considérer que la Sécurité d'État était présente...

Ce que je peux dire à ce propos est que l'audience a bel et bien eu lieu le jeudi 3 mars 1977 de 11h à 12 h 30 à la présidence. Massamba-Débat était accompagné de son épouse et d'un de ses proches parents. Le directeur de la sécurité d'État, le capitaine Dénis Ibarra, était aussi présent. Ils ont parlé de la lettre de Massamba-Débat et de comment le président l'a reçu. Marien Ngouabi a rappelé à ce dernier qu'il n'avait pas l'intention d'arriver au pouvoir et qu'il a dû y arriver malgré lui et à cause des tracasseries de la JMNR et des intrigues politiques de son entourage politique et militaire.

Que dit Marien Ngouabi à propos du contenu de la lettre ?

Il faut plutôt commencer par dire que le président Marien Ngouabi a regretté que son prédécesseur n'ait pas introduit une demande d'audience pour poser le problème. L'élément le plus important de cette lettre est le fait qu'Alphonse Massamba-Débat demande à Marien Ngouabi de démissionner. Ce dernier en a dit : « J'ai lu votre mot. Comme vous, je connais mes difficultés. Mais vous avez évoqué des choses et certaines en profondeur. La situation actuelle nous la connaissons. Les gens n'ont pas leurs salaires, c'est normal qu'ils boudent. Il y a des vols, des détournements et nos difficultés sont réelles. Nous avons un contentieux avec la France sur le pétrole, les potasses. Ces difficultés sont là. » Le président Marien Ngouabi de continuer : « Au niveau politique, je n'ai pas de courtisans. Néanmoins si des tendances objectives s'expriment avec foi, c'est autre chose ; c'est différent.

Mais si ce sont des gens aigris qui veulent en profiter, moi je n'accepte pas. » Il a aussi parlé de ceux qui recherchent des alliances sordides, ignobles en vue d'une certaine Unité et des demandes d'audience de Nzé, Lissouba, Nouamazalay, Ndalla Claude Ernest qu'il ne peut encore recevoir. Il s'est exclamé en disant : « où sont donc les « Grands marxistes » congolais. En évoquant la démission, il dit : « La démission, je n'y crois pas. Vous avez démissionné, il s'agit de voir si vous avez bien fait. Ma réponse à votre lettre est la suivante : Je suis militaire. J'ai démissionné plusieurs fois non pas devant le peuple, mais vis-à-vis de mes collaborateurs car je n'aime pas la trahison. Vous me demandez de démissionner en évoquant des tendances diverses. Ma vie ne dépend plus de moi. Il y a la vie de la nation. Etes-vous convaincu que mon retrait à Owando à 38 ans, militaire, apportera quelque chose de mieux pour ce pays ? Je ne suis pas venu au pouvoir pour l'argent. Je vous remercie très sincèrement et vous dit que j'ai reçu les Opangault, Tchitchelle, Bickouma, Ndzalakanda. Mais je vous fais comprendre que le courage n'est pas témérité ni aventure.

J'ai bientôt 40 ans. Mais je dis que si des gens viennent faire n'importe quoi, il n'y aurait à regretter que ma petite famille, des enfants innocents. Moi je ne suis pas à considérer comme les autres chefs d'Etats morts. Si des gens viennent, sachez qu'en militaire, je mourrai l'arme à la main. Je n'ai plus de vie, ne craignez rien de ma vie. Moi, en tant que chef de l'État, je ne pense pas démissionner. Bien qu'étant militaire, je ne mettrais jamais les militaires devant le peuple. Et si ce sont ces gens que je connais, et bien en tant qu'homme, je ne ferai pas comme vous. Ma position n'est pas de l'entêtement.»

Et la réaction de Massamba-Débat...

Il a d'abord fait un bref rappel des circonstances dans lesquelles l'officier de valeur qui était le capitaine Ngouabi a été rappelé de Pointe-Noire à Brazzaville pour prendre le commandement du bataillon para. Puis il a retracé presque année après année ses va-et-vient entre le village (Boko) et Brazzaville. Il a précisément dit : « Au village, ce que j'ai pu faire, c'est de les écouter (les gens qui venaient discuter avec lui), de ramener à la raison les perdus, les égarés. On aurait pu éviter certaines choses s'il n'y avait pas toutes ses barrières : Kinganga, Diawara (allusion aux difficultés qu'il y a à voir le Chef de l'État). Il faut construire le pays. J'avoue que beaucoup de jeunes sont contre moi. A vous voir vous éterniser au pouvoir, ils deviennent contre moi. Je me suis dit, sans doute, il est jeune (le président Ngouabi), je suis ancien, j'ai des qualités qu'il n'a pas. Et puis je suis venu à Brazzaville. J'ai attendu que mon petit frère m'appelle. Mais ça ne venait pas. Ce qui s'est passé, c'est quoi ? Tant que ce n'est pas alarmant, je ne me plaignais pas. Mais ces derniers temps, j'ai reçu des gens de toutes les régions. Le son de cloche a sonné. J'ai donc décidé de parler, car je connais les Congolais. Il ne faut pas qu'ils disent que : « toi, tu ne lui a rien dit ». Je connais la situation économique et financière.

Il y a aussi le problème cabindais, l'Angola, la France et les Etats-unis. Il y a aussi la sincérité de nos frères du Kouilou. C'est trop de fractions et ces fractions vont se mettre ensemble. Voilà ce qui m'a poussé à vous écrire et au fond c'est pour que vous me receviez. Mais je me suis dit aussi que compte tenu de l'implication de l'extérieur, est-ce qu'un repli stratégique ne serait pas meilleur ? Qu'est-ce que nous pouvons faire ensemble pour dégager une solution concrète ?» Massamba-Débat a terminé par dégager quelques solutions. Sur le plan intérieur : Assainissement des Finances publiques. Cet assainissement amènera encore des Aigris car il faut frapper, il faut des coups de bâtons. –Si le budget pouvait être alimenté autrement que par la fiscalité, ce serait une bonne chose. Créer encore d'autres impôts, c'est rehausser le coût de la vie. –Sur le plan économique, opérer le redressement des entreprises d'État qui normalement à cette époque pouvaient déjà subventionner l'État. Sur le plan extérieur : pas de retour au capitalisme ; il faut compter sur nos propres forces.

C'est difficile, car à côté il y a tous ces aigris qui déforment et détournent les directives. On doit aussi comprendre que, plus le pouvoir dure, plus il devient entamé ». En définitive, conclut Massamba-Débat, il faut relancer une dynamique révolutionnaire avec des actes concrets, des actes bien pensés qui puissent drainer l'opinion. Je deviens inopérant dans les conseils que je donne aux gens. Il ne faut pas arriver au pourrissement. Je rappelle que ces propos ont été rapportés par mon prédécesseur qui a assisté à l'audience au nom de notre structure, la Sécurité d'État.

Trois jours après cette rencontre, Barthélémy Kikadidi, qui était présenté comme le chef du commando dont l'objectif serait d'assassiner le président Marien Ngouabi, était interpellé à la sécurité d'Etat, pourquoi ?

Il faut commencer par dire que Barthélémy Kikadi était un ex-capitaine de l'armée populaire nationale. Il avait d'abord été recruté dans l'Armée coloniale française plus précisément dans l'Armée de l'Air comme personnel non navigant. Après son affectation à l'État-major de la base de Nimes en France, il est nommé sergent et travaille comme commis de bureau. Quand le Congo accède à l'indépendance en 1960, Kikadidi a déjà acquis la nationalité française. On ne sait pas pourquoi, les autorités françaises l'envoient pour le compte du Congo à l'Ecole Militaire Interarmes de Cherchell en « Algérie ». Là-bas, il se joindra à deux élèves officiers régulièrement admis sur concours à cette école. Ils sont donc envoyés par le gouvernement congolais, il s'agit de Dénis Sassou-Nguesso et de Mbougou Innocent. Les autorités congolaises sont surprises, elles aussi, par cette décision des autorités françaises.

A la fin de cette formation, Kikadidi est intégré dans l'Armée Congolaise et rentre au pays. Il est nommé Sous-lieutenant et affecté au premier bataillon congolais à Brazzaville. En 1963, il est acquis à la révolution et fait partie des militaires qui vont chercher Massamba-Débat. Ce dernier devenu chef du Gouvernement provisoire lui confie la direction du deuxième bureau de l'Armée congolaise. Après cela, il est nommé en 1965 comme adjoint du chef du bataillon de para-commando, le capitaine Ngouabi. Ses rapports avec son chef hiérarchique ne sont pas bons. Lors de la mutinerie du 27 juin 1966 en réaction à l'arrestation du capitaine Marien Ngouabi, les soldats en colère vont expulser Kikadidi Barthélémy du Bataillon des Parachutistes, pour attitude contre-révolutionnaire et tribaliste. C'est à ce moment-là que le président Massamba-Débat fait de lui officier de renseignement indépendamment du deuxième bureau de l'Armée. Après le mouvement du 31 juillet 1968, Kikadidi est presque de toutes les conspirations contre le régime. Le président Marien Ngouabi excédé ne pourra plus empêcher l'épuration du capitaine Kikadidi de l'Armée populaire nationale.

Ce dernier exprimera son mécontentement et ses critiques dans une lettre en date du 19 Novembre 1974. Une lettre adressée au Chef de l'État. Il s'était retiré dans sa ferme de Massissia village situé à moins de quinze kilomètres de Brazzaville, sur la route de Kinkala jusqu'au 18 mars 1977. Auparavant il était convoqué le 8 mars 1977 au siège de la Sécurité d'État pour contacts subversifs avec les milieux les plus hostiles au pouvoir. Il lui avait juste été fait une mise en garde.

Marien Ngouabi est assassiné

Comment apprenez-vous le décès du président Marien Ngouabi, et où êtes-vous à ce moment-là ?

Le 18 mars 1977, je suis à Paris en tant que diplomate Attaché militaire, naval et de l'air à l'ambassade du Congo. J'écoute sur Radio-France internationale, une curieuse information. Marien Ngouabi, le président de la République Populaire du Congo, a été attaqué, il serait grièvement blessé et immédiatement conduit à l'Hôpital militaire. Je suis perturbé. Je ne parviens pas à retrouver ma tranquillité. Non seulement parce qu'il s'agit du Chef de l'État de mon pays que j'ai d'ailleurs servi pendant six ans, mais parce qu'il est devenu pour moi comme un membre de la famille. J'ai toujours été l'homme de Marien, son confident. Je n'arrive pas à travailler et je quitte le bureau. Je rentre chez moi à la place des Fêtes dans le 19ème arrondissement. J'allume mon transistor sur la fréquence de RFI, les informations vont bon train. Entre 18 heures et 19 heures, l'information de la mort du président Marien Ngouabi tombe, et le nom du capitaine Yves Moutandou, son chef d'État-major particulier, est avancé comme auteur de l'assassinat, certainement pour brouiller les pistes. Je n'y comprends rien du tout.

Le commentaire de RFI se poursuit en donnant des détails sur les circonstances de l'assassinat. Je fonds en larmes dans la chambre. Des souvenirs défilent dans mon esprit. Je me revois encore de 1969 à 1973, revenant des séances de travail du Parti Congolais du Travail. Il est 16 ou 17 heures, je me mets à table avec lui aux côtés de ses enfants et de son épouse Clotilde, puis de Céline à partir de 1972. Je quitte donc Paris par UTA le 20 mars 1977 pour Brazzaville afin de participer aux obsèques du président de la République, mon ami. Nous faisons escale à Libreville. Lorsque j'arrive à Brazzaville la dépouille mortelle du président repose encore à la morgue. La veillée mortuaire est organisée à la résidence de Joachim Yhombi Opango. Vingt-quatre heures après, Marien Ngouabi est placé sous verre dans un cercueil au palais du peuple où la garde lui rend honneur.

Voyant Marien, mon ami, mon frère dans un cercueil de verre avec un foulard autour du cou, je ne peux retenir mes larmes. Au cours des funérailles, tout le monde passe à la résidence du général Yhombi à M'pila. On y est chaque soir, jusqu'au jour de l'inhumation. Marien Ngouabi est enfin enterré à Brazzaville à l'actuel mausolée (dédié à son nom) érigé par les amis Angolais. C'est le président Sassou qui prononce l'oraison funèbre devant un monde fou qui prenait part à la cérémonie. Tout en prononçant le discours, le président Sassou ne peut se contenir, et fond en larmes… Bref ! Marien Ngouabi est enseveli.

Trouvez-vous le comité militaire du parti déjà en place ?

Un Comité Militaire du Parti (CMP) de onze membres est déjà en place sous la présidence du Colonel Dénis Sassou Nguesso.

Pourquoi sous la présidence du chargé de la défense et de la sécurité, quatrième personnalité de l'État-major spécial révolutionnaire issu de la déclaration du 12 décembre 1975 appelée déclaration du 12-12, alors que Jean Pierre Thystère Thicaya, chargé de la permanence du parti, en est la deuxième personnalité, l'officier supérieur Louis Sylvain Ngoma en est la troisième…? L'intérim du président aurait pu être assuré par le président de l'Assemblée nationale, comme prévu par l'article 40 de la constitution de l'époque, d'où sortait le Comité militaire du Parti juridiquement parlant ?

Je vous ai dit que je suis venu trouver un Comité Militaire du Parti déjà en place, cela aurait été tendancieux de demander pourquoi untel et pourquoi pas untel, comme si j'avais une idée derrière la tête. Je suis militaire, pas homme politique. Le concept même de « Comité Militaire du Parti » m'était complètement étranger. Je ne peux pas vous l'expliquer. Mais personnellement, j'ai fait le lien entre la complexité de la situation et cette structuration d'une équipe de militaires pour prendre en main la situation et maintenir l'ordre qui pouvait à tout instant être menacé. Le président Sassou a mieux que moi expliqué cette situation dans "*Le manguier, le fleuve et la souris* " en disant de la page 41à 42 : « En qualité de ministre de la Défense, j'ai assuré l'intérim du 18 mars au 2 avril, jour des obsèques de Ngouabi. Durant ce laps de temps, l'armée a décidé de prendre le contrôle du pouvoir politique en installant un Comité militaire placé théoriquement sous l'autorité du Parti. Beaucoup souhaitaient me voir à la tête de ce Comité. J'ai refusé. J'estimais que je n'étais pas suffisamment préparé pour assumer cette fonction et que d'autres, qui manifestaient bien plus d'appétit que moi dans cette affaire, l'étaient davantage.

En fait j'ai refusé d'être président du Congo. Je sentais que mon heure n'était pas arrivée. C'est Joachim Yhombi-Opango qui fut coopté pour prendre la tête du Comité et le titre de chef de l'État.

Et que devenez-vous une fois sur place à Brazzaville ?

Je suis toujours Attaché militaire, naval et de l'air à notre ambassade à Paris. Mais dès mon arrivée, je suis désigné pour assurer le Secrétariat du Comité Militaire du Parti. Je reçois de vive voix ou au téléphone tous les messages destinés au CMP. Je les transmets verbalement. Je reçois des personnalités qui viennent en audience. Je suis donc dans l'un des bureaux du ministère de la défense, le Comité Militaire du Parti siège tout à côté. On a connu des nuits longues et surtout blanches, au cours desquelles nous ne dormions pas, le comité militaire siégeait pratiquement tous les jours, de nuit comme de jour.

Pourquoi l'affaire de l'assassinat du président Marien Ngouabi n'a-t-elle jamais pu être aussitôt confiée à la Justice du pays, de l'enquête au procès ?

Je vous l'ai déjà dit. Je n'étais pas membre du Comité Militaire du Parti donc je n'étais pas partie prenante à la décision. Il faut peut-être tenir compte du contexte de l'époque, la situation était considérée non seulement comme grave, mais aussi extraordinaire. On n'était plus dans le cours normal de fonctionnement des institutions. Une commission d'enquête avait été mise en place et placée sous le contrôle du capitaine Eyabo avec des cadres Congolais et Cubains. Ontsou, qui était de garde le jour de l'assassinat, était considéré comme un héros ayant défendu Marien. Il détenait certainement des informations capitales. Mais le fait qu'il a été précipitamment exécuté a coupé court à l'enquête, au grand dam d'Eyabo qui a regretté ne pas avoir pu la mener jusqu'au bout. Ontsou avait déjà commencé à fournir des éléments qui pouvaient édifier la commission d'enquête. Son témoignage aurait pu servir de contre-vérité et permettre de sauver certaines vies innocentes.

Dans** L'Assassinat de Marien Ngouabi ou l'histoire d'un pays ensanglanté d'Appolinaire Ngolongolo **paru aux Editions Alima, il est écrit à la page 169 : « D'autre part, le ministre de la défense et de la sécurité, le commandant Dénis Sassou Nguesso et le directeur de la sécurité d'État Emmanuel Gouélondélé, n'ont jamais été entendus ni par l'instruction ni

par la cour, alors qu'ils étaient à la tête des services de sécurité et de renseignements au moment de l'assassinat du président Marien Ngouabi. »

C'est une fausseté, je n'ai été nommé directeur de la sécurité d'État qu'après la mort du président Marien Ngouabi en remplacement du capitaine Dénis Ibara, appelé à d'autres fonctions.

Pourquoi, lors du procès sur l'assassinat du président Marien Ngouabi le commissaire du gouvernement ne s'offusque nulle part des exécutions rapides qui étaient de nature à empêcher l'éclaircissement de la Cour et la manifestation de la vérité alors que cela aurait pu paraitre comme une obstruction à la manifestation de la vérité ? Il y a donc eu des gens qui sont venus au procès déjà morts… Pourquoi n'a-t-il pas fait prévaloir la violation du sacro-saint principe de la présomption d'innocence ?…

Ce n'est pas à moi de répondre à une telle question.

Pourquoi la direction générale de la Sécurité d'État que vous prenez en charge n'ouvre pas une enquête des suites de l'assassinat du Président Marien Ngouabi ?

J'ai déjà dit qu'à la suite de l'Assassinat du président Marien Ngouabi une commission d'enquête est mise en place par le Comité Militaire du Parti. La direction générale de la sécurité d'État que je prends en main ne pouvait pas faire double emploi de sa propre initiative. Quand je prends les services à la tête de la Direction générale de la sécurité d'Etat, j'assure la continuité de l'administration. Ce dossier n'était pas sur la table. Je ne pouvais pas m'insurger comme enquêteur en dehors des procédures déjà amorcées et menées à bout.

Pensez-vous qu'un jour les Congolais auront passé l'éponge sur les dérapages qui ont fait suite à l'assassinat du président Marien Ngouabi ?

Je crois qu'un jour la vérité éclatera et que les responsabilités seront établies. Ce jour-là, n'importe qui ne sera plus accusé de n'importe quoi. Au lieu d'accuser le Nord, le Sud ou les tribus, on accusera des individus par leur nom et pour des actes précis. J'espère que cette vérité servira à nous réconcilier, et non à alimenter des haines et des sentiments revanchards. Sinon, ce serait un cercle vicieux et nous n'allons jamais nous en sortir.

Une fois de plus j'aurais pu vous poser des questions qui me mettraient dans une position d'enquêteur, alors que ce n'est pas le but de cet entretien, et au regard de vos propos, je ne suis peut-être pas devant la personne la mieux placée puisque vous dites avoir été désigné Secrétaire particulier par un Comité Militaire du Parti que vous venez trouver en place, vous qui étiez en fonction à Paris comme Attaché Militaire, naval et de l'air…

Quelle question auriez-vous aimé poser ?

Si je vous la posais, vous me diriez que vous n'étiez pas au fait des motifs et des décisions des exécutions.

Le capitaine Eyabo lui-même, responsable de la commission d'enquête, fou furieux de constater l'exécution d'Ontsou, n'a jamais compris pourquoi ni comment Ontsou a été exécuté ; qui a donné l'ordre … Cette folie revancharde et difficilement contrôlable nous a fait passer à côté de la vérité.

Quelle est cette justice qui pouvait estimer certains Congolais dignes d'être jugés dans des conditions régulières avec des avocats et d'autres devant être exécutés avant tout jugement sans droit de défense ?

La Conférence Nationale a fait un méticuleux travail là-dessus hormis les jugements de valeur à caractère tribal. Quelles que soient les conditions, Massamba-Débat, Ontsou, Nkomo, Elouo, Mboro, devaient être écoutés publiquement et non à huit clos puisqu'on les estimait déjà coupables avant la tenue du procès. Toute cette façon de faire a été décriée et le sera encore, peut-être après notre génération. Ce qui s'est passé ne restera pas toujours dans l'anonymat. Cela engage et engagera la responsabilité de ceux qui ont géré les choses de cette façon-là. Certains ont déjà payé pour la mort de Marien Ngouabi, du Cardinal Emile Biayenda, de Massamba-Débat, etc. d'autres payeront car l'histoire n'a pas encore dit son dernier mot.

Voici les premiers éléments d'enquête livrés par le camarade Joachim Yhombi-Opango, président du Comité Militaire du Parti lors de son message à la nation à l'occasion du huitième anniversaire du PCT : « le Président qui venait de terminer son repas, ayant reconnu, à travers la vitre de la porte, l'ex-capitaine Kikadidi, se dirigea vers le Secrétariat pour faire des remontrances à Raphaël Ontsou. C'est à ce moment que le commando se jeta sur le Président. L'échauffourée et la bagarre qui suivirent se terminèrent par la mort du Président, abattu par Ontsou ; quelques instants avant, le président avait réussi à tuer deux de ses agresseurs et à mettre en fuite le reste du commando, sans que l'agent Okamba qui avait assisté à toute la scène et les autres éléments de la Garde et de la Sécurité présidentielle ne viennent au secours du président. Pire encore, le Sous-lieutenant Oscar Ewolo, chef de Corps de la Garde présidentielle, alerté par les coups de feu, alors qu'il se trouvait à l'entrée de la Résidence présidentielle, au lieu de porter résolument secours au chef de l'État, avait au contraire perdu du temps, volontairement, manœuvres dilatoires et même bloqué la progression d'un élément qui s'avançait vers le lieu où luttait le Président pour se dégager, pour se défendre. Ainsi donc, le Sous-Lieutenant Oscar Ewolo a permis à Raphaël Ontsou de tirer sur le Chef de l'État et au reste du commando à prendre le large. Au demeurant, les déclarations de Raphaël Ontsou et de Paul Bazonza mettent formellement à nu la complicité de la garde et de la Sécurité présidentielle.».

Je sais que votre génération ne peut pas comprendre comment un Chef d'État venait de mourir sans qu'il y ait autopsie. Il y avait pourtant des médecins légistes à Brazzaville qui pouvait faire le travail. Pourquoi ne sont-ils pas appelés ? Le président Marien Ngouabi est-il mort d'un poignard ou d'une balle, on ne le sait pas ? A-t-il subi une rafale et à quel niveau du corps ? Pourquoi son corps a-t-il été présenté avec un bandeau au niveau des mâchoires ? Moi aussi, je me demande pourquoi Ontsou et Mboro ont été exécutés alors même qu'Ontsou était au départ présenté comme un héros ? Je n'ai jamais compris pourquoi ceux qui étaient proches de Marien Ngouabi ont été pour la plupart exécutés. Les décideurs de ces exécutions avaient-ils assez d'éléments qui justifiaient cette urgence en dehors de la procédure d'enquête qui se poursuivait normalement ? Encore que l'instruction devait se poursuivre quelle que soit la teneur des éléments à charge ! Je sais que vous avez envie de savoir qui décidait de toutes ces exécutions et pourquoi. Je suis malheureux de ne pouvoir vous apporter des éléments là-dessus.

Après les conclusions des plaidoiries de la défense, le Commissaire du Gouvernement dit dans sa réplique à l'endroit des Messieurs de la Cour : « Ecoutez, réfléchissez, vengez votre Chef. N'ayez pas peur… ». Selon vous, qu'a-t-il voulu dire par « vengez votre chef » ? Ce mot ne traduit-il pas tous les dérapages qu'il y a eu dans l'affaire "Assassinat du président Marien Ngouabi", pouvait-il favoriser un exercice plus serein des droits des accusés ?

Je ne suis pas juriste et je ne voudrais pas faire des commentaires là-dessus. Je ne serai même pas sûr de bien les faire.

Quand le Cardinal Emile Biayenda est assassiné, vous êtes au Secrétariat particulier en question, vous suivez donc ce qui se passe, n'est-ce pas ?

Le 22 mars 1977, je reçois d'un adjudant de l'Armée que je connais, l'information de l'enlèvement du Cardinal par un groupe de parents du commandant Marien Ngouabi. Je transmets immédiatement l'information aux membres du Comité Militaire du Parti qui me demandent de la vérifier sans tarder. J'appelle l'Archevêché. Au bout du fil, j'ai l'abbé Badila qui me dit que le Cardinal a été intercepté par des militaires qui l'ont amené en audience chez le président du Comité militaire du Parti, le Colonel Dénis Sassou Nguesso à son domicile. Je descends moi-même à la Cathédrale voir l'abbé Badila qui me donne des détails sur le groupe qui serait arrivé en Land Rover. Dans le groupe il y avait un métis, me dit-il. Il m'explique qu'ils sont venus le trouver en lui disant qu'il était attendu en audience par le président du CMP chez lui à Mpila. Je dis à l'abbé qu'une telle audience est invraisemblable, parce que le président Sassou se trouve au Quartier général que je viens de quitter pour venir ici. Selon les informations qu'on a eues après, le véhicule serait donc parti de la Cathédrale en passant par le rond-point de l'actuel Ministère des Finances, le rond-point de la Mairie, l'avenue des banques, Score, Barnier, le Trésor public, le rond-point Hydro-Congo, la Congolaise, la Siat.

Au lieu d'aller à la résidence du président Sassou qui attendrait le Cardinal selon eux, le véhicule a continué en se dirigeant vers les rails, puis l'avenue de France, pour prendre ensuite la direction de la Tsiémé jusqu'à Kintélé. Après avoir abattu le Cardinal, ils auraient ramené le corps à Itatolo où ils auraient trouvé une fosse et l'y auraient déposé. Ils n'auraient pas réussi à rentrer son bras, avec la main tendue en guise d'au revoir. Quand on a arrêté ceux qui avaient participé à l'enlèvement et l'assassinat, on leur a exigé de révéler où ils avaient laissé le corps. Le commandant de zone, le capitaine Nkouma, a été chargé par le comité militaire du parti, d'emmener les coupables sur le lieu où ils avaient mis le corps. Ils se retrouvèrent ainsi à Itatolo, exhumèrent le corps pour l'amener à la morgue. J'ai été chargé de convoquer tous les responsables ecclésiastiques (Catholiques, Protestants, Kimbaguistes, Salutistes, etc...) Ils sont tous venus. À leur arrivée, je suis allé informer le Comité Militaire du Parti qui les a tous reçus dans une même salle pour les informer de l'assassinat du Cardinal. Avant de partir pour Itatolo, le Capitaine Nkouma avait reçu l'ordre de quadriller Brazzaville dans le but d'éviter un éventuel soulèvement des Chrétiens, suite à ce double assassinat. Informés, les responsables religieux sont rentrés chez eux. Le représentant de l'Eglise catholique dont je ne me souviens plus du nom m'a fait une peine terrible quand il se leva pour partir. Il éclata en sanglots. Il était cinq heures du matin.

Et quel sort avait été réservé aux assassins du Cardinal ?

Ils avaient été condamnés et écroués.

***Dans** "Congo : le fruit de la passion partagée",* **Pascal Lissouba fait entre autre une supposition sur la mort du Cardinal :** *« Je n'oublie pas non plus que celui qui me sauva probablement la vie est Omar Bongo, le président gabonais. [...] En effet, j'ai déjà eu l'occasion de le dire en évoquant mes souvenirs d'enfance, ma famille est originaire du Gabon et si l'ethnie à laquelle j'appartiens est minoritaire au Congo, elle est majoritaire au Gabon. Mon cousin se heurta à l'intransigeance de mes bourreaux potentiels et leur dit calmement : "Si vous le tuez, il faudra me tuer aussi. J'ai reçu des instructions précises du président Bongo et j'ai bien l'intention de les faire respecter." Déjà, dans les années 70, l'influence du président gabonais au sein de l'Afrique francophone atteignait des proportions telles que la junte marxiste congolaise au pouvoir ne pouvait pas se permettre de le défier ouvertement. [...]. Un autre drame allait sans doute me permettre de sauver ma tête. Le 22 mars*

1977, quatre jours après l'assassinat de Marien Ngouabi, le cardinal Emile Biayenda est enlevé, lynché et enterré hâtivement, alors qu'il était encore vivant, en pleine nuit au cimetière d'Itatolo. Son principal tort était sans doute d'être originaire de la même région qu'Alphonse Massamba Débat. […]. Le jour même de l'assassinat de l'ancien président, le cardinal devait être reçu en audience privée à l'Etat-major. Curieusement, l'agenda officiel démontre que l'ordre des visites fut bouleversé et que le président de l'Assemblée nationale d'alors fut reçu par Marien Ngouabi, le matin, à l'heure supposée de son rendez-vous avec le cardinal qui, lui, fut décalé en début d'après-midi […] à peu près à l'heure de l'assassinat du chef de l'Etat. Il n'est pas exclu d'imaginer que le prélat se soit ainsi trouvé à l'état-major au moment du drame et qu'il ait été le témoin de scènes dont les auteurs craignaient qu'il n'en rende compte. Ce qui les aurait incités à se livrer à cet assassinat sauvage.»

Vous dites bien que c'est une supposition de Pascal Lissouba. Ce que je vous dirais serait une autre supposition. Nous ne nous en sortirons pas de supposition en supposition. L'affaire est tellement grave que je crois qu'il nous faut espérer avoir plus d'éléments pour étancher votre soif de vérité. Sur ce point et sur beaucoup d'autres concernant les assassinats du président Marien Ngouabi, de son prédécesseur Alphonse Massamba Débat et du cardinal Emile Biayenda, je crois que nous ne sommes pas à l'abri des révélations surprenantes de dernières heures.

Pascal Lissouba a ajouté : « Mon arrestation, au lendemain de l'assassinat de Marien Ngouabi ne fut pas une surprise…Je ne compte plus le nombre de fois où j'ai été interrogé, arrêté, relâché, sans même savoir pour quelle raison ce traitement m'avait été infligé. Aussi, au lendemain de l'assassinat du président Ngouabi, l'arrivée des forces de sécurité à mon domicile coulait presque de source. Honnêtement, je ne voyais absolument pas le lien qui pouvait être entre ce drame et ma personne. Je considérais simplement mon arrestation comme une forme de rituel, me demandant si elle risquait, cette fois, d'avoir des conséquences infiniment plus dommageables pour moi. Effectivement, je savais parfaitement que j'étais innocent. Mais je savais aussi que dans un régime de parti unique, l'innocence n'est certainement pas l'argument majeur qui vous permet d'échapper à une sentence quelconque. Mes gardiens me mènent à l'Etat-major où je me retrouve face à Dénis Sassou Nguesso qui me toise en s'écriant d'un air méprisant : "Qu'est-ce qu'il vient faire ici, celui-là ?". Le chef d'escorte lui répond en bredouillant que c'était lui-même qui avait ordonné mon arrestation. Très rapidement j'appris qu'Alphonse Massamba Débat avait été arrêté. J'ai déjà indiqué que nos relations étaient très espacées mais, que dans le microcosme, pour reprendre un mot à la mode, de la vie politique congolaise, nos noms restaient liés. Je découvrais aussi que mes geôliers étaient particulièrement excités par la visite que j'avais rendue à l'ancien président quelques semaines auparavant. Dans la mesure où ils avaient établi, dans leur terminologie, un complot entre Massamba Débat, désireux de prendre le pouvoir, et Ngouabi, pas fâché à l'idée de le lui laisser, ma visite chez Massamba Débat prenait immédiatement pour eux des proportions extravagantes. Heureusement, un témoin m'avait accompagné à cette occasion et put ainsi confirmer que c'était par simple courtoisie, au début de l'année, à l'occasion des vœux, que je m'étais rendu chez l'ancien président afin de lui souhaiter une bonne année, ce qui, avec le recul, apparaît aujourd'hui comme particulièrement mal venu. La discussion n'avait duré qu'un quart d'heure, n'avait porté que sur des sujets tout à fait subalternes et n'ayant aucun caractère politique puisque lui comme moi savions parfaitement que nous n'étions pas d'accord sur le sujet et qu'il aurait été stupide de transformer une simple visite de courtoisie en un affrontement idéologique… »

C'est la version de Pascal Lissouba, elle n'engage que lui.

Je continue de citer Pascal Lissouba qui poursuit : « Dans ma cellule, après les interrogations menés par le futur colonel Moassi Posso, toujours persuadé d'être abattu d'un moment à l'autre, un individu, le capitaine Pierre Anga dont j'ai rappelé le sort tragique, débarque brusquement, claque la porte et m'intime l'ordre de dire la vérité. Je lui rétorque : "Mais quelle vérité ?". Il enchaîne : "Les autres ont avoué. Nous savons tout ce qui s'est passé. Il ne rime à rien de vouloir cacher les faits. De toute façon tu vas mourir". Je le regardais : "Je vais peut-être mourir, mais je ne vois pas pourquoi je vous dirais une vérité que vous voulez entendre et qui ne serait qu'un mensonge". Cyniquement, il essaya de reprendre le dessous : "Si tu dis la vérité, tu seras soulagé au moment de mourir. Eh oui, le tribunal t'a condamné à mort et tu seras exécuté demain à six heures. D'une manière un peu triviale, je lui répondis : "Cela va me faire une belle jambe. Vous prétendez vouloir me grandir en proférant un mensonge alors que vous allez me raccourcir. Il faudrait peut-être savoir ce que vous voulez." [...] Au cours des dernières heures, je restais presque indifférent. Je savais que j'allais être tué. Le fait paraissait acquis. Il me semblait impossible d'inverser le cours des événements. Le sentiment qui dominait au plus profond de moi-même était donc le fatalisme [...] Le fatalisme s'évanouissait pour laisser la place à un sentiment d'injustice, de révolte, de rage impuissante [...] Chaque fois qu'il me semblait entendre un bruit de pas. Je me disais au fond de moi-même : "C'est fini. Ils viennent me chercher. A ce moment là, je me levais, j'enlevais ma bague, mon alliance sur laquelle étaient inscrits mon nom et celui de mon épouse, et je griffonnais sur un bout de papier sale quelques lignes que l'on peut difficilement qualifier de testament. Il arrive fatalement un instant où le déclic se produit et où vous souhaitez en finir plutôt que de subir une attente interminable. Je devenais fou furieux contre mes geôliers qui faisaient les cents pas à quelques mètres de moi et je leur hurlais : "Finissons-en. Si vous devez me tuer, venez me prendre et tuez moi, mais cessez de marcher le long de ma cellule. ».

Il s'agit de ce qu'a vécu Pascal Lissouba, je ne vois pas ce que je pourrais en dire surtout qu'il s'agit d'une histoire qui se passe dans les coulisses des arrestations qui font suite à l'assassinat du président Marien Ngouabi. Je n'étais pas sur les lieux pour pouvoir donner une appréciation dans un sens comme dans un autre. Je vous ai dit où je me trouvais et comment je fonctionnais à cette époque-là. J'aurais pu porter un jugement d'ordre général s'il s'agissait d'un événement qui se passait à la portée de tous.

Pourquoi dit-on que si vous aviez toujours été aux côtés de Marien Ngouabi, il n'aurait pas aussi facilement subi le même sort ? La mère du défunt Marien Ngouabi aurait pleuré son fils en disant que si vous aviez toujours été à ses côtés, il ne serait pas mort ; le confirmez-vous ?

C'est certainement parce que j'étais tellement lié à Marien Ngouabi que mon rapport avec lui dépassait celui d'un simple aide camp et officier d'ordonnance. J'étais devenu à la fois ami, frère et conseiller. Je pouvais lui dire : « Ne fais pas ceci » ou « Ne va pas à tel lieu». Je le laissai rarement seul et je m'efforçai de me rendre compte de ce qui se passait autour de lui, même si ce n'était pas dans mon champ d'action. Officier de gendarmerie, je jouais aussi le rôle de responsable de la sécurité présidentielle sans que la mission me soit confiée. Un après-midi, en allant à la maison de la presse avec le président de la République qui conduisait lui-même la 404 noire, il me dit que sa maman n'était pas d'accord avec lui par rapport à mon départ. Il voulait annuler ma nomination, mais il y avait déjà la lettre écrite par notre ministre des affaires étrangères au quai d'Orsay en France pour solliciter mon accréditation. J'ai dissuadé le président de surseoir à cette décision, parce que la France prendrait mal ce revirement. Le poste d'Attaché militaire après Ondoko n'était plus fonctionnel et avait connu des problèmes par rapport à notre option idéologique, il fallait limiter les dégâts sur le plan diplomatique. Depuis que le capitaine Henri Ondoko avait été rappelé au pays, les relations militaires entre la France et le Congo étaient suspendues.

La rumeur affirmant que Marien Ngouabi se promenait seul sans sa garde était-elle vraie ?

Il aimait conduire la voiture de commandement l'après-midi vers 16 heures, souvent pour aller à la librairie, à la maison de la presse, qui se trouvait face à l'actuel ministère des finances sur l'avenue Foch. Il y achetait des journaux et discutait avec la responsable de la librairie, madame Odile Lelouet, une française. Il était la plupart du temps au volant, moi à côté, et des éléments de sécurité derrière. Il pouvait lui arriver d'échapper à la vigilance de la sécurité, mais pas pour paraître comme quelqu'un d'exceptionnel, d'exhibitionniste. Il était très modeste et humble à la fois.

Qui vous succède comme aide de camp ?

Marien Ngouabi me demande de choisir qui pourrait me remplacer. Un nom me vient en tête : le capitaine Mokabo. Marien me dit qu'il ne le connaît pas assez. Le jeune Oboura alias Casseur, chauffeur de Marien, me parle d'un certain lieutenant Anga que je ne connais pas, de la même tribu que Marien. J'enquête donc sur ce jeune en cherchant des informations auprès des parents de Marien Ngouabi. Je vois mesdames Gazania Denise et Ahissou Cécile qui connaissent le lieutenant Anga. Elles me rassurent et je propose le nom à Marien Ngouabi qui prononce sa nomination. Avec le lieutenant Pierre Anga, nous effectuons la passation de service avant mon départ pour Paris.

Vous préoccupez-vous de ce qui se passe après votre départ du poste d'aide de camp et officier d'ordonnance ?

Pas particulièrement. Je suis à Paris comme Attaché militaire, naval et de l'air, et je me concentre sur la façon de servir au mieux mon pays et satisfaire Marien Ngouabi dans ma nouvelle mission. J'apprendrai plus tard depuis Paris les propos malveillants qu'Anga avait tenus contre le président qui le démit de ses fonctions pour impolitesse. Au moment de son assassinat, Anga n'était plus en fonction chez lui.

Le procès de la mort de Marien Ngouabi nous a montré qu'après vous, les choses se passaient mal. Marien Ngouabi changera en deux ans deux fois d'aides de camp et finira par perdre la vie…Voici ce que dira le dernier aide de camp de son prédécesseur : « J'ai été nommé Chef de Corps de la garde Présidentielle, le 16 juin 1976. Mon prédécesseur le Lieutenant Anga était Chef de Corps, gestionnaire et Garde de Corps. Lors de la passation de service, celui-ci dira devant la troupe « je m'en vais parce que je ne veux pas admettre que quelqu'un d'autre que mon père m'insulte ». Et le lieutenant Anga répondra en disant : « Ewolo veut mettre en relief le conflit qui opposait le Camarade Chef de l'État à moi. Ewolo est resté sous mes ordres pendant cinq mois. A propos de cette brouille avec le camarade président, un jour je revenais d'une mission, j'étais fatigué, le camarade président m'appelle au téléphone et m'indique qu'il n'y avait pas de chauffeur à sa disposition, je lui ai dit qu'il y avait des responsables pour ce type de cas. Le camarade président m'a insulté, j'étais fâché. Car j'estime que les rapports qui existaient entre le camarade président et moi, ne devaient être que ceux de militants, car je ne voyais que la ligne du Parti. Je m'étais rendu aussitôt à la résidence. Dès que le camarade Président est revenu, son épouse lui en a fait le compte rendu. Evidemment, vous comprenez que je ne pouvais plus rester à la Garde présidentielle. Et le jour où je quittais le Corps, j'ai tenu à informer mes collaborateurs du motif de mon départ pour éviter des spéculations. »

Ce passage est suffisamment clair, je crois. Il s'agit des auditions qui ont eu lieu dans le cadre d'un procès qui a donné lieu à un verdict connu de tous. Vous n'allez pas demander à un gendarme d'en faire un commentaire. Cela ne fait pas partie de ma culture.

Le procès se termina par un « et la lumière fut » alors qu'on a le sentiment de n'avoir pas compris. De nombreuses questions sont restées en suspens. Comment Massamba-Débat, le concepteur, a contacté Ontsou, l'opérateur, avec quel témoin ? Y a-t-il eu ne fut ce que des indices de cette complicité ? Ne pensez-vous pas que cette façon d'avoir fait la politique en se rendant "une justice politiquement correcte", en se jetant des fleurs et en qualifiant ses propres actes de courageux a détruit le pays en le trainant dans le chemin de l'autosatisfaction sans résultat probant sur le terrain ni sérénité dans les consciences ?

Je suis d'accord que cette façon de faire est mauvaise. Mais on ne peut pas imposer aux autres de changer de façon de faire s'ils ne le veulent pas. Je crois que c'est l'une des raisons pour lesquelles je suis arrivé à la politique. Nous devons tout changer et mettre fin à l'hypocrisie, à la langue de bois…

Ne ressentez-vous pas une certaine responsabilité, même lointaine, sur les conditions de la mort de Marien Ngouabi ?

Non, aucune. Je ressens plutôt un profond regret qui me serre le cœur chaque fois que j'y pense.

Pouvez-vous vous souvenir de la dernière fois que vous avez vu le président Marien Ngouabi vivant ?

Oui, c'était en octobre 1976, je ne me souviens plus de la date exacte. Le Parti Congolais du Travail avait désigné certains officiers subalternes et supérieurs pour suivre une formation idéologique afin de devenir des cadres rouges. Plusieurs officiers avaient été envoyés à Cuba et dix en République Démocratique Allemande. Attaché militaire, naval et de l'air à l'ambassade du Congo à Paris, j'étais parmi les dix. Je pris mon avion pour Berlin avec escale à Varsovie. Quelques mois après, le président Marien Ngouabi, me convoqua avec l'ambassadeur du Congo à Paris, Félicien Nkoua. Nous prîmes l'avion et descendîmes sur Brazzaville. Marien nous reçut pour discuter avec nous de ce qu'on pensait de la situation politique du pays. Nous lui dîmes : « Camarade président, nous n'avons pas d'information là-dessus, c'est vous qui êtes ici sur place, qui pouvez nous décrire la situation. » Il avait déjà l'idée de reprendre de bonnes relations avec la France. Il nous parle des pays sur lesquels nous pouvons compter. Je lui pose la question suivante : « Camarade président, quel est selon vous, le pays qui peut venir à notre secours, intervenir pour nous aider, en cas de nécessité ? ». Il me répond : Cuba. Je réplique : « Cuba est un pays communiste certes, mais il est loin, camarade président. Rappelez-vous le message de Chou en Laye qui disait que les eaux lointaines n'éteignent pas l'incendie. Je crois qu'il nous faut reprendre les relations diplomatiques avec la France. Ne nous trompons pas, la France est le pays avec lequel nous sommes le plus liés. C'est elle qui peut nous aider à redécoller.» L'Ambassadeur Nkoua aborda dans le même sens en insistant pour que le président renoue d'excellentes relations avec la France, compte tenu surtout de la réalité économique et financière de notre pays. Mais au sein du Parti, certains amis révolutionnaires lui conseillèrent de rester ferme face à l'impérialiste français.

Vous avez la confiance de Marien Ngouabi, ne s'ouvre-t-il pas à vous ? N'avez-vous rien remarqué qui vous tique ?

Il ne m'a rien fait ressentir, mais il me revient que Marien, qui pourtant n'a jamais été attaché au mysticisme, voyait des serpents sur les marches de l'escalier à sa résidence de l'Etat-major, sur la pelouse de la villa Shanghai à côté de la résidence principale, alors qu'il n'y a pas de forêt aux alentours de l'une ou l'autre résidence. Avant d'être tué, l'un de ces serpents s'est enroulé à son bras et lui a laissé une cicatrice. Il parlait de certains moments difficiles qu'il vivait. Il voyait des choses typiquement africaines qu'on ne pouvait ni facilement, ni correctement décrire. Du deuxième semestre de l'année 1976 à son assassinat, Marien a moralement et spirituellement vécu un calvaire.

Vous avez été très lié au président Marien Ngouabi, comment supportez-vous que les circonstances de sa mort ne soient jamais élucidées ?

Mal. Je le supporte mal. Il est dommage que mes fonctions d'attaché militaire à l'ambassade du Congo en France, envoyé par le président Marien Ngouabi ne m'aient pas permis de suivre ce qui se passait.

Si vous aviez été sur place, auriez-vous brisé la loi du silence qui pèse sur cette affaire ?

Je me serais, moi, posé moins de questions embarrassantes.

Vous dites tout cela comme pour vous disculper ?

Ecoutez, soyons sérieux. Avez-vous déjà entendu parler d'un coup d'État qui a concerné toute une classe politique ou sa moitié ? Il échouerait avant même d'être opéré.

Bien qu'ayant échoué, le M22 était populaire.

Attention, il y a une différence entre le coup d'État du 22 février 1972 et le Mouvement qui s'ensuivit appelé M22.

Vous faites partie du monde politique et vous avez assumé des fonctions qui vous auraient permis d'avoir quelques informations capitales.

Je suis gendarme. Je ne peux confondre rumeur et information. Ce que quelqu'un peut me dire dans une causerie ne peut servir pour moi d'information. Il faut que je la vérifie ou que je la confronte à d'autres éléments de la même situation. Quand il y a trop de contradictions, je me réserve et continue de poursuivre ma recherche jusqu'à avoir entière satisfaction.

Cela ressemble à une démission devant l'histoire.

L'histoire sait dans quelles conditions elle m'a fait placer. Elle ne me demandera pas plus que ce que je peux donner.

Votre génération fait preuve d'une solidarité exemplaire dans l'affaire Marien Ngouabi et pas dans d'autres, pourquoi ?

Je ne me sens en aucune manière lié par un quelconque devoir de solidarité dans l'affaire Marien Ngouabi ou face à une autre situation politique. Ma résistance politique en est la preuve. Quelqu'un d'autre que moi n'aurait peut-être jamais écrit ce que j'ai écrit ou dit ce que j'ai dit. Cela aussi, l'histoire ne l'oubliera pas.

Dans le livre "Crimes de sang et pouvoir au Congo-Brazzaville" de Albert Roger Massema, président de la commission Assassinat de la Conférence Nationale Souveraine, il est rapporté à la page 207, qu'avant que Kianguila qui n'était pas bien mort et qui était touché seulement aux genoux ne soit rafalé dans la fosse commune alors qu'il étouffait sous les corps qui se trouvaient au-dessus de lui, il aurait dit, je cite « ...Lorsque nous avons fui de l'État-major, Kikadidi a été récupéré par Makoumbou Zoé et s'est réfugié chez Mayouma vers la glacière... » Et plus loin : « Cette révélation ne tombe pas dans des oreilles sourdes. Le même jour, Mayouma est cueilli par les sbires de Ngouélondélé. Il avoue sans hésiter. Kikadidi, que la rumeur a prétendu exilé en France depuis onze mois, est bien resté à Brazzaville et venait à peine de quitter son premier refuge pour un autre chez Kifouani. »

L'information m'a été rapportée, oui. Je ne pouvais pas savoir ce qui se passait lors de l'exécution. C'était l'affaire des militaires qui faisaient partie du peloton d'exécution. Je l'ai communiqué à mon chef hiérarchique, le ministre de l'Intérieur, le colonel François Xavier Katali. Nous sommes allés voir le vice-président du Comité Militaire du Parti et ministre de la Défense, le colonel Dénis Sassou-Nguesso. C'est la procédure hiérarchique normale.

L'information n'arrive pas jusqu'au président Joachim Yhombi Opango...

Elle lui arrive quelques heures plus tard dans la matinée. Le président Yhombi a lui-même parlé de 7 heures. Or nous nous sommes déployés rapidement parce que nous craignions que Kikadidi change de refuge. Par ailleurs, ce n'était pas à moi de transmettre l'information directement au président du CMP.

À la page 208 du même livre, sont transcrits les propos de Waddaye qui dit : « ...Ce jour du 13 février 1978, à deux heures du matin, le colonel Ngollo va venir me réveiller. Il m'a demandé de préparer une voiture puisque j'assurais sa sécurité. Nous sommes allés chez le ministre de la Défense. Nous sommes restés dehors. Après quelques minutes, ils sont sortis accompagnés de Katali, Ngouélondélé, Sassou et un civil habillé en blanc. On nous dira qu'on a localisé Kikadidi à Makélékélé et

qu'il fallait aller l'arrêter. J'étais le seul béret noir. Il y avait des éléments de Ngouélondélé, de Katali et de Sassou ; j'étais le seul de Ngollo. Mon chef m'a donc dit d'ouvrir l'œil. Avant d'aller à Makélékélé, nous sommes passés par la sécurité d'État avec le guide et on nous a largués au niveau de la chapelle Kisito. ». Pourquoi êtes-vous d'abord passés par la Sécurité d'État ?

Pour préparer techniquement l'opération, donner les dernières consignes et lancer le convoi. On ne pouvait pas y aller directement en sortant du domicile du vice-président.

Voici votre version de la mort de Kikadidi telle que vous l'aviez donnée aux auditions en commission de la Conférence nationale. « Ngouélondélé, chef de la mission, a apporté les précisions suivantes qui ont permis de reconstituer les faits : Arrivés là-bas, les militaires ont juste pris Mayouma et l'ont emmené à la sécurité d'État. Ce dernier nous dira que Kikadidi se trouvait chez Kifouani. Sur ordre du ministre de l'Intérieur, le colonel Xavier Katali, le colonel Ngollo et moi-même avons décidé de l'arrêter. Mayouma nous a guidé jusqu'à Kifouani. Le capitaine Mazaombé a toqué pendant que moi et certains éléments de l'équipe sommes restés dans la rue. Il a dit : « Kikadidi rendez-vous ! ». Il n'y a eu aucune réaction. Madame Kifouani a ouvert la porte. Waddaye et Mazaombé sont rentrés dans la maison. A un moment donné on a entendu des coups de feu. Kikadidi est tombé avec les jambes et le bassin fracassés. L'aide de camp du colonel Ngollo, Waddaye était aussi atteint au niveau de la poitrine par des balles qui avaient probablement ricoché contre le mur. Ce n'était pas Kikadidi qui avait tiré, c'est un de nos éléments. J'étais malheureux, car je voulais avoir Kikadidi vivant. Nous avons donc amené deux blessés, Waddaye et Kikadidi. Je crois que si nous avions eu Kikadidi vivant, il nous aurait tout dit aujourd'hui… ». Confirmez-vous cette version sans changer quoi que ce soit ?

C'est ma version des faits, c'est ce que j'ai dit à la Commission Assassinat de la Conférence Nationale Souveraine.

Voici la version de madame Kifouani Florentine, la maîtresse de la maison qui a hébergé Kikadidi avant sa mort : « …Un lundi vers 3 heures du matin, à travers les vitres, nous avons vu des militaires. Ils ont frappé à la porte et nous avons ouvert. Certains disaient qu'il fallait l'abattre, d'autres qu'on pouvait le prendre vivant ; ils sont entrés dans la maison, ont fouillé, mais n'ont vu personne. Kikadidi était caché derrière la porte. Lorsqu'il a tenté de rejoindre la chambre, ils ont tiré sur lui à bout portant. On l'a tué et on nous avait tous emmené à la sécurité d'État où nous avons retrouvé Mayouma… ».

C'est sa version depuis l'intérieur de la maison, mais moi j'étais à l'extérieur, dans la voiture avec d'autres hommes. Il n'y avait que deux éléments qui étaient partis vers la maison. Et celle-ci n'a pas été ouverte comme elle le dit. La porte a été défoncée par Mazaombé qui a d'abord crié : « Ouvrez, vous n'êtes pas inquiété. » Quand j'ai entendu les tirs, je me suis rapproché et nous avons transporté les deux blessés. Mazaombé m'expliquera que pendant qu'ils étaient en train de rebrousser chemin, il a vu Kikadidi traverser pour aller vers la chambre et il a tiré. Je souligne que Kikadidi n'était pas mort sur le champ, mais une fois arrivé à l'hôpital. Je voulais bien qu'on le sauve pour qu'il parle. Pourtant j'avais donné la consigne qu'en cas de résistance, on devait tirer aux pieds pour l'immobiliser afin qu'on puisse l'avoir à tout prix vivant.

Madame Kifouani Florentine a dit avoir entendu des militaires se disputer sur le fait de le prendre vivant ou non…

J'étais resté dans la voiture mais à coup sûr ce n'est pas vraisemblable. L'information n'était pas encore sûre. Il fallait la vérifier. Vous venez arrêter quelqu'un, vous ne savez pas encore si cette personne vous guette et vous vous mettez à vous disputer…

Kikadidi aurait laissé un document appelé « Complément d'enquêtes » dans lequel figureraient des commentaires sur le procès chaque fois qu'il le suivait à la télévision. Le général Ngollo y a fait allusion au cours de ses auditions à la Commission Assassinat, Jacques Okoko dit les avoir lus au sous-sol de la sécurité d'État. Où seraient-ils ?

Le seul document laissé par Kikadidi a été versé à la justice, il est même dans le rapport officiel du procès. C'est celui dans lequel il explique comment ils se seraient organisés une fois arrivés au pouvoir.

Pensez-vous que quelqu'un aurait rassuré les Kikadidi que Marien Ngouabi était prêt à remettre le pouvoir à Massamba-Débat, et qu'il était question de se voir pour en discuter à la présidence ? Ne seraient-ils pas tombés dans un piège de ce genre ?

Ce n'est pas impossible. La vérité finira par éclater un jour de manière surprenante pour nous tous.

Marien Ngouabi n'exécutait pas personnellement les gens pourquoi a-t-on eu besoin de continuer son œuvre par de nombreuses exécutions ?

Chacun est libre d'apprécier la continuation de l'œuvre de Marien Ngouabi et de tirer sa conclusion.

Il faut bien qu'il y ait une conclusion officielle pour l'histoire de notre pays. On peut bien faire un bilan de la continuation de l'œuvre de Marien Ngouabi…

Elle ne sera pas faite par notre génération. Ce sera par vous, nos enfants, vous qui êtes nés après les indépendances ou vos enfants, nos petits-fils.

Oui, mais entretemps votre génération, nous a fait scander à l'école (à l'école primaire pour ce qui me concerne) : « gloire immortelle au président Marien Ngouabi ! », qu'en est-il aujourd'hui de cette immortalité du président Marien Ngouabi dont les effigies ont progressivement disparu de la ville ? Devant le Palais du Parlement, son effigie n'est plus…

Je vous ai déjà dit que chacun est libre d'apprécier la continuation de l'œuvre de Marien Ngouabi et de tirer sa conclusion.

Du président Joachim Yhombi Opangault au président Dénis Sassou Nguesso

Après les obsèques du défunt Marien Ngouabi, Yhombi prend le pouvoir, surprise pour vous ?

Ce n'était pas une surprise. Le président Sassou Nguesso était choisi président du Comité Militaire du Parti, mais après les obsèques, suite à plusieurs conseils des frères, amis et camarades du Comité central, il cède le pouvoir à Yhombi, qui était l'aîné, et avait un carnet d'adresses plus consistant à l'époque.

N'était-ce pas par crainte des représailles ou suite à des menaces de la part des Kouyou ?

Archifaux. J'étais de ceux qui avaient inlassablement conseillé au président Sassou de céder la présidence du Comité Militaire du Parti à Yhombi après les obsèques, pour sa carte de visite et son expérience à l'époque. J'ai entendu beaucoup de choses du genre : « ...Si nous mettons Yhombi, les Kouyous ne vont pas venger un parent... », qu'on attribuera au président Sassou, cela n'est pas vrai parce qu'à l'époque, je devins témoin de la suite de l'histoire. Moi, je ne peux vous parler que de ce que je sais. Je me souviens de ce qu'en rentrant de Paris où j'ai longtemps discuté sur ce sujet avec Aimé Emmanuel Yoka en tombant tous d'accord pour que Sassou cède le pouvoir à Yhombi, je ramène une lettre de ce dernier à l'intention de Dénis Sassou Nguesso. Elle traduisait le souhait que celui-ci laisse Yhombi assurer la transition.

Aviez-vous eu le temps d'apprécier Yhombi ?

Tout au départ, je savais qu'il y avait un Yhombi dans l'Armée, mais c'est de retour d'Europe, plus précisément de Moscou où il était Attaché militaire, naval et de l'air à notre ambassade en Union Soviétique, et lorsque Marien Ngouabi le nomme chef d'État-major général, que nous nous rapprochons réellement. Mes fonctions auprès du président Marien Ngouabi ont raffermi nos rapports. Madame Marie-Noëlle Yhombi et mon épouse ont tissé des liens d'amitié qui se sont perpétués jusqu'à nos enfants.

Et lui, a-t-il eu le temps de vous apprécier ?

Il a sûrement eu le temps de m'apprécier, non pas directement, parce que j'appartenais à un autre corps, en l'occurrence la gendarmerie nationale, mais durant les années que j'ai passés aux côtés de Marien Ngouabi. C'est là qu'il m'a connu, avant, nous ne nous étions jamais côtoyés. C'est parce que j'étais proche de Marien Ngouabi que Yhombi a su qu'à la gendarmerie, il y avait un officier qui s'appelait Emmanuel Ngouélondélé Mongo. Nous avions par la suite vécu fraternellement.

Il paraît que le général Joachim Yhombi Opango était l'un des rares officiers congolais à exceller véritablement dans le sens et la pratique du commandement militaire ?

Militairement parlant, Yhombi avait le sens du commandement. Il était catégorique avec les principes de l'armée, notamment la discipline, la force principale de toutes les armées. Il aimait l'ordre. Mais entretemps, il avait pris la direction de l'État, la gestion des affaires publiques, et c'était un tout autre Yhombi.

Préférez-vous le Yhombi militaire au Yhombi politique ?

Je préfère le Yhombi militaire. Il est dix fois meilleur que le Yhombi politique. C'est clair, là-dessus, je suis constant.

A la mort du président Marien Ngouabi, la plupart de ses proches se retrouvent au Comité Militaire du Parti sauf vous, comment expliquez-vous cela ?

À mon arrivée à Brazzaville, j'ai aussitôt joué le rôle essentiel de secrétariat et même de protocole. J'étais pratiquement le douzième membre du CMP sans vraiment l'être parce que je ne prenais pas part aux réunions du CMP. Or, un jour, alors que je fais ce que ferait un secrétaire particulier du Comité Militaire du Parti désigné mais pas nommé par le Comité, François Xavier Katali, membre du Bureau politique, s'approche et me dit qu'il est à la recherche de quelqu'un qui dirigerait la sécurité d'État, et que le capitaine Mokabo lui aurait parlé de moi pour ce poste. Je réponds à Katali que je vais d'abord réfléchir. J'appelle aussitôt mon épouse qui se trouve encore à Paris et lui soumet la proposition. Elle réagit sur le champ, m'enjoignant de ne pas accepter. Elle voyait certainement le spectre de la guerre civile et la charge de poursuivre forcément des investigations sur une situation aussi complexe que l'assassinat du président et du Cardinal. Je vais voir le docteur Ossebi Ndouniam pour lui demander conseil. Il me répond :

« Grand frère, accepte ». Quand je parle au Colonel Dénis Sassou Nguesso, Vice-président du Comité Militaire du Parti, de la proposition du Colonel Katali, ministre de l'intérieur, le Vice-président me dit : « Ah ! Oui, mais toi tu es sentimentaliste. ». De là, je vais voir ma mère dans la rue Enyellé à Ouénzé. Elle ne comprend rien à la sécurité d'État. Elle est née vers 1915 et nous sommes en 1977. Je lui explique en patois en quoi consiste le travail d'un Directeur Général de la Sécurité d'État. Elle prend peur et fond en larmes. Cette responsabilité évoque pour elle la mort de Marien Ngouabi, de Massamba-Débat et du Cardinal. Je n'obtiens aucune réponse de sa part et rentre au quartier général des Forces Armées où siège le comité militaire du parti. Il est presque minuit passé, je trouve le colonel Katali. Je lui donne mon accord. Le lendemain matin à six heures, j'écoute ma nomination à la radio : le commandant Emmanuel Ngouélondélé-Mongo, précédemment Attaché militaire, naval et de l'air à l'Ambassade du Congo en France, est nommé Directeur général de la Sécurité d'État en remplacement du capitaine Dénis Ibara appelé à d'autres fonctions. J'ai continué à assumer les fonctions de secrétaire particulier du Comité Militaire du Parti avant de prendre celles de Chef des services spéciaux.

N'êtes-vous pas étonné que le lieutenant Pierre Anga, rejeté par le président Marien Ngouabi avec pour dernier poste aide de camp, se retrouve au Comité Militaire du Parti qui promet de continuer l'œuvre de Marien Ngouabi ?

Le président Marien Ngouabi venait d'être assassiné, de même que l'ancien président Massamba-Débat et le cardinal Emile Biayenda ; le spectre d'une éventuelle guerre civile planait sur la ville. Il fallait maintenir l'ordre de la manière la plus exceptionnelle. Je me suis dit que cet état d'esprit avait peut-être présidé à la composition du Comité Militaire du Parti. Je n'avais jamais vu pratiquer Anga. Je ne le connaissais pas professionnellement. Je ne savais pas s'il avait fait ses preuves quelque part dans un autre domaine, alors il ne me venait pas à l'esprit de porter des doutes sur un membre du CMP.

Comment peut-on comprendre le fait que Pierre Anga soit un moment pro-Sassou quand celui-ci dirige le Comité Militaire du Parti et pro-Yhombi quand ce dernier prend la tête du CMP et de la République ?

On dit même que Pierre Anga aurait contribué à mettre le feu aux poudres entre le président Yhombi et le vice-président Sassou ?

Cela n'est pas un fait historique. Il est vrai qu'entre le président de l'époque et son vice-président, il y a eu des tensions que je me suis même employé à atténuer quelquefois. Est-ce le lieutenant puis capitaine Pierre Anga qui en a été l'instigateur ? Ce serait trop réducteur de l'affirmer.

Aviez-vous des preuves que Pierre Anga préparait un coup d'Etat contre le régime du président Dénis Sassou Nguesso ?

Je n'ai jamais dit que Pierre Anga préparait un coup d'Etat contre le régime de Sassou. La Sécurité d'Etat que je dirigeais n'a jamais instruit un pareil dossier. C'est ailleurs qu'il faut chercher le fond de ce qu'on a appelé "l'affaire Anga". Il a fait preuve d'une insubordination regrettable, oui. Il s'est entêté dans une logique sans issue, oui, mais de là à parler d'un coup d'Etat, à mon avis non.

Aviez-vous un seul instant pressenti les dérapages, si dérapage il y a eu, et la fin tragique du capitaine Pierre Anga en résidence surveillée à Owando ?

Il est clair que Pierre Anga était en contradiction avec le président Sassou Nguesso, du Comité Militaire du Parti à la chute de Joachim Yhombi Opango, puis quand il était en résidence surveillée à Owando. Leurs contradictions avaient pris des proportions tellement graves que toutes les tentatives de négociation auprès de Pierre Anga avaient échouées. Je suis allé à Owando pour tenter de discuter avec Pierre Anga, mais en vain. Il a catégoriquement refusé de me recevoir.

Il a refusé de vous recevoir en évoquant l'argument que voici : « ...Vous n'êtes pas sérieux, vous proposez des solutions d'entente, et en même temps vous encerclez des quartiers... ». Cet entretien téléphonique serait rapporté par sa fille Josiane Anga et se retrouve bel et bien dans les auditions de la Conférence nationale...

La négociation ne pouvait pas arrêter les mesures de prévention de la sécurité et les dispositions militaires consistant à veiller à ce que l'ordre soit maintenu. En prenant l'avion pour Owando, je devais voyager avec un certain nombre de cadres et de sages Kouyous qui se sont désistés au dernier moment. Je suis arrivé à Owando, mais sans atout supplémentaire. Pour Pierre Anga, je n'étais pas crédible parce que homme de Sassou. Mon appel et ma main tendue n'ont rien donné et je suis rentré.

Pierre Anga a été avant sa mort révoqué du CMP, du Comité central du Parti et de l'Armée, et l'ouvrage de Massema dans la légende de la page 243 dit : « En l'absence de salaire, Anga a pour seule ressource le loyer de sa villa de Brazzaville dont une note de Ngouélondélé déloge le locataire. » ...

C'est archifaux, il n'existe pas de note de ce genre de ma part pour déloger un locataire.

Et la contradiction dont parle Foccart dans Foccart parle 2 *entre Jacques Chirac, premier ministre de la cohabitation prenant la décision de faire acheminer un dispositif militaire pour la traque de Pierre Anga et le président Mitterand, l'apprenant pendant que l'avion militaire a déjà décollé...*

Je n'ai jamais géré ni un tel dossier ni une telle information.

Confirmez-vous que Pierre Anga a été livré vivant par le président gabonais Omar Bongo et que le scénario de sa mort après échange de coups de feu dans la forêt était une mise en scène ?

Le général Jean-Marie Michel Mokoko, chef d'État-major général au moment des faits, avait fait une déclaration à la Conférence nationale souveraine sur le déroulement de cette opération et les prétendues mutilations d'organes qui auraient été pratiquées sur le corps du capitaine Anga. Il avait même demandé que la Conférence nationale fasse appel aux membres de l'équipage de l'avion militaire, aux infirmiers et aux journalistes qui avaient convoyé le corps du disparu à Brazzaville. Il l'a d'ailleurs reprécisé dans son livre : *le temps du devoir paru à L'Harmattan fin 1995.* Le reste fait partie des ragots dont les Congolais raffolent.

Pendant le CMP, vos rapports avec le président Yhombi avaient fini par ne plus être les mêmes ?

Quand vous n'êtes pas de la même tribu que le président, de nombreux courtisans de la tribu trouvent anormal que vous lui soyez très proche. J'ai été très proche de Yhombi bien avant qu'il devienne président. Attaché militaire, naval et de l'air à l'ambassade du Congo à Paris, quand je descendais à Brazzaville, la table du couple Yhombi était la première à m'accueillir, et plusieurs fois au cours de mes séjours au pays, j'y allais manger. Quand il devient président, certains se sentent dérangés par notre amitié. Madame Yhombi a souffert du comportement des Kouyous qui ont détruit mes bons rapports avec Yhombi. Elle et mon épouse entretenaient des liens de grande sœur à petite sœur, mon épouse étant la grande sœur. Mais hélas !

Cela ne remonte-t-il pas à l'affaire Kikadidi ? Écoutez ce passage du livre de Massema : « ...Un matin, affirme Yhombi [auditions en Commission], Sassou m'a téléphoné pour me dire qu'on a eu Kikadidi et je lui ai demandé qu'on se retrouve à 7 heures. Mais lorsqu'on s'est retrouvé, c'était pour me dire qu'on avait tué Kikadidi. La réunion s'est terminée en queue de poisson et pratiquement en injures et je crois que l'élément de cassure est parti de là. »...

Ce n'est pas contre moi qu'il s'était fâché. Dans l'affaire Kikadidi, je n'étais pas membre du comité Militaire du Parti, j'étais un simple exécutant et j'avais rempli mon devoir en matière de renseignement. J'ai ensuite rendu compte à mon chef hiérarchique, le colonel François Xavier Katali. C'était cela mon devoir. Le président pouvait me remercier à n'importe quel moment sans en référer à qui que ce soit s'il était insatisfait de ma manière de faire.

Ne participiez-vous pas à l'infiltration présumée du milieu du président Yhombi par le vice-président Sassou ?

D'abord, je n'y crois pas, et si c'était le cas, je dirais que je n'ai aucune information là-dessus. Les gens croient que le général Yhombi pouvait se laisser faire à ce point. Sassou et Yhombi ont toujours été deux frères, dans le sens africain du terme. C'aurait même été imprudent de se glisser entre eux pour tenter de les séparer ou semer la zizanie. N'importe qui se serait dit : « Je ne me mêle pas de leurs affaires. » Yhombi et Sassou ont fait les quatre cents coups ensemble, ce n'est pas moi qui aurait pu les séparer.

Une certaine opinion évoque les difficultés que vous avez souvent rencontrées à choisir entre Yhombi et Sassou…

Tout en étant conscient que jusqu'à un certain niveau, tout le monde a eu à le penser, j'affirme, en ce qui me concerne, que je n'ai jamais eu à faire un tel choix. Un jour, nous assistons à l'un des anniversaires de mariage du professeur Bernard Ngaliba à sa résidence à Ouenzé. A la fin de la cérémonie, après que nous avons bu, mangé et dansé, le colonel Sassou, vice-président du CMP, me demande de le suivre chez lui, ce que je fais. Arrivé là, il me dit : « Je t'ai fait venir pour te dire que je ne voudrais pas paraître comme quelqu'un qui veut gêner tes rapports avec Yhombi. Je te demande de rester avec lui ». Je lui réplique : « Je ne vois pas pourquoi être bien avec vous gênerait mes relations avec Yhombi. Vous êtes deux frères, je ne vois pas pourquoi je devrais vous abandonner pour rester avec lui ».

Le 5 février 1979, le Président du Comité Militaire du Parti, président de la République, chef de l'État, le général Joachim Yhombi Opango, qui vous a nommé Directeur général de la Sécurité d'État, perd le pouvoir ; vous concernant, est-ce une faille ou une complicité ?

Il est vrai que je suis nommé à la Direction générale de la Sécurité d'État sous le Président Joachim Yhombi Opango, sur proposition du colonel François Xavier Katali, ministre de l'intérieur qui me consulte à cet effet et me fait nommer après mon accord. Mais ce serait une faille si le président avait subi un coup d'État classique perpétré par des gens venus le dégager du pouvoir, lui donner la mort, ou une déstabilisation du pouvoir suite au désordre ou à des troubles dans le pays. Or, le cas dont nous parlons est une affaire interne au Parti Congolais du Travail, qui, dirigeant l'État, dirige la Sécurité d'État. Le Comité central, dont le président est de droit président de la République, a repris le pouvoir que s'était attribué un Comité Militaire du Parti pour maintenir l'ordre et gérer le pays à un moment exceptionnel. Le général Joachim Yhombi Opango n'étant pas membre du Comité Central devait logiquement remettre le pouvoir à ce dernier. Ce qui a été fait. Le Comité central, au cours de la même session, a ensuite choisi un des siens pour présider à ses destinées. C'est le Colonel Dénis Sassou Nguesso qui assume le pouvoir pour y être confirmé au prochain congrès extraordinaire du Parti Congolais du Travail. Moi qui vous parle, je n'étais ni membre du Parti ni membre du Comité central, je n'ai donc pas pris part à cette session.

Il ressort souvent que le général Raymond Damase Ngollo, à l'époque Chef d'État-major général, et vous-même, avez joué un rôle très important pour que cette session ait lieu et se termine sans affrontement. La veille de cette session, la situation à Brazzaville était tendue, apeurant la population. Vous étiez très actif, on ne sait pas trop pour quelle cause ?

Du premier au cinq février 1979, le Chef d'État-major général avait sensibilisé les militaires sur le fait que nous n'avions pas à prendre de décisions, et que nous devrions nous aligner sur celles du Parti qui dirigeait l'État. La tension était certes perceptible entre les deux gardes, celles du président et du vice-président du Comité Militaire du Parti. J'ai moi-même fait la médiation. A la veille de la session extraordinaire du Comité central, il était normal que je sois préoccupé. Le 4 février 1979 dans l'après-midi vers 16 heures 30, je vais voir le Président Joachim Yhombi Opango compte tenu des informations qui circulaient sur un possible dérapage entre sa garde et celle du vice-président. Je lui ai demandé d'apaiser les esprits surchauffés et de détendre le climat. Je lui ai demandé d'éviter tout incident. Après cela, vers 17 heures 30, je m'en vais voir le vice-président du CMP, le colonel Dénis Sassou Nguesso, et je lui délivre le même message. L'Armée avait pris soin de faire assurer la garde du palais du peuple par des éléments de la zone autonome de Brazzaville plutôt que par la garde du président du CMP ou du vice-président. Le lendemain, la séance du Comité central du parti s'est bien déroulée et la déchéance du président du CMP n'a suscité aucun dérapage militaire. Yhombi l'a accepté avec dignité. Il a ensuite été mis en résidence surveillée à Pointe-Noire.

On a une idée de la manière rocambolesque dont les événements se suivent après le départ du général Joachim Yhombi Opangaut et on le qualifie même de bourgeois aimant le luxe. Ça sonnait bien la manipulation …?

C'était du zèle. Il faut reconnaître qu'avec le temps, on a fini par réaliser combien tout cela était trop fort et osé. Le lit de Yhombi acheté à

Libreville a occasionné un tollé, alors qu'un ouvrier congolais travaillant à Paris pouvait obtenir le même à l'époque. Le problème est que cela contrastait avec la modestie de Marien Ngouabi dont l'image et le modèle étaient encore présents dans les esprits. Il avait marqué son temps et donné un rythme. Avec le recul, on se demande aujourd'hui si les commentaires des responsables du Comité Central sur Yhombi avaient un sens. Les bijoux de madame Yhombi ont été confisqués et mis au Trésor. Que représente tout cela aujourd'hui, est-ce une référence ?

Le général Yhombi Opango ne vous en veut-il pas ?

Non, je ne vois pas pourquoi il m'en voudrait. Chacun de nous a ses défauts, mais nous avons gardé de bons rapports. Pas de rapports politiques parce que nous n'en avions pas, mais des rapports fraternels. Avec le recul, je lui suis reconnaissant. S'il avait voulu, le sang aurait coulé bien avant la session du Comité central du Parti. Il pouvait tenir au pouvoir par la force même s'il avait perdu la bataille des réseaux (le contrôle de toutes les institutions lui avait échappé : le parti, l'État, les organisations de masse)… Mais il ne s'est pas imposé par la force. Il y a de quoi lui être reconnaissant pour cela. Car s'il était attaché au pouvoir pour lui-même, pour sa famille ou pour sa tribu, nous aurions connu un bain de sang dans le pays. Il a épargné le peuple congolais d'une telle épreuve…

Le Président Denis Nguesso Sassou prend le pouvoir, il vous garde curieusement au même poste, à la Direction générale de la Sécurité d'État. Pourquoi selon vous ?

Ce n'est pas à moi de répondre à cette question mais à celui qui me maintient à cette fonction. Il était libre de me destituer.

Qu'avait fait le général Joachim Yhombi Opango pour être détenu en résidence surveillée à Pointe-Noire pendant onze ans ?

Il l'a probablement été à titre préventif.

Pourquoi dites-vous probablement ?

Parce que j'étais aux ordres et lié par le devoir d'obéissance et non de morale politique. Le comité central était à cette époque-là une institution qui avait tous les pouvoirs et contre laquelle on ne pouvait rien.

Le général Joachim Yhombi Opango, lui-même l'a-t-il compris comme cela ?

Le général Joachim Yhombi Opangault n'est pas n'importe qui, il a géré l'État, il sait comment fonctionne le système.

Comment faites-vous la connaissance de Dénis Sassou Nguesso ?

J'ai connu Denis Sassou Nguesso en 1967. Les lieutenants Dénis Sassou Nguesso et Innocent Mboungou arrivent en mission à Fort-Rousset pendant que j'étais commandant de compagnie de gendarmerie. Je les reçois à déjeuner chez moi. Puis je les perds de vue. Entretemps, suite au mauvais état de santé de mon épouse et sur intervention du capitaine Marien Ngouabi qui était au troisième bureau et qui a plaidé pour moi auprès du capitaine Alphonse Mabiala, Commandant la légion de gendarmerie nationale, je suis muté à Brazzaville au mois de mai 1968. Au mois de juillet, le capitaine Marien Ngouabi et le lieutenant Gaston Eyabo, soupçonnés de préparer un coup d'Etat, sont interpellés et gardés à vue à la brigade de recherche de gendarmerie, face au lycée Savorgnon de Brazza. Aux côtés de Marien Ngouabi à cette époque-là, il y a les capitaines Sassou Nguesso, Mathias Ferret, Ntsika Kabala, Kimbouala Kaya, etc. Je redécouvre le capitaine Sassou à l'occasion de ce mouvement du 31 juillet 1968. Une fois Marien Ngouabi au pouvoir, il me nomme chef du deuxième bureau de l'armée. Par conséquent, je suis presque tous les jours avec lui. Petit à petit, mes liens avec ses proches se précisent, mais c'est en janvier 1969, quand je deviens son aide de camp et officier d'ordonnance, que je m'habitue vraiment à son entourage, dont faisait partie Dénis Sassou Nguesso.

Voici comment monsieur Dénis Sassou Nguesso présente son parcours militaire dans son ouvrage : "Parlez vrai pour l'Afrique" : « En effet j'ai, successivement, été nommé lieutenant, capitaine, chef du corps des parachutistes (une unité d'élite) pendant sept ans, puis commandant de la zone militaire de Brazzaville, commandant des Forces terrestres, Directeur général de la Sécurité d'Etat, et, enfin, ministre de la Défense de 1975 à 1979. J'ai exercé ces dernières responsables sous la présidence de Marien Ngouabi. » ; Et s'il vous était donné de nous parlez de l'homme Sassou...

Le Sassou que j'ai connu était un homme très sensible qui avait ses défauts et ses qualités. Sa sensibilité le poussera même à se montrer faible vis-à-vis des membres de sa famille. Faiblesse qui s'est davantage manifestée quand il reprend le pouvoir après la guerre du 5 juin 1997. À l'époque, on lui a proposé des timbres-poste à son effigie ; il a refusé, alors que certains chefs d'État africains frappaient de la monnaie à leur image. C'était le monopartisme, personne n'allait ni discuter ni s'y opposer, mais il ne voulait pas le faire. Contrairement à aujourd'hui, hier encore il n'aurait jamais accepté que de son vivant, un boulevard porte son nom.

Il élevait dignement ses trois filles dont Édith Bongo, étudiante à l'Institut Supérieur des Sciences de la Santé (INSSA). Brillante depuis la première année de médecine jusqu'à la soutenance de sa thèse de doctorat, d'où elle sort major de sa promotion, elle n'affichait rien qui traduisait qu'elle était la fille aînée du président Sassou. Le président faisait preuve d'une discrétion extraordinaire à l'égard de sa fille. Pas un seul jour, je n'ai vu cette fille, la belle et intelligente Édith, se rendre à la faculté à bord d'une voiture personnelle. De la première année à l'année de son doctorat, elle était toujours prise à M'pila et déposée à la faculté par un chauffeur à qui elle indiquait l'heure à laquelle il devait revenir la chercher. J'ai vu Édith, interne à l'ancien hôpital général, actuel CHU, évoluer dans l'anonymat.

Personne ne pouvait, à travers son attitude ou ses propos, connaître son statut. Elle était effacée et assistait les malades qui parfois n'avaient pas d'argent pour acheter des médicaments. Elle avait des épaules toutes basses. Lorsqu'elle allait au cinéma Vogue à l'époque, par exemple, elle était déposée et reprise à la fin du film. C'est tout dire du style de Sassou que j'ai connu.

Le président Dénis Sassou Nguesso prend le pouvoir, il fait son premier voyage en France au lieu d'aller dans un pays de l'Est comme l'auraient voulu les slogans de l'époque qui voulaient trancher avec la ligne révisionniste, droitière et liquidationniste…

En réalité quand Dénis Sassou Nguesso arrive au pouvoir, les cadres de l'Union de la Jeunesse Socialiste Congolaise, suite à un débat houleux, souhaitent qu'il effectue sa première sortie vers l'URSS. Informé, je vais le voir à Mpila en ma qualité de Chef des Services spéciaux pour lui exprimer mon opposition à ce voyage parce qu'avec les retards de salaires et les autres problèmes économiques pouvant entraîner des conséquences graves, ce serait une erreur que de ne pas commencer par la France. Il fallait être réaliste. Je lui dis qu'il serait taxé de valet de l'impérialisme mais que c'était mieux que de commencer par l'URSS. Une première sortie vers l'Europe de l'Est nous aurait entraînés vers des turbulences économiques certaines. L'URSS pouvait nous donner des armes mais pas nous apporter l'aide financière dont nous avions besoin. Depuis 1972, un président congolais n'était plus allé en France. Peu de temps après notre voyage en France, les retards de salaires s'atténuèrent. De 1980 à 1982, le Congo avait eu un ballon d'oxygène.

Était-ce la fin d'une époque ? Peut-on dire par là que le Sassou Nguesso progressiste avait vécu et que l'heure était au pragmatisme ?

L'heure était au réalisme politique que vous appelez aujourd'hui realpolitik, mais Sassou était resté progressiste. Il était un homme de gauche, quel que soit le qualificatif qu'on peut donner à cette gauche. Le Dénis Sassou Nguesso de cette époque-là n'avait rien à avoir ni avec la bourgeoisie ni avec l'accumulation des biens.

Quand le président Dénis Sassou Nguesso prend le pouvoir, on sent une rupture d'avec le régime précédent qui se caractérise par une détente dans le climat politique, comme on peut le lire dans ce passage de « Le manguier, le fleuve et la souris », pages 46 à 47 : « Pour marquer que le temps de la réconciliation était arrivé, j'ai fait libérer tous les prisonniers politiques le jour où j'ai prêté serment. Parmi eux figurait Pascal Lissouba, qui avait été placé en résidence surveillée loin de la capitale.

Je l'ai reçu pour lui expliquer que j'étais décidé à ramener la paix dans le pays. Il était dorénavant libre d'aller et venir comme il l'entendait. Il m'a remercié et m'a demandé de l'aider à se faire soigner. Il souhaitait se rendre en Roumanie pour consulter un spécialiste et faire un bilan de santé complet. J'ai donné des instructions pour qu'on lui facilite les choses. Il voulait d'abord passer par Libreville afin de se rendre auprès du Président Omar Bongo. Issus d'ethnies proches, les deux hommes se connaissaient depuis longtemps. Ensuite, il a rejoint Paris et a décidé de

rester sur place, estimant sans doute que les médecins français valaient bien ceux de Bucarest et que la vie à Paris ne manquait de charme ! Spécialiste de génétique, on lui trouva un poste de professeur à l'université de Paris XII. Quand je me rendais dans la capitale française, il venait me voir et je le recevais toujours avec plaisir. Plus tard, il m'a demandé de soutenir sa candidature à un poste de directeur à l'Unesco et j'ai envoyé un émissaire personnel au Directeur général pour l'appuyer. Que n'aurais-je pas fait pour ceux que j'estimais ? ». Peut-on retenir qu'effectivement le président Dénis Sassou Nguesso est véritablement un homme de paix...

Ce passage est une évidence. J'étais à la sécurité d'Etat et je peux témoigner n'avoir jamais vu le président s'opposer à une tentative de dialogue avec des opposants ou autres. Au contraire, il a saisi toutes les occasions qui se présentaient pour consolider la paix. Il n'y a pas eu de condamnation à mort même à la suite d'une affaire aussi cruelle que l'explosion des engins au cinéma Star et à Maya-maya les 20 mars et 17 juillet 1982 à Brazzaville. A l'heure où je vous parle, en 2011, je ne sais plus si sa conception de la paix est toujours la même que celle qu'il avait avant la guerre du 5 juin 1997.

Lors de son entretien avec les militants du Burkina-Fasso en février 1986, le président Dénis Sassou Nguesso disait : « Nous croyons que le rôle d'une Révolution est de créer les conditions favorables à l'amélioration générale de la vie du peuple. Un parti n'est pas une secte religieuse. Les révolutionnaires ne sont pas des croyants qui rêvent d'une vie meilleure au ciel... [qui] veulent changer la vie du peuple en l'améliorant sans cesse. Il faut éviter la révolution en parole, qui ne résout aucun problème concret des masses. Le peuple a besoin d'eau, de la nourriture, des habits, des logements, des médicaments, des écoles, des hôpitaux, des routes, des loisirs, etc. ». Avec le recul, qu'en direz-vous...

Je crois que son aveu dans Le Manguier, le fleuve et la souris, à la page 141, est plus éloquent que tout ce que je pourrais ajouter : « J'ai eu l'honneur de bénéficier de la confiance de mes compatriotes pendant douze ans. J'en suis très fier. J'ai le sentiment d'avoir quelques réussites à mon actif et, pour les Congolais, j'ai été « l'homme des actions concrètes ». J'aspire à le devenir à nouveau, fort d'une expérience unique dans le pays.

J'ai sans doute échoué dans quelques domaines. L'usure du pouvoir, inutile de le nier, m'a fait commettre des erreurs. En revanche, les échecs qu'on m'impute parfois sont plutôt la conséquence d'une conjoncture qui s'est révélée défavorable et de circonstances incontrôlables. ». Si seulement, il pouvait tirer les leçons du passé !

Le colonel François Xavier Katali serait-il entré en opposition avec le président Sassou Nguesso peu avant sa mort ?

À ma connaissance, non. Des contradictions, il y en a peut-être eu au cours des sessions du Comité central du PCT, mais pas une opposition. Je vais vous raconter une anecdote. Le jour où est annoncé le décès du colonel François Xavier Katali, je rejoins à un certain moment le président Sassou qui est à table. Il lève la tête, pensif, le regard perdu dans le vide, puis me dit d'une voix fatiguée : « Les gens vont encore dire que c'est moi qui ai tué Katali ! ».

Et le FROLIBABA des années 80, parlez-nous-en ?

En tant que directeur général de la Sécurité d'État, j'ai à l'époque initié une note à l'attention du directeur de la contre-intelligence de la Sécurité d'État pour mener une investigation sur le FROLIBABA qui signifierait, si mes souvenirs sont bons : le Front de Libération des Bangangoulou et Baboma. Jusqu'au moment où j'ai quitté la Sécurité d'État en 1991, je n'avais jamais reçu aucune réponse sur le sens des tracts qui se réclamaient de ce Front. J'ai moi-même été soupçonné d'en être membre. Je puis dire à ce jour que c'était une agitation politicienne, visant à salir certains cadres Tékés. Surtout moi-même qui étais supposé faire le double-jeu en faveur de je ne sais qui.

Le 1er janvier 1990, vous êtes élevé au grade de général de brigade. Racontez-nous…

Jusqu'à la veille de ma nomination, je n'en savais rien. J'étais moi-même surpris de n'avoir eu aucune fuite. Le président ne m'avait jamais informé que j'étais retenu pour être élevé au grade de général. C'est la veille de la cérémonie que je fus informé officiellement par l'Etat-major qui me demandait de prendre part à la cérémonie de nomination au grade de général. Nous fûmes les cinq premiers généraux de la République à être nommés par

Sassou : Louis Sylvain Ngoma, onze ans de grade de colonel, Raymond Damase Ngollo, dix ans de grade de colonel, Ngouélondélé-Mongo neuf ans de grade de colonel, Jean Marie Michel Mokoko, quatre ans de grade de colonel et Chef d'Etat-major général. Norbert Dabira, un an de grade de colonel, Directeur général politique à l'Armée, DGPA.

La Sécurité d'État ou la construction d'un Mythe qui a bien marché

Sous le monopartisme, la Sécurité d'Etat n'était-elle pas une super-structure qui obtenait tout ce qu'elle demandait comme sanction de cadres et autres mesures de prévention et de répression ?

On ne peut pas dire que tout ce que nous demandions était accordé, mais la différence entre le monopartisme et le régime d'aujourd'hui est que nous avions réussi à faire en sorte que les gens aient peur de la sanction, qu'ils craignent de mal agir ou de mal faire. Nous avions essayé d'apprécier les gens en fonction de leurs résultats. Cette attitude, imparfaite certes, a facilité des mesures, des décisions salutaires et des réformes qui ne demandaient qu'à être améliorées avec le temps et sous la lumière du multipartisme. Si tout marchait bien dans le pays, c'est maintenant que nous récolterions les fruits de ce qui a été fait à l'époque à la sécurité d'État et dans les autres structures de l'État. Malheureusement, nous avons adopté la voie de l'éternel recommencement. La remise en cause perpétuelle des tentatives des uns et des autres ne permet pas d'expérimenter une meilleure manière de répondre à ce que le peuple attend de nous.

Aujourd'hui les services spéciaux semblent ne plus être à la hauteur, dans ce sens où les gens n'ont plus rien à craindre en matière de méfaits et de désordre. Est-ce dû à l'attitude du président qui n'inspirerait plus la crainte ou rendrait inutiles la rigueur, les propositions de sanction ?

Les choses se déroulent ainsi un peu partout. Franchement, je ne sais pas ce qui se passe entre le président et les services spéciaux. J'ai du mal à comprendre la nature de leurs rapports aujourd'hui. Je crois qu'il y a d'autres contraintes.

Si le président était insatisfait du travail des Services spéciaux, il aurait pu en changer les cadres jusqu'à obtenir ce qu'il veut, c'est lui qui a été élu par le peuple et non un ministre, fût-il de la sécurité, ni un directeur général, n'est-ce pas ?

La présidence, ce n'est pas comme on le croit un seul individu qui décide de tout et fait tout. C'est une ramification de responsabilités et un système complexe où plusieurs cadres doivent mettre la main à la pâte à plusieurs niveaux de décision, et même dans les cas d'indécision. Le président peut donner des orientations ou des directives précises, il appartient à celui qui les a reçus de savoir les appliquer. Si c'est mal fait c'est celui qui devait les exécuter qui doit répondre devant le président et le peuple. Aujourd'hui celui qui a mal fait ne répond pas et surtout n'est même pas sanctionné.

Il est aussi possible que le président n'ait plus besoin de la Sécurité ressemblant à celle de votre époque ? Il se pourrait qu'il préfère se limiter à la sécurisation de son pouvoir et de sa personne…

Tout prête à croire que ce serait le cas, mais je ne sais pas s'il y a au fond autre chose, d'autres paramètres, qui empêchent le président de sanctionner.

La sécurité avait-elle un rapport avec la commission de vérification du Parti Congolais du Travail à l'époque ?

Non, pas du tout. Ce qui était dommage.

S'agissait-il de « diviser pour mieux régner » ?

Nullement, nous ne faisions pas partie de la même institution et n'avions donc pas de rapports fonctionnels. Il appartenait au président de faire avec son cabinet la synthèse de toutes les informations et situations.

À l'époque on retrouvait la sécurité d'État dans les bars, les hôtels, les boîtes de nuit, les restaurants, les marchés, à la poste, dans toutes les grandes avenues, etc. Elle surveillait les dérapages, du banditisme au train de vie. Pourquoi la même chose ne peut-elle pas être faite aujourd'hui ?

Je crois qu'il y a un flou sur les niveaux d'autorité et de compétence. Qui commande qui et qui a compétence de sanctionner un guerrier à qui appartiennent les dividendes de la victoire ?

Au regard du budget de l'État, les services spéciaux d'aujourd'hui ont plus de moyens que ceux d'hier, pourquoi ne font-ils pas plus ou mieux que ces derniers ?

La réponse ne peut se résumer en termes de moyens financiers mais concerne ce que le chef suprême attend des services. Attend-t-il l'évaluation de la situation réelle du pays comme à l'époque ou plutôt les résultats des interrogatoires de ceux qui en veulent à son pouvoir ou trouble sa tranquillité personnelle. L'objectif des services de police et des Services spéciaux aujourd'hui est que tout le monde se taise et regarde sans réaction, que ça marche ou non.

A-t-on encore besoin du genre d'évaluation que vous faisiez à l'époque ?

Je suppose que oui. Il se pourrait aussi qu'il y ait eu changement de méthode. À l'époque, je l'ai déjà dit, nous n'attendions pas qu'on nous exprime ce genre de besoins. Sur la base des discours sur l'état de la nation et de fin d'année du Chef de l'État, nous établissions un plan de travail annuel. Ce que disait le président, de l'économie, de la justice, des administrations, de la santé, etc. devenait notre matière de travail. Aujourd'hui, le président continue de parler, il dénonce ; il a dit par exemple que le Trésor ne doit plus être un marché, mais je ne sais pas si les services spéciaux s'en prennent à ce phénomène, à ces causes, au point de proposer ce qu'il faut faire pour lutter contre tout cela. Établissent-ils des objectifs, des cibles, montent-ils des opérations, suivent-ils et évaluent-ils la situation du pays en fonction de cela pour faire un bilan d'application des souhaits du Chef ? Il faut aussi avoir le courage de dire au président ce qu'on voit réellement, ce qui se passe véritablement sur le terrain. Ne pas le lui dire pour protéger les intérêts et privilèges, c'est ne pas l'aider.

Peut-être qu'à l'époque vous aviez l'avantage, bien qu'aîné, d'être de la même génération que le président, d'avoir pris des risques avec lui, d'avoir vécu des histoires extraordinaires avec lui, d'avoir plaisanté avec lui, d'avoir partagé des souvenirs avec lui. Les cadres d'aujourd'hui n'ont pas ces avantages-là. Ne leur est-il pas normal d'exagérer dans la crainte du président et de son entourage immédiat au point d'avoir peur ?

Je ne le crois pas. Ce n'est pas la peur du président qui motive ces cadres. S'ils avaient si peur de lui, ils ne feraient pas ce que je vois aujourd'hui. Nombreux sont ceux qui profitent de cette nonchalance du Chef de l'État. Ils savent qu'il y aura rien. J'entends des ministres dire, après des conseils : « Les rares cas où le président s'énerve, les ministres non habitués au président ont peur mais les autres attendent que le froid se rétablisse, que le pourrissement reprenne son cours. ». Aujourd'hui, pour être sanctionné, il faut aller aux extrêmes, commettre une faute qui concerne personnellement le Chef de l'État ou l'un des intouchables de la présidence. Si c'est parce que l'ascenseur du CHU ne marche pas, que les équipements et les structures médicaux sont mal entretenus, qu'on n'arrive pas à bien soigner les Congolais, que les salariés et les pensionnés subissent trop de tracasseries dans la perception des salaires et des pensions, que des fonctionnaires abandonnés dans des villages enclavés n'ont plus de réquisition de transport comme hier en cas d'affectation ou pour venir toucher leurs salaires, qu'on ne parvient pas à respecter les délais et les promesses de satisfaire un tant soit peu les Congolais en matière d'eau, d'électricité, etc., vous pouvez être tranquille, il n'y aura pas de sanction. On vous posera peut-être la question : « Mais comment là-bas… Et alors ?… ». C'est fini, vous garderez votre poste après. Si on vous l'enlève, c'est pour vous en donner un autre. Cela fait que les cadres préfèrent s'enrichir par n'importe quel procédé à condition d'encenser le pouvoir.

L'impunité n'existe-t-elle pas depuis Marien Ngouabi ? Pour ne citer que le président qui vous est le plus proche. J'aurais pu parler de Youlou qui perd le pouvoir à cause de l'impunité face à certains collaborateurs, Massamba-Débat face à la Défense civile et à la JMNR…

Sous Marien Ngouabi, je ne peux pas dire que c'était de l'impunité. Il a puni Yhombi en le sortant du Comité central, ce qui plus tard coûtera à ce dernier la présidence de la République. On peut encore citer le cas de Justin Lékoundzou Itihi Ossétoumba sanctionné par le président Marien Ngouabi à cause de la mauvaise gestion d'une entreprise d'Etat. Il a certes été sentimental avec d'autres et cela lui a coûté très cher.

A-t-on réellement le souvenir des hauts cadres interpellés par la Sécurité d'Etat pour mauvaise gestion ?

A notre époque, les hauts cadres politiques, administratifs et techniques avaient plus peur que les cadres moyens ou inférieurs. Nous avions à la Sécurité d'État créé un mythe qui s'est à la longue retourné contre nous. C'était le mythe d'un service qui pouvait tout voir et tout savoir. Tout le monde était hanté par la crainte de faire l'objet d'une fiche, de subir une sanction, de perdre toute estime, tout honneur, tout respect, etc. Cela nous permettait de compenser la limite des moyens. Nous faisions vraiment de la dissuasion. Dans un tel climat, on ne pouvait que difficilement trouver des cadres qui osaient faire ce qui se fait aujourd'hui. Nous ne pouvions pas interpeller des cadres pour faire plaisir à l'opinion. Ils s'abstenaient, les cadres. Ils avaient des comptes à rendre.

Le président de la République s'était-il déjà opposé à vous pour protéger un cadre ?

Jamais jusqu'au jour où constatant l'ouverture d'un chantier de construction d'une maison qui montait à une allure impressionnante en plein centre-ville dans le boulevard du Maréchal Lyautey actuelle avenue Auxence Ickonga, les services lancèrent une investigation qui permit de découvrir que le responsable du chantier était un certain Ewandza, inspecteur des PTT, nommé Directeur des investissements au ministère du plan. Les services se mirent ensuite à chercher à savoir comment il faisait pour construire une maison à une telle allure et avec une main-d'œuvre aussi importante. Notre commission économique prit l'affaire en main et découvrit que ce monsieur n'avait même pas pris un crédit malgré le coût des travaux et de la main-d'œuvre au stade qu'avait atteint le chantier. Interpellé, il nous assura avoir fait un emprunt sans se douter que nous étions déjà à sa banque. Quand j'en rendis compte au Chef de l'État, il me dit : "Vous ne parlez que de Ewandza…". Après cela, je n'ai plus abordé ce genre de cas. Quoi qu'il en soit, ne pouvant sanctionner directement, nous avons tout fait pour donner l'impression que nous avions toute possibilité de décision sur le sort des gens.

Estimez-vous malgré ce cas que les services spéciaux avaient davantage les mains libres hier qu'aujourd'hui ?

Nous étions sous le régime du monopartisme. Nous ne pouvions pas avoir trop de liberté d'action. C'est en démocratie qu'on en a le plus, à moins d'être dans une fausse démocratie, une démocratie de façade.

Pour revenir à notre sujet, les cadres qui étaient avec vous, qui faisaient le travail dont vous parliez sont encore dans les services spéciaux. S'ils trouvent que cela ne sert plus à rien de faire des évaluations qui ne sont pas lues, qui ne préoccupent personne, peut-on le leur reprocher ? Et vous-même, si vous trouviez que vos fiches d'évaluations n'étaient pas lues, auriez-vous continué à le faire ?

Notre motivation était intacte. Quelles que soient les décisions qui étaient prises, nous continuions à faire nos évaluations. Jamais nous ne nous sommes arrêtés. Il ne nous appartenait pas de vérifier si le Chef avait lu ou non nos évaluations. Ensuite à notre époque, nous avions le sentiment de travailler pour le pays, pour l'histoire.

À vous écouter, on serait tenté de dire que c'était vraiment la grande époque, celle d'une Sécurité d'État qui travaillait objectivement pour le pays...

Au cours des Assemblées générales de la Direction générale de la Sécurité d'État, je disais que notre institution devait être le socle de l'unité nationale. Nous avons certes nos tribus, mais il y a une seule et grande tribu qui doit par-dessus tout nous rassembler, c'est le Congo. Nous sommes au service de la nation dirigée par le président de la République et nous devons travailler pour cette nation, pour ce peuple et pour le président de la République. Durant douze ans, j'ai tenté, et je crois avoir réussi, de rassembler des cadres du nord, du sud de l'est et de l'ouest. Je n'ai pas senti le besoin un jour de me préoccuper des régions d'origine des cadres. Pour moi, c'était le Congo et les Congolais qui comptaient. Je crois que cela a marché et que cela est encore possible aujourd'hui. L'essentiel est que les dirigeants établissent et raffermissent un véritable lien avec les aspirations profondes du peuple congolais en matière de confiance politique, de sécurité et d'ordre. A notre époque, les cadres étaient profondément attachés à la structure, ils allaient en mission à pied et traversaient quelquefois le fleuve en pirogue. Ils étaient volontaires et efficaces. La ville de Brazzaville était quadrillée, les chefs de bloc, de zone et de quartier étaient sur l'ensemble du territoire, nos correspondants. Nous nous rapprochions d'eux pour obtenir des informations, même si pour les remercier, nous ne leur donnions quelquefois pas grand-chose. Tout au long de mon parcours à la tête des services spéciaux, j'ai beaucoup travaillé avec les jeunes du Pool, qui m'ont vraiment aidé et qui nous ont fait démentir que les ressortissants du Pool aient été systématiquement contre le fait que les originaires de la partie nord du pays soient au pouvoir, contrairement aux tendances développées par certains intellectuels.

Nous avions des éléments pour démontrer que les affirmations sur les velléités du Pool à ne jamais accepter le pouvoir du Nord étaient fausses. Curieusement, ces jeunes du Pool étaient moins portés sur l'argent que les jeunes d'ailleurs. Nous avions réussi à placer à l'époque au sein de toutes les entreprises d'État des cadres opérationnels affectés en bonne et due forme. Ils y ont travaillé dans l'anonymat, subissant le même traitement que les autres cadres de la boîte concernée. Dans les hôtels, les boîtes de nuits, des agents opérationnels étaient toujours présents. Un compte-rendu en était fait à la division économique qui enquêtait jusqu'aux postes de travail de ceux dont la consommation allait jusqu'à l'achat de plusieurs bouteilles de whisky ou de champagne en une soirée. Nous parvenions à détecter les détourneurs de fonds aussi bien de l'économat d'un lycée que d'une grande société. Des voitures du service d'investigation quadrillaient toutes les villes à partir de vingt-deux heures jusqu'à six heures du matin. Nous tombions sur des jeteurs de tracts ou des délinquants de tout genre. Toutes les villes étaient couvertes. Il y avait des gens qui faisaient l'objet de dossiers précis et qui étaient spécialement filés.

Réalisiez-vous tout cela sans moyens financiers conséquents ?

Dans le cadre de la préparation de notre budget. Nous faisions des états de besoins. Jusqu'en 1983, nous avions une allocation mensuelle de 17 millions remise par le ministre de l'Intérieur. Nous devions nous occuper de la sécurité intérieure et extérieure. En décembre 1983, nous ne relevions plus du ministère de l'intérieur mais de la présidence de la République. Notre allocation mensuelle fut majorée et oscillait désormais entre 22 et 23 millions. En 1984, la sécurité d'Etat est carrément oubliée des prévisions budgétaires de l'Etat exercice 1985, nous ne figurions nulle part. Je vais voir le président de la République avec le budget de l'Etat. Il est surpris et décide de faire venir le ministre des finances de l'époque, Lékoundzou itihi-Ossétoumba. Le ministre arrive et ne comprends pas ce qui s'est passé. C'est donc en 1986 que nous avions commencé à connaitre le montant qui nous était alloué dans le budget général de l'Etat. La plupart des ministres de cette époque-là sont encore vivants et j'en profite d'ailleurs pour remercier particulièrement l'ancien ministre des finances, Pierre Moussa qui nous aidait toujours à décaisser nos crédits facilement et à temps. C'est d'ailleurs lui qui avait permis que nous procédions à l'achat des taxis qui ne circulaient que de nuit pour ne pas que leurs conducteurs, combattants ou sous-officiers, soient repérés ou reconnus. Ils étaient souvent maquillés.

Ce sont des Agents qui soulevaient les bagages des clients, allaient les déposer à Bacongo, Makélékélé, Poto-poto, Moungali, Ouenzé, Talangaï, Mfilou. Les immatriculations de ces taxis ne se suivaient pas, elles étaient brassées. Nous éduquions nos chauffeurs sur la manière de bien se comporter face à un client. Certains chauffeurs écoutaient tout ce que les clients débitaient sur le pouvoir et les services publics. Ils les déposaient, et dans certains cas, notaient le numéro de la parcelle. Nous en tenions compte dans la mesure de la température de la ville. À toutes les heures de la nuit, nos talkies-walkies restaient allumés. Quand un agent avait des difficultés quelque part, il pouvait me joindre directement. Suite à notre demande, il nous avait été accordé d'être présents dans toutes les salles d'examen d'État et de concours administratifs. Je me souviens du jeune lieutenant, Elenga Mbot. Il aimait ce travail d'investigation de nuit, il en était passionné.

Quand il rentrait me rendre compte, je le voyais avec les yeux rouges de quelqu'un qui a veillé toute la nuit croquant cola sur cola. Il dirigea ensuite la division politique. Je me souviens aussi du colonel Joseph Kombo, directeur des services d'investigation ; il veillait à tout, ne dormait pas la nuit. La filature était sa passion. Certains officiers supérieurs de la structure m'ont particulièrement marqué moralement et techniquement, les colonels Jean Pierre Ngassaki Lépirat et Etienne Ngoma à la direction de la sécurité extérieure ; Luc Niono, mon Directeur de cabinet, chargé d'Etudes et synthèses de 1981 à 1991. C'était un génie, un garçon brillant mais modeste. Véritable chercheur opérationnel et professionnel, il avait une heure pour commencer le travail mais pas d'heures pour terminer. Il restait dans son bureau jusqu'à minuit en train de travailler alors que tout le monde était parti. Il n'a pas de voiture de fonction, mais ce n'est pas sa préoccupation, sa préoccupation c'est la synthèse et les études de la direction générale de la sécurité d'Etat. Il avait fait des médias sa passion, son laboratoire, de la presse écrite à l'audio-visuel. Il a formé et éduqué des jeunes qui évoluaient avec lui au bureau d'Études et synthèses, leur apprenant le travail, la présentation synthétique de l'information. Il avait à ses côtés le jeune Ntseyi, son dactylographe qui fonctionne comme quelqu'un qui ne voit rien, n'entend rien, ne parle pas donc comme un sourd, muet et aveugle. Aucun papier ne traine dans son bureau. Tout bout de papier est ramassé, déchiré et incinéré. L'entrée au bureau d'Etudes et synthèse n'est pas permise à tout le monde. Elle est surveillée par Ntseyi. Je me souviens de tous ces cadres qui ont donné le meilleur d'eux-mêmes pour faire de la Sécurité d'Etat ce qu'il était dans les années 80.

Le chef d'Antenne de la sécurité d'État à Paris, le colonel Jacques Ongotto qui a abattu un travail extraordinaire auprès de maître Moudileno Massengo, d'Ekondi Akala, etc. Le colonel Basile Zobi, conseiller d'Ambassade, Chef d'Antenne de la Direction Générale de la Sécurité d'État à Yaoundé, un cadre intelligent, méthodique, grand travailleur également; nous a fait voir tout ce qui se passait au Cameroun sur les plans politique, économique et social. Il était un bon tireur au P.A (pistolet automatique) à l'entraînement. Le colonel Joseph Mongo, Conseiller, chef d'antenne à Bruxelles, un cadre d'expérience qui a commencé comme inspecteur de police sur concours. Le colonel Dimi, conseiller, chef d'antenne à Luanda pendant huit ans, un cadre très efficace mais modeste et qui ne parlait pas. Pierre Oba qui a su s'imposer par le travail. Il était d'abord au bureau d'Études et synthèses avant que je l'affecte à la sécurité présidentielle.

Le commandant Mongo Joseph que je détache pour la sécurité présidentielle avec d'autres éléments après le 5 février 1979. Bikindou Thomas qui succède à Pierre Oba au bureau Etudes et synthèse. Le capitaine Ondélé Patrice, au départ brillant cadre, que je mute à la présidence de la République non pas à la demande du président mais de ma propre initiative. Après, je ne l'ai plus reconnu. À l'époque, le haut commandement de la Sécurité d'État s'accorda unanimement pour nommer un sous-lieutenant à une direction régionale, il s'agissait de Stanislas Nkoud nommé à la tête de la direction régionale de la Lékoumou à Sibiti. Il avait un sens de commandement qui justifiait de tenir une direction régionale à ce grade. Effectivement il a bien géré cette fonction.

A la division économique, il y avait le jeune Madzou Daniel. Le jeune Paul Mpouki dirigeait la division diplomatique et constituait avec le jeune Joseph Kombo, qui était à la division d'investigation, un tandem extraordinaire qui s'appuyait sur d'autres éléments réputés fanatiques du travail opérationnel d'investigation. Ils travaillent le jour mais beaucoup plus de nuit où ils deviennent de véritables vampires. Il s'agissait de : - Patrice Mayouma, spécialiste des techniques opérationnelles et chercheur ; - Salabandzi Raphaël ; Bakékolo alias Baker ; Mbindji André ; Nzaba Milongo ; Owaro ; Ngouandji Fulbert ; Obien Alphonse ; Okila Joseph ; Alain Letsouoni ; Pierre Moumbouli ; Kamar Mampolo ; Obambi ; Ngatsé ; Thaolien ; les techniciens de la photo opérationnelle Bengazi et Buto. Et bien d'autres que je ne peux pas tous citer ici. Ils sont sur le terrain 24 heures sur 24. Ils n'ont plus de vie de famille, ils n'ont que la journée pour le petit repos de six heures. Je me souviens encore d'un jour où la présidence de la République m'informe de la disparition d'une étude confidentielle liée à une banque située en Belgique. Je transmets immédiatement l'information au chef de service de la division d'investigation qui se rend sur le champ à la présidence de la République.

Après quelques précisions, il fouille les noms de tous ceux qui étaient en audience à la présidence, le colonel Kombo revient à la direction générale me faire le point sur les éléments trouvés et son idée de la manœuvre. Parmi les visiteurs en audience, un nom retient leur attention, celui d'un journaliste européen logé à l'hôtel Méridien. Le colonel se rend sur place à l'hôtel pour vérifier s'il y était bel et bien logé et dans quelle chambre. L'information est confirmée et le numéro de la chambre obtenu. Le concerné est absent de la chambre. Les éléments d'investigation peuvent alors placer leur dispositif et débuter le travail. Kombo met alors en branle son système, et perquisitionne complètement la chambre. Tout est fouillé : l'armoire ; le garde linge ; le matelas ; la valise, les vêtements. Rien n'est trouvé. Tout est enfin remis dans l'ordre pour que rien ne laisse suspecter une perquisition.

Avant de quitter la chambre, Kombo a une perception intuitive, son sixième sens fait tourner son regard vers le réfrigérateur. Il avance, l'ouvre puis retrouve enfin le volumineux document placé au dernier compartiment. La photo opérationnelle du réfrigérateur contenant le document est réalisée. Avant de descendre, Kombo place deux de ses éléments sur le palier. Il descend au rez-de-chaussée pour attendre l'arrivée du journaliste. Quelques minutes après, ce dernier fait enfin son apparition. Il se dirige vers la réception, demande et retire sa clé, mais il ne monte pas. Il va au bar comme pour observer on ne sait qui ni quoi puis se dirige vers l'ascenseur afin de rejoindre sa chambre. Les éléments placés en observation informent immédiatement le colonel Kombo par talkie-walkie. Il monte après le journaliste et frappe aussitôt la porte. Dès que la porte lui est ouverte, il se présente en tant qu'officier de la sécurité d'Etat. Il lui dit : « nous sommes à la recherche d'un document et vous demandons l'autorisation de perquisitionner votre chambre que nous considérons comme votre domicile ».

Le journaliste autorise la perquisition. Les éléments d'investigation commencent alors la perquisition. Le placard est fouillé, le lit, le garde linge, les vêtements et tout le reste. Les éléments ne tiennent pas du tout compte du réfrigérateur. Ils prennent tout le temps de fouiller et donnent l'impression de n'avoir rien trouvé. Comme si c'était par hasard, Kombo se dirige vers le réfrigérateur. Le regarde fixement, hésite puis l'ouvre et re-découvre enfin le document. Il demande alors au journaliste de les suivre. A l'interrogatoire, le journaliste reconnait avoir subtilisé le document au moment où il se trouvait à la présidence de la République. Après cela, le journaliste est gardé à vue. Comme toujours des cadres congolais travaillant à la présidence de la République vont voir le président pour se plaindre des méthodes de la sécurité d'Etat qu'ils estiment mauvaises. Et le président de répliquer comme il le faisait souvent : « laissez Ngouélondélé faire son travail ». Nous poursuivons notre travail et terminons notre enquête avant de décider de refouler le journaliste. Il est conduit à l'aéroport et mis dans l'avion. Nous tenons informé le consulat de France.

Pas facile de travailler dans de telles conditions…

Les difficultés on en rencontrait à tous les niveaux, au sommet comme à la base. En 1980, au cours d'une séance de travail du Commandement de notre institution, nous avions ce jour-là, un seul point à l'ordre du jour : l'installation des directions régionales. Concernant la région du Pool, j'avais décidé de muter le lieutenant Jacques Ongotto, un jeune officier dont la manière de servir était bonne, un jeune habile, pénétrant, intelligent et ayant surtout le sens du contact et parlant un Lari littéraire tout en étant de la communauté bayaka. Il n'est pas heureux de recevoir cette promotion mais il doit partir. Je savais qu'il devait me maudire intérieurement, mais c'était un ordre. Il n'avait pas le choix. Il fait ses bagages et le voilà parti pour kinkala. Le lendemain de son arrivée, l'information a déjà circulé à propos de l'affectation d'un officier de la sécurité d'État. Le soir venu, un vieux notable de Kinkala circule avec sa lampe tempête à la main véhiculant en Lari l'arrivée et l'installation de la police secrète et invitant les autres à faire attention. Le lieutenant Ongotto écoute tout cela depuis chez lui. Il est malheureux. Il estime que ce n'est pas une simple affectation mais plutôt une sanction. Il est considéré par certains comme celui que la République envoie non pas pour s'occuper de leur sécurité et de la paix, mais pour les espionner. Comme s'il s'agissait d'un espion américain ou français venu travailler dans un pays étranger.

Ce cadre des services qui a un nom commençant par une voyelle est supposé être ressortissant de la partie nord du pays. Il est pris pour un espion congolais venu travailler contre des Congolais. Les jours qui suivent, il ne sait plus où se mettre. Il trouve alors une idée géniale. Comme il est un vrai "Yaka dia mama" (c'est-à-dire un véritable supporter et membre du club sportif Diable-noirs dont se réclament de nombreux ressortissants du Pool) et qu'à l'époque l'un des célèbres joueurs de cette équipe, Mbemba Tostao, est son véritable ami, il lui adresse une invitation pour Kinkala afin de partager quelques beaux moments avec lui. Le joueur arrive effectivement à Kinkala chez le lieutenant Ongotto.

C'est le célèbre joueur de Diable-noir que de nombreux habitants de Kinkala qui se réclament de cette équipe n'ont jamais vu physiquement. Le joueur envoie un mot aux sages de la ville disant qu'il veut leur faire un message à une heure précise. Le moment venu, les sages répondent présent pour écouter le message du joueur qui arrive en compagnie de certains de ses co-équipiers et de l'espion. La surprise est totale. Il explique alors aux sages de Kinkala que le nouvel arrivé qui est devant eux est des leurs. Il est 100/100 Yaka dia mama. Il faudra donc l'aider dans le travail qu'il fera pour eux, les habitants, et non pour lui. Le joueur Mbemba Tostao est applaudi, le sage qui prend la parole dit au lieutenant : « Vous aussi, avec un nom commençant par O ; on ne pouvait pas savoir que vous étiez des nôtres alors excusez-nous. Maintenant, nous te considérons comme notre enfant». C'était en fait dommage mais telles étaient parfois les conditions complexes dans lesquelles devaient travailler certains agents.

A défaut de la République, Ngouélondélé reconnaissant ?

J'exprime ma reconnaissance à ceux qui m'ont entouré. Il y en a d'autres dont je n'ai pas cité les noms. Ils ont contribué à faire du pouvoir ce qu'il était en matière d'ordre, de rigueur, de tranquillité et de paix. Des jeunes soldats, combattants, sous-officiers, officiers subalternes et supérieurs ; hier avec le colonel Sassou Nguesso puis le capitaine Dénis Ibara et plus tard avec moi durant 12 ans, ils ont fini par s'adapter à mon style, le style de travail de la gendarmerie. Pour le travail administratif, nous avions un horaire fixe mais pour le travail opérationnel, c'était tout autre chose. Le rythme était fou et pratiquement 24 heures sur 24. De 1977 à 1979, le rythme n'avait pas encore atteint le niveau optimal. De 1980 à 1991, le rythme des activités opérationnelles est au top. De jeunes officiers revenus de formation en Algérie dont certains avaient arrêté leurs études à l'université pour devenir cadre de la sécurité devaient lier la théorie à la pratique sur le terrain. Ils avaient des ambitions opérationnelles de réussir et de bien faire ; ils avaient l'allure, le flair, le savoir opérationnel. Je ne peux que leur exprimer toute ma reconnaissance. Il aurait bien sûr été mieux que ce soit la République qui le fasse à ma place. Certains sont morts, d'autres sont encore en vie. Certains ont pu brillamment poursuivre leurs carrières mais d'autres sont tombés dans l'anonymat. C'est cela la vie.

Les regrets ?

Durant les 12 ans, je n'ai pas pu réaliser un projet qui m'était très cher : la construction d'un bâtiment de trois étages abritant la direction générale de la sécurité d'Etat. Un bâtiment avec deux sous-sols, un premier sous-sol opérationnel, un deuxième prévu pour les cas de situation extraordinaire pouvant abriter tout le gouvernement. J'avais consulté, vers les années 80, un grand architecte pour cette conception et coût avait été estimée à trois milliards de Franc Cfa. J'avais obtenu l'accord de principe du président de la République, mais à la fin de la réalisation du plan quinquennal, j'avais compris que le projet avait glissé.

Après les cinq ans de Pascal Lissouba, n'est-ce pas en souvenir de cette époque d'ordre, de surveillance et de veille, que mêmes certains sympathisants de celui-ci ont regretté le Sassou du mono ?

Oui, cela est vrai, nombreux sont les Congolais qui ont regretté l'homme Sassou, mais pas le système, et cela non seulement par rapport à nous, mais par rapport à beaucoup d'autres choses. Ils regrettaient aussi la façon dont l'État et ses serviteurs se comportaient. Malheureusement, ce n'est plus le même entourage, plus les mêmes motivations, plus la même joie de servir. Certains qui l'ont servi dans des conditions honnêtes et de manière exemplaire se sont retrouvés à la retraite dans la pauvreté sans se plaindre. Il ne s'agit pas seulement de ceux qui ont travaillé avec moi, il y en a qui ont servi honnêtement et brillamment ailleurs dans les institutions de la République et les structures de l'État. Ils vivent aujourd'hui dans des conditions inimaginables sur les plans de la santé, du logement et même de l'alimentation.

Quels ont été vos rapports avec le KGB ?

Nous avions de traditionnels échanges d'informations entre services spéciaux des pays progressistes face aux pays capitalistes. C'est tout. J'ai voulu m'inspirer du sens de l'organisation de ces grandes structures mais cela n'était pas facile. Elles étaient bien organisées et cela m'impressionnait. Je citerai en exemple le cas suivant : une fois, je dois effectuer une visite de travail à Moscou pour rencontrer un membre du bureau politique président du comité du KGB, Tchébrekov. Je prends l'Aéroflot de Brazzaville à Tripoli, et de là à Moscou. Je suis accueilli par l'adjoint du général Tchébrekov, le général Alexis Yev. De l'aéroport de Moscou à la résidence où je devais être logé, je remarquai que tout au long des vingt-cinq kilomètres de route, nous n'avions rencontré aucun feu rouge. Chaque fois que nous arrivions à un feu, il passait au vert. Certainement pour que nous ne nous arrêtions pas pour des raisons de sécurité. Nous eûmes une séance de travail très concluante. Mais atteindre ce niveau d'organisation n'était pas facile. Avec le président du Comité du KGB, Tchebrekov, nous avons eu une excellente séance de travail.

Vous est-il arrivé de travailler avez le KGB dans une même opération, sur une même affaire ou un même dossier ?

Nous collaborions avec le KGB. J'avais à mes côtés en qualité de conseiller, un officier supérieur des services soviétiques, le colonel Igor.

Et les services cubains ?

Ils m'avaient aussi envoyé un conseiller. J'en avais deux en tout.

Est-ce sous votre règne que les Cubains, comme vous l'avez dit plus loin, marquent tant notre histoire politico-militaire ?

La décolonisation massive de l'Afrique, au début des années 1960, avait ravivé l'intérêt des renseignements américains, français, soviétiques, chinois, israéliens pour le continent africain. En 1963, une division africaine de la CIA avait été créée et des antennes furent placées dans tous les pays d'Afrique. Or dès que Fidel Castro arrive au pouvoir en 1959, il décide d'exporter sa révolution. Il convoite l'Afrique et mijote de contrôler, ou plutôt de « cubaniser » le mouvement noir de libération. Sa police secrète, la DGI, étant limitée en termes de moyens techniques et financiers, Cuba passe par la coopération et la collaboration alors que le KGB passe beaucoup plus par le soutien aux mouvements de libération militaro-politique sous prétexte de voler au secours des pauvres et des exploités. A l'université Patrice Lumumba de Moscou, le KGB initie des terroristes arabes aux techniques de guérilla et à la façon de s'en servir. L'arrivée de Mao puis de Deng Xiaoping fait que les services de renseignements chinois s'investissent intensément en Afrique empruntent une nouvelle voie. Mais les chinois, avec leur CSIS prennent du retard par rapport au KGB. Le CSIS considérait en effet l'État hébreu comme une marionnette aux mains de Washington, donc une cible légitime. Avec le légendaire colonel Kao Ling, orienta ses attaques contre le Mossad. Meir Amit décida un jour de riposter et donc d'affronter le CSIS en Afrique.

Plusieurs agents du CSIS y perdront la vie, assassinés. Kao Ling lui-même échappa de peu à la mort lors d'un voyage chez nous au Congo-Brazzaville. Sa voiture fut minée et explosa après qu'il changea de voiture d'instinct. C'est son chauffeur qui y perdit la vie. Le Mossad avait décidé de faire tomber le régime de Kwame Nkrumah, le président pro-Chinois du

Ghana. Au moment où ce dernier se trouvait à Pékin en visite officielle, le Mossad organisa un soulèvement qui eut pour suite la chute du gouvernement. Par ricochet, le réseau local du CSIS fut démantelé. Le CSIS et le Mossad finirent par s'entendre pour saper l'influence russe sur le continent.

Mais le KGB qui continuait d'avancer sur les plates-bandes de Castro en Afrique qui avait besoin de financements. C'est la Russie qui finançait l'économie cubaine. Les Chefs du KGB et du Politburo firent une forte pression sur Castro pour promouvoir le socialisme soviétique –et non chinois- comme étant celui dont l'Afrique avait besoin. Ce qui fut fait. Sous prétexte de recevoir des coopérants, Cuba reçut des milliers de conseillers soviétiques chargés d'initier les agents de sa police secrète, aux manières d'opérer « correctement » en Afrique. Le KGB voulut élargir cette forme d'emprise par l'aide financière en Afrique en commençant par la Somalie. Mais avec l'appui du Mossad, la Chine aida massivement la somalie et le Soudan. Le gouvernement militaire du président soudanais Nimeri expulsa sur le champ les diplomates russes et suspendit tous les programmes d'aides soviétiques.

Quel était le Service secret africain qui pouvait compter pour ces grandes puissances…

C'était le service de renseignement sud-africain, le Bureau of State Security (BOSS), qui menait par ailleurs la répression contre les Noirs dans le cadre de l'Apartheid. Le Mossad le considéra un moment comme un allié stratégique. Le BOSS réglait le compte des opposants et des résistants. Le Mossad proposa même d'aider le BOSS à localiser les dirigeants de l'ANC – le Congrès national africain- exilés en Grande-Bretagne et en Europe continentale afin de les éliminer. Le gouvernement de Pretoria mit son veto à cette proposition. Il avait compris qu'une telle initiative lui ferait perdre le peu de soutien dont il bénéficiait encore de la part des conservateurs de Londres.

Pourquoi le Mossad en voulait-il tant à l'ANC…

Pendant l'invasion du Liban par Tsahal en 1982, le service secret israélien avait mis la main sur une quantité considérable de documents révélant l'existence des liens étroits entre l'OLP et l'ANC. C'est par rapport à cela que le Mossad proposa ses services et du matériel gracieusement au BOSS. Du matériel qui permit d'arrêter et de torturer des centaines de membres de l'ANC.

Et la sécurité d'Etat congolaise dans tout cela…

C'est plutôt par la diplomatie que le Congo prenant la tête de l'OUA en 1986 fournit des efforts considérables contre l'apartheid. Vous vous souviendrez du fonds africa qui est entré dans les annales de l'histoire. La véritable préoccupation était que le Mossad comme le BOSS pensaient que l'Afrique glissait inévitablement vers une révolution de gauche qui menacerait à terme Israël et l'Afrique du Sud. Ils voulaient l'éviter à tout prix.

Avaient-ils la bénédiction de la CIA dans cette affaire…

Ils n'avaient pas la bénédiction de la CIA pour la simple raison que Washington craignait qu'elle ne finisse par compromettre ses efforts pour garder le contrôle du continent noir. Dans les années 80, le Mossad évoluait avec une efficacité étonnante non seulement en dressant les Chinois contre les Russes, mais aussi en compliquant la vie à la CIA, au MI-6 et à d'autres services secrets européens opérant sur le continent. Chaque fois que quelqu'un menaçait la position du Mossad, ce service se lançait dans une contre-attaque imparable en dévoilant les activités secrètes de celui qui le menaçait. Des agents du MI-6 étaient ainsi démasqués au Kenya alors que ceux des Services français l'étaient au Zaïre, etc.

Avez-vous personnellement collaboré, même furtivement, avec des services spéciaux américains ou français ? Vous étiez taxé de pro-français à l'époque. Plus clairement, vous est-il arrivé d'être approché par la CIA ou la DGSE ?

Avec la France, nous n'avions pas d'accords particuliers, mais les services français nous faisaient bénéficier des stages pour la formation et le perfectionnement des cadres. Il m'est arrivé de demander la possibilité d'obtenir du matériel à deux cadres de la sécurité française, parce qu'ils étaient deux de mes anciens amis gendarmes mais sans suite.

Elf a été une sorte d'officine de renseignements travaillant avec la DGSE, la DST, les RG et le Quai d'Orsay, et ce quels que soient les changements de pouvoir en France ou les manœuvres de politique franco-française ; affirmeriez-vous qu'il n'y a eu aucun rapport entre l'une de ces structures et la Direction générale de la Sécurité d'État que vous dirigiez tout au long du règne monopartiste de Dénis Sassou Nguesso ? Les rapports entre Elf et son régime ont été excellents, tout le monde le sait.

En tant que Direction générale de la sécurité d'État, nous pratiquions le renseignement, nous collections les informations, analysions les situations et évaluions les conjonctures, mais nous n'opérions pas les choix et ne décidions pas. Nous exercions la surveillance des installations et du personnel d'Elf, c'est tout. Nous n'intervenions jamais dans ce que faisait Elf, que ce soit techniquement ou politiquement. D'ailleurs aucun pays d'Afrique ne peut se targuer d'avoir eu un véritable regard dans les affaires d'Elf ou un droit d'intervention ou d'inquisition.

Vous voulez dire que vous n'avez jamais été un relai de la Françafrique dans la période du monopartisme. Cela n'est pas imaginable !

J'ai été pragmatique en demandant au président Dénis Sassou Nguesso de toujours être réaliste, d'entretenir de bons rapports avec la France, compte tenu de nos liens économiques, monétaires et financiers. C'était sans rapport avec la Françafrique, qui en réalité est un néologisme créé par Félix Houphouët-Boigny, et non une doctrine à laquelle on était censé adhérer. Je ne gérais pas les amitiés politiques ou d'affaires du président avec certains présidents français, encore qu'à l'époque il y avait un peu plus de discrétion et de mesure.

Le Président Denis Sassou Nguesso vous garde à la tête de la Sécurité d'Etat jusqu'à l'abolition de cette institution, malgré les pressions contraires des siens ; qu'en ressentiez-vous ?

Tant que cela ne s'adressait pas directement à moi, cela ne me disait rien. J'ai tellement écouté les rumeurs et les spéculations non suivies d'effets que je m'y étais habitué. Si cela était vrai, le Président a été à la hauteur. Le Sassou d'hier avait le sens de l'Etat. Quand il n'était pas d'accord, il ne l'était pas, que vous soyez membre de sa famille ou non. À l'époque, il faisait l'effort de tout suivre et dirigeait vraiment sans se laisser aller à des considérations familiales. Il n'était pas aussi faible qu'aujourd'hui.

Pourquoi ne le suivez- vous pas dans sa traversée du désert ?

Il ne m'avait ni appelé, ni fait comprendre qu'il avait besoin de moi.

Comment vous aurait-il appelé ?

Écoutez ! Je ne peux pas m'imposer dans un cabinet ou un entourage politique ! Il faut tenir compte de ce que certaines personnes faisant partie de l'entourage du président Sassou me considéraient avec hostilité.

L'opinion était déjà contre la Sécurité d'État à la veille de la Conférence nationale, pressentiez-vous qu'elle serait dissoute ?

Au mois de juillet 1990, les services pressentaient déjà que la Sécurité d'État serait dissoute à la prochaine Conférence nationale. Une grande partie de l'opinion publique congolaise estimait que la Direction Générale de la Sécurité d'État était un instrument au service de Dénis Sassou Nguesso. J'allai voir le président Sassou Nguesso pour lui demander de m'aider à apurer la dette que j'avais sur la construction de ma maison de la rue Yakomas à Poto-Poto. J'avais acheté du matériel à crédit à hauteur de dix-huit millions. Après plusieurs rappels, en décembre 1990, le colonel François Okinga m'apporte dix millions de Francs Cfa. Je ne croisais pas les bras pour autant. En pleine Conférence Nationale devenue Souveraine, je rencontrai les membres de la commission sécurité pour leur faire comprendre que la DGSE n'était pas un appareil redoutable au service du président de la république, mais un appareil au service de la république. Je tentai de faire la démonstration qu'il était possible de capitaliser l'expérience de la Sécurité d'État pour la nouvelle République au lieu de la dissoudre purement et simplement. J'exprimai le fait que je ne pouvais pas constituer le problème. J'étais un individu : « Epurez-moi, je regagnerai mon corps d'origine car je suis gendarme, fonctionnaire de la République.

Mais le service, ce n'est ni Sassou, ni moi ». Je suis allé jusqu'à leur proposer une nouvelle appellation plus douce et plus anonyme de "Direction générale de la documentation nationale" en sigle DGDN que l'on a refusée. Cet acharnement de certains conférenciers m'exaspérait. Sans prétention, ce service avait tout de même garanti la paix et la sécurité avec beaucoup d'imperfections certes, mais c'était toujours mieux que rien. Les membres de la commission sécurité avaient tout fait pour obtenir la dissolution de la Direction Générale de la Sécurité d'État, par tous les moyens. Ils sont parvenus à leur fin, mais quand, avec le recul, j'analyse tout cela, je me dis : « Sont-ils parvenus à faire avancer le pays ? ». En tout état de cause, le 10 juin, après la Conférence nationale souveraine, une résolution a été prise portant dissolution de la Sécurité d'État pour la simple raison qu'on a estimé qu'elle n'était pas une institution au service de la République, mais plutôt un appareil redoutable au service de Dénis Sassou Nguesso. Cet appareil qualifié de redoutable a été remplacé par la Direction Générale de la Surveillance du Territoire (DGST). On connait la suite : l'éternel recommencement et les tâtonnements.

Les grandes affaires de la Sécurité d'État

Comment Bernard Kolélas se retrouve-t-il cité dans l'affaire des bombes posées au cinéma Star et à l'Aéroport ?

Bernard Kolélas était cité par un monsieur qui déclara avoir fait partie des commandos recrutés et formés militairement au Zaïre et en Angola (1966-1968) par, lui Bernard Kolélas, dont la tentative de prise de pouvoir fut déjouée en novembre 1969. Cet homme aurait été initié au maniement des armes et explosifs sous la direction des mercenaires patentés comme Durville Michel et Le Champs alias Bob Denard au Zaïre et en Angola.

Ce monsieur dont vous ne dites pas le nom était-il resté libre ?

Ce n'est pas un secret, nous parlons là d'un sujet qui a fait l'objet d'un procès public radio et télédiffusé. Considéré comme l'un des principaux auteurs du complot de 1969, il fut condamné mais il bénéficia en 1973 d'une remise de peine.

Et cette personne cite donc Bernard Kolélas ?

Reconnaissant être l'auteur du vol d'une importante quantité d'explosifs le 6 avril 1982 aux carrières de Dragages Congo de Kombé vers Djoué, il affirme avoir agi sur les instructions de deux personnes dont Bernard Kolélas, son ancien maître, et le cadet de ce dernier, l'ex-capitaine Bikinkita Philippe, pour l'organisation de ces attentats.

Et Bernard Kolélas a-t-il reconnu les faits ?

Interpellé et entendu sur ces graves accusations, Bernard Kolélas a reconnu l'homme comme faisant partie de ses commandos formés au Zaïre et en Angola en 1966-1968, mais a rejeté toute participation de près ou de loin à l'attentat du 20 mars 1982.

Et Bikinkita Philippe ?

Il passait des reconnaissances de fait au rejet des allégations. Mais la commission d'enquête relèvera le caractère invraisemblable des déclarations de celui qui les avait dénoncés.

Pour aboutir à quelle conclusion ?

La commission d'enquête avait demandé la libération pure et simple des sieurs Kolélas Bernard, Bikinkita Philippe et de leur accusateur. Ce dernier avait même déclaré avoir reconnu les faits sur influence de la torture aux renseignements militaires. Ces aveux ayant été extorqués n'avaient aucune valeur.

Vous deviez avoir eu affaire à de fausses ou contre-vérités passées pour vraies sous l'effet de la torture ?

À la gendarmerie où j'ai été, nous avons toujours été contre le phénomène de la torture qu'interdit la loi. Dans tous les services de sécurité du monde entier, malheureusement la torture est pratiquée. Sans être pour la torture, il faut le reconnaître, se pratique quelquefois contre la volonté des responsables. Le recours à la torture n'était pas systématique, il y avait des cas où vous n'aviez pas d'autres moyens, pour accéder à la vérité. Il y a forcément des cas qui ont été contre-productifs, mais il y a des cas qui ont permis de déjouer des coups, des manœuvres, des manipulations, dont les conséquences auraient été dramatiques pour les Congolais. Ce qui est grave, c'est qu'on a découvert que même dans les partis politiques, d'après la conférence nationale, il y a eu recours à la torture.

Dans quels partis politiques précisément ?

Dans tous les partis politiques qui avaient des milices privées à l'époque.

Vous revendiquez le monopole de la violence par l'État ?

Je ne peux pas revendiquer le monopole de la violence par l'État bien que l'État ait en lui-même le monopole de la violence légitime pour l'intérêt public. La violence reste la violence. Elle n'est pas idéale. Mais elle devient légitime lorsque l'État use des moyens légaux pour remettre de l'ordre, déjouer des complots qui remettraient en cause la paix et la quiétude des citoyens. Or, le propre d'un parti est d'avoir une opinion établie, d'être partie prenante, il ne lui est en aucun cas permis d'avoir une milice, de détenir des armes de guerre ou d'exercer des actions de police.

L'État a toujours été sous la houlette du parti au pouvoir en monopartisme ou en démocratie.

Au niveau de l'État, on peut contrôler, vérifier, découvrir, rattraper et même sanctionner sinon à l'instant, du moins au bout d'un certain temps, quelle que soit la durée.

Revenons à notre sujet. Comment, de Kolélas-Binkinkita, aboutissez-vous à Ndalla Claude Ernest alias "Graille" ?

Pendant que se poursuivaient les enquêtes autour de Kolélas-Binkinkita et leur accusateur, des informations avaient été recueillies dans l'entourage de Ndalla.

S'agissait-il des membres du M22 ?

Pas spécialement, l'entourage de Ndalla n'est pas constitué que des membres du M 22. Il faut cependant retenir à l'époque que le fait que certains du M22 soient récupérés et nommés et d'autres non, a semé la frustration chez certains, parmi lesquels Ndalla. Je crois qu'il faut plutôt parler de certains hommes de gauche de l'intérieur comme de l'extérieur du pays…

…Qui se retrouvaient dans le "Front" dont aurait parlé Thystère à Ndalla, selon ce dernier ?

Je préfère parler de certaines personnes de gauche plutôt que m'appesantir sur les déclarations unilatérales de Ndalla. Que savons-nous aujourd'hui de ce Front ? Rien.

Ndalla et Thystère avaient-ils une accointance idéologique certaine ?

Bien sûr, mais là n'est pas l'objet de ce qui aurait été la motivation de Ndalla.

Quelle aurait pu être sa motivation ?

Je ne dis pas qu'il était le coupable numéro 1.

Sa motivation dans la compromission, je veux dire ...

Il était frustré. Il demandait à rencontrer le Chef de l'Etat de l'époque en vain, alors que d'autres cadres qui riaient du PCT, qui s'en moquaient, qui tenaient des propos durs à l'égard du PCT depuis Marien Ngouabi, étaient reçus. La plupart des cadres du M22 étaient cooptés, sauf lui et quelques autres.

Vous n'aimez pas citer les noms lorsque vous parlez souvent de l'histoire au nom de laquelle on devrait pourtant dire un certain nombre de choses...

Je ne suis pas Ndalla pour parler à la place de Ndalla. J'évoque simplement un fait qui l'a concerné et sur lequel il s'est prononcé.

Revenons au cas de Thystère, il s'en sort avec cinq ans avec sursis...

Oui, mais la commission, tout en établissant de façon irréfutable que l'intéressé s'était livré à des pratiques fétichistes (ce qui était répréhensible vis-à-vis des statuts du PCT), qu'il était frustré et insatisfait donc devenu hostile au pouvoir tout en y assumant des hautes fonctions, n'a pas pu obtenir de Jean Pierre Thystère Tchicaya la confirmation des affirmations de Ndalla. Et ce, malgré le retournement en plein procès de Ndalla qui ne se savait pas filmé par les enquêteurs à l'aide d'une camera cachée lors de l'interrogatoire dans nos services.

Selon vous, Thystère aurait pu savoir que quelque chose se passerait et se serait abstenu d'en parler à qui que ce soit...

Pas selon moi mais selon l'enquête, Thystère aurait pu au moins en avoir connaissance. Il a d'ailleurs été poursuivi pour non-dénonciation de crime ou délit.

Plus tard, certains sympathisants et membres du Rassemblement pour la Démocratie et le Progrès Social (RDPS) de Thystère Thicaya Jean Pierre se souviendront de vous et vous en voudront pour avoir dans le passé traîné leur leader en justice...

Ce n'est pas comme cela que nous arriverons à construire une nation. Ceux-là n'ont rien sur leur conscience parce qu'ils oublient qu'il y a eu des morts. C'est la tragédie de notre pays. Au nom de l'attachement ethnique, on peut cracher sur les malheurs des autres. Ce n'est pas parce qu'on est membre d'un parti et qu'on soutient aveuglément son leader qu'on se doit de faire comme si des Congolais n'étaient pas morts, alors qu'on aurait pu empêcher cela par la dénonciation. On ne peut faire comme s'il n'y avait pas eu des manquements graves qui pesaient sur certains hommes d'État, comme s'il devait y avoir des innocents qui meurent pour rien.

Plus précisément des manquements graves qui pèseraient sur Thystère Thicaya ?

Nous n'allons tout de même pas nous mettre à évoquer les détails d'une enquête qui a donné lieu à un procès dont le verdict est connu de tous.

Pour des besoins de l'histoire…

Je suis gendarme et non historien.

Entre vos conclusions et le verdict, y a-t-il eu un trop grand écart ou non ?

La sécurité d'État n'était pas un tribunal. Nous menions des enquêtes, faisions des observations. À propos de l'enquête sur l'explosion des engins au cinéma Star et à Maya-maya les 20 mars et 17 juillet 1982 à Brazzaville, nous jugeâmes utiles de présenter à la Justice, les nommés Thystère Tchicaya Jean Pierre, Claude Ernest Ndalla, Kivouna Gaspard, Biampandou Daniel, Bouissou Jean, Kembissila Jean Claude, Nzalakanda Blaise, qui étaient susceptibles d'être poursuivis pour non-dénonciation de crime et délit et atteinte à la sûreté intérieure et extérieure de l'État. Pour le reste, vous connaissez le verdict du procès. Politiquement, il y a lieu de retenir que ce coup a été conçu sur la base d'une fausse appréciation. Les auteurs de ces attentats voulaient susciter une vague de mécontentement et de soulèvement contre le président Dénis Sassou Nguesso, mais ils aboutirent à l'effet contraire. La population non habituée à un tel degré de violence fut traumatisée et se resserra autour du président. Cela traduit combien la population congolaise a horreur de la violence et la réprouve comme méthode politique.

Je vous pose une question qui va certainement vous gêner mais permettez-moi de le faire pour les besoins de l'histoire. Le fait qu'on se trouve dans une affaire où la plupart des personnes susceptibles d'être poursuivies pour non-dénonciation de crime et délit et atteinte à la sûreté intérieure et extérieure de l'État sont originaires de la partie sud du pays avec des motifs de frustration sur le pouvoir dont le tenant est originaire de la partie nord, n'a-t-il pas pesé sur le procès de sorte qu'on ait craint d'enfoncer le clou sur ceux qui doutaient encore de ce que la justice ait été rendue équitablement au procès de Marien Ngouabi entre les ressortissants du nord et ceux du sud ?

Des gens l'ont pensé mais je n'y crois pas. Le procès était diffusé sur les médias, chacun a pu suivre et apprécier. Des arguments juridiques et politiques ont été échangés. Mais cela n'empêche pas que chacun y soit allé de son imagination. Quand on entre dans le subjectif, on ne s'en sort pas toujours, nous avons intérêt à nous réconcilier sincèrement pour qu'enfin une justice objective soit à l'ordre du jour dans notre pays, sans suspicion.

Le verdict a quand même des écarts surprenants avec les faits et les aveux. Certains de vos anciens collaborateurs disent même que Ndalla vous aurait écrit pour avouer son crime et que vous gardez encore aujourd'hui cette lettre d'aveu qui contraste avec le verdict ?

Effectivement, Ndalla m'a écrit en disant : "Mon colonel, je suis vaincu, je me rends".

Que nous faut-il retenir par-là ?

Je reconnais détenir cette lettre mais je ne fais pas d'autres commentaires.

Avez-vous l'impression que ce procès s'était bien déroulé ?

Je sais que c'est relatif selon que l'on est du côté des victimes ou des accusés. Je me souviens de maître Placide Lenga qui, recevant le rapport synthèse de la commission d'enquête sur l'explosion des engins au cinéma Star et à Maya-maya, les 20 mars et 17 juillet 1982, à Brazzaville, s'écrie : "Ah ! Mon cher Emmanuel, je retrouve la gendarmerie". Le style et la manière de la gendarmerie de mener des enquêtes. À l'ouverture il fait un réquisitoire qui met Ndalla dans de mauvais draps, allant jusqu'à le coincer. Le soir même, des cailloux sont jetés sur le toit de la villa de Placide Lenga. On lui crie en langue Lari : « Où est ton problème dans tout cela ? » C'est alors qu'il entre dans un mutisme que tentera de combler avec brio le jeune Ngatsé Obala, mais cette réticence de Placide Lenga aura beaucoup pesé sur le procès.

1990-1991

Prélude à la Conférence nationale souveraine

Ange Edouard Poungui dans "A cœur ouvert pour le Congo-Brazzaville, mon beau pays" raconte ceci : « *Lors d'un déplacement à Londres où j'effectuais une visite de travail en tant que Premier ministre, j'avais été amené à évoquer ce contexte international et ses conséquences inévitables sur notre pays. Cela se passait au salon d'honneur de l'aéroport de Roissy à Paris alors que j'étais en transit pour Londres. Cet échange que je croyais être une banale discussion de salon, avait lieu en présence de l'ambassadeur du Congo Brazzaville en France, Jean Marie Ewengué, deux ou trois de ses collaborateurs, les membres de ma délégation dont le ministre Tsiba Florent, mes conseillers Tsaty-Mabiala Pascal (politique) et Bikindou Robert (Travaux publics). Je soutenais le point de vue selon lequel le PCT ne devrait pas se montrer rétif à ce mouvement car nous n'échapperions pas du tout à ce vent... j'allais oublier de mentionner la présence de M. Jean Michel Bokamba qui participa lui aussi à cette discussion. Il soutenait que le multipartisme nous ramènerait à la situation de 1958-1959 où les émeutes opposèrent les partisans du président Youlou à ceux d'Opangault. Le Secrétaire général de la Confédération syndicale congolaise (CSC) ne faisait pas partie de ma délégation puisqu'il s'était arrêté à Paris pour participer au congrès de la Confédération générale des travailleurs (CGT).* »

Je crois que ce n'est pas le fait d'avoir évoqué les conséquences inévitables du vent de la péréstroïka sur notre pays qui ait posé problème. C'est peut-être la manière dont est rapportée l'histoire qui l'a rendu insolite. Je le dis parce qu'au niveau de la Sécurité d'Etat nous avions très tôt commencé à analyser ce contexte international.

Justement Ange Edouard poursuit en disant : « *Alors je fis venir le directeur de la Sécurité d'État, le colonel Ngouélondélé. Je lui ai dit que des rumeurs m'attribuaient des propos les plus invraisemblables que j'aurai tenus au cours d'une conférence de presse imaginaire pendant mon récent séjour à Londres. Selon ces rumeurs, j'aurais critiqué publiquement le régime. J'entrepris alors de lui relater les circonstances dans lesquelles j'avais échangé avec des personnes bien connues car il s'agissait tous de Congolais qui étaient autour de moi, au salon de Roissy Charles de Gaulle, au cours de notre brève escale parisienne. Pour toute réponse, il me conseilla de voir le président de la République Dénis Sassou Nguesso. Je rétorquais que les éclaircissements que je venais de lui donner me semblaient suffisants pour lui permettre le cas échéant d'informer le président afin de le rassurer. Le colonel insista pour que je rencontre le président de la République en personne. Cette insistance me surprit. Et suivant son conseil, je décidai de solliciter une audience auprès du président Sassou. Au cours de l'audience qu'il m'accorda, je lui exposai par le menu, les circonstances dans lesquelles je m'étais exprimé sur le multipartisme et sur la nécessité pour nous de nous adapter à ce système… Après mon exposé, un silence de mort s'installa entre nous : le président ne dit mot. Il ne posa aucune question et ne fit aucun commentaire…En effet, connaissant M. Sassou Nguesso, ce silence signifiait que ma version ne l'avait pas convaincu…Par la suite, après les investigations qu'il ne m'était pas difficile de mener, je sus que c'est le ministre Florent Tsiba qui, après une concertation téléphonique avec Jean Michel Bokamba Ya Ngouma, avait rapporté au président de la République mes propos en les retirant de leur contexte… Ce dernier [M. Sassou Nguesso] faisait plus confiance à M. Tsiba Florent qu'à son Premier ministre.»*

Je ne voudrais pas entrer dans ces considérations-là.

Si vous aviez très tôt commencé à analyser ce contexte international, cela veut dire que vous aviez vu la perestroïka arriver ? Comment vous y prenez-vous à la Sécurité d'État ?

À notre époque, les déclarations du président étaient considérées comme des programmes à part entière. C'est comme cela que lorsque le président déclare : « Les évolutions en cours en Europe de l'Est ne doivent pas nous laisser indifférents. Au contraire nous devons les analyser avec intelligence et discernement pour l'éclairage de notre propre lutte qui n'a jamais été et ne doit pas être déconnectée des expériences vécues sous d'autres cieux. », Nous prenons cela pour une invite et exigeons que ce soit considéré comme un programme pour les cadres et les institutions du Parti et de l'État. Nous commençons à repérer au sein de la société congolaise des facteurs susceptibles d'être à plus ou moins brève échéance, à l'origine des perturbations dans le fonctionnement des institutions nationales. Nous suggérons ensuite des perspectives susceptibles de permettre à la direction politique d'anticiper sur le cours des événements.

Saviez-vous que cela aboutirait à l'instauration de la démocratie dans notre pays ?

Il faudrait plutôt parler de réinstauration de la démocratie pluraliste. Nous disions déjà que les idéaux de paix et de démocratie l'emportaient largement sur les ostracismes des oppositions idéologiques et des considérations de lutte de classes.

Que suggériez-vous à l'époque ?

Nous avions amorcé une grande réflexion qui se proposait d'identifier les principaux problèmes politiques de notre pays.

Des problèmes pourtant connus...

La répétition est la mère des sciences. Elle nous a permis à l'époque d'évaluer la traduction institutionnelle de l'idée de démocratie dans notre pays et de situer le Congo dans le jeu de décomposition et de recomposition des alliances internationales.

Le président voyait les choses autrement, il le dit à la page 74 de "Le Manguier, le fleuve et la souris" : « **Pourtant dès mon retour de la Baule, j'ai senti que certains chefs politiques dans le pays n'avaient pas l'intention d'attendre pour précipiter le Congo dans le changement de régime. Ils appelaient à passer au pluralisme sans plus tarder et quel qu'en fut le prix. En réalité, ils espéraient profiter de la situation ainsi créée pour s'emparer du pouvoir. La Baule leur donnait les armes nécessaires pour réussir cette OPA. Plusieurs membres du parti se sont alors mis à réclamer la tenue d'une conférence nationale, à l'instar de celle qui se tenait au Benin. Je n'en voyais pas la nécessité puisque, le 29 juin, le Comité central du PCT avait décidé d'instaurer le multipartisme ; d'abolir le caractère marxiste-léniniste du parti qui devait, désormais, s'ouvrir à tous ; enfin, de séparer son rôle dirigeant et celui de l'État, les fonctions de président du parti et chef de l'État restant provisoirement associés. Le IV Congrès extraordinaire, en décembre, adoptera ces résolutions.** »

Au niveau de la sécurité d'Etat, nous étions limités à faire des analyses et des suggestions. La situation demandait qu'au niveau de la présidence de la République et du parti, il y ait des décisions fortes qui collent à la situation et aux circonstances.

Et l'opposition nord-sud ?

Nous savions que la problématique du pouvoir politique au Congo n'était pas dégagée de cet antagonisme malgré toute la campagne officielle de lutte contre le tribalisme, le régionalisme pour l'unité nationale. Nous étions et fonctionnions pour la République.

Fallait-il tout de même aller en démocratie dans ces conditions-là, sans réconciliation ni réparation même morale de graves fautes qui entamaient l'unité nationale ?

Elle était devenue inévitable avec la force du courant qui venait de l'Europe de l'Est. Il fallait y aller et tenter d'y trouver des compromis nécessaires à la réconciliation et à la reconstruction du pays.

Ce fut un gros risque.

Il y a un moment dans l'histoire où il faut prendre des risques incontournables.

Parmi les problèmes que vous identifiez ou plutôt ré-identifiez à la veille de la Conférence nationale, quel est le plus saillant ? Le tribalisme ?

C'est plutôt la crise financière et socio-économique. L'ensemble des cadres politico-administratifs est rendu responsable à des degrés divers de la mauvaise gestion, de la gabegie et de l'enrichissement illicite…

Le chef de l'Etat en était-il informé ?

Nous le disions toujours au Chef de l'État. C'est dans une fiche du 24 février 1990 que nous établissons le rapport entre cet état de fait avec la conférence nationale.

Cibliez-vous des cadres ?

Nous avions en amont fait le travail de savoir qui avait commis quoi, quand et où ? Là, il s'agissait plutôt d'identifier les problèmes qui aggraveraient la situation politique.

Saurons-nous un jour qui avait commis quoi, quand et où ?

La sécurité d'État n'était pas un tribunal.

Et pourtant…

Pourtant quoi ?

Vous avez envoyé des gens en prison et peut-être à la mort…

C'est archifaux. Je suis et je reste gendarme. Nous informions le Chef de l'État pour l'éclairer dans la prise de décision politique et comme tous les services de sécurité, nous versions certains dossiers à la Justice. N'oubliez pas que la Conférence nationale était souveraine. Elle pouvait prendre n'importe quelle grande décision et nous n'étions pas à l'abri de son jugement. Je crois qu'elle n'aurait pour rien au monde raté l'occasion de nous mettre devant le fait accompli, vu sa configuration. Et tout n'est pas fini, je suis disposé à aller dans n'importe quel tribunal international pour répondre de la gouvernance des questions de sûreté nationale qui relevaient de ma compétence. Les mythes ont souvent une longue vie ; ce qui est dommage c'est quand ils servent de base à certains pour des prises de position politique.

Venons à la crise économique, financière et socioculturelle des années 80, n'est-elle pas la fenêtre par laquelle passe le vent de la pérestroïka ?

En réponse à la crise, l'État avait à l'époque répondu par le PAS, le PASR et le PAES. Ces mesures certainement courageuses et nécessaires, mais impopulaires comme toutes mesures de rigueur, ont aggravé le climat général. Et comme vous le dites, le vent de l'est est passé par là.

Que pouvait être la solution selon vous ?

La prise de sanctions exemplaires contre les auteurs présumés de la crise, à savoir les Directeurs généraux présidents et autres gestionnaires dont la mauvaise gestion et les comportements irresponsables avaient conduit le pays à la dérive, pouvait déjà redonner confiance aux Congolais.

L'aviez-vous dit au Chef de l'État ?

Bien sûr que oui.

Et sa réaction ?

Il n'y avait jamais eu de réaction. C'était trop tard.

Avait-il trop attendu ?

Certainement. Nous n'avions plus assez de temps, nous devions agir le dos au mur. Le vent soufflait trop fort. Une forte combinaison des effets de la crise entamait les possibilités de rétablir la confiance. Le rétrécissement du marché de l'emploi, la baisse du pouvoir d'achat, le mauvais fonctionnement des systèmes éducatifs et de santé étaient des maux qui sapaient les fondements traditionnels du pouvoir révolutionnaire, notamment les jeunes et les travailleurs. Il y avait déjà des mesures très impopulaires mais nécessaires à l'époque, comme les avancements sans effets financiers, la non-intégration des jeunes diplômés, la privatisation des entreprises, et les compressions des effectifs dans ces entreprises contribuaient à la dégradation de ce que nous appelions la relation pouvoir-peuple. Le déclin dans toutes les disciplines sportives favorisait des comportements politiques agressifs vis-à-vis du pouvoir. Nous savons tous le rôle mobilisateur du sport dans notre pays. Même la musique était touchée par ce processus de dégradation. Les confessions et les sectes religieuses gagnaient en popularité alors que l'idéologie officielle reculait.

À entendre le message de l'état de la nation que le président venait de faire à l'occasion du cinquantenaire de l'indépendance de la République du Congo, on dirait que la situation est la même et que le Congo n'évolue pas...

Des mesures s'imposent dans notre pays que nous ne voulons peut-être pas prendre. Déjà en 1990, au niveau de la sécurité d'État, nous suggérions un train de mesures pouvant entraîner l'adhésion populaire, notamment la création des emplois pour les jeunes, le déblocage des effets financiers des avancements, l'amélioration de la gestion des affaires publiques, la dynamisation effective des enquêtes sur les biens mal acquis, la sanction des gestionnaires responsables de la déconfiture de l'État, la relance du sport et de la culture, des efforts soutenus en matière de soins de santé primaire. On pourrait en dire aujourd'hui que c'est un passage nécessaire qu'on ne veut pas emprunter pour aller vers le rétablissement de la confiance du peuple.

Cela veut aussi dire que ce que vous demandez n'est pas nouveau. Sauf que vous le dites et le faites tout haut alors qu'à l'époque de la Sécurité d'État vous le faisiez tout bas…

Je vous laisse la responsabilité de votre interprétation.

Nous y reviendrons. Continuons avec la situation qui précède la Conférence nationale souveraine. Ne craigniez-vous pas que la rue prenne l'initiative des dérapages ?

Nous travaillions sur cette éventualité. Nous avions à l'époque ciblé des secteurs dont les difficultés de gestion pouvaient jouer un rôle de relais ou d'amplificateur des mécontentements. La fragilisation de ces grands secteurs pouvait conduire à un embrasement généralisé à la faveur de n'importe quelle étincelle. Il s'agissait des secteurs touchant l'Université Marien Ngouabi, les Diplômés sans emplois, les volontaires de l'enseignement, l'Armée, le monde du travail.

C'est dans le monde du travail qu'arrive le pire...

C'était le monde le plus organisé et à même de canaliser un mouvement de mécontentement dans la durée.

Parlez-nous du lancement de la campagne nationale sur l'intériorisation du contenu de l'étape de la Révolution Nationale Démocratique et Populaire (RNDP)…

Il s'agissait d'un séminaire d'éducation et d'encadrement devant revêtir un caractère essentiellement didactique. Or, cette campagne initiée par la direction politique de l'époque était perçue dans l'opinion nationale comme une manœuvre de diversion devant l'impérieuse nécessité du "vrai" débat sur le renouveau. Il sied de noter que les objectifs de ce séminaire n'étaient pas clairement définis. Un quiproquo pouvait toujours être instigué et entretenu. Il ne manquait pas d'esprits malicieux pour cela. On a senti que les interventions dérapaient par rapport au thème central (intériorisation du contenu de l'étape). Les participants tentaient de transformer les débats en une tribune ou un forum sur le renouveau.

Peut-on avoir une idée sur les tendances de ces interventions ?

Parmi les interrogations de fond, il y avait la définition du concept de la démocratie dans le contexte de l'étape de la Révolution nationale et populaire (RNDP), l'inadaptation des thèmes considérés comme désuets par rapport aux préoccupations du moment et qui n'avaient pas intégré les nouveaux paramètres tels que la Perestroïka, l'immobilisme du Parti Congolais du Travail (PCT) par rapport aux bouleversements survenus à l'Est.

Que pensait la direction politique dans son ensemble ?

La pensée d'ensemble était la pensée officielle. Mais certains membres de la Direction politique nationale affirmaient qu'il fallait examiner en toute responsabilité les conséquences de la Perestroïka sur notre économie, accepter les réformes démocratiques qui s'y rattachaient d'autant plus que les organismes internationaux prenaient pour critère les changements tels qu'ils s'opéraient à l'Est. D'autres estimaient que ce débat était dépassé à en croire le Chef de la Révolution qui considérait que nos réformes avaient déjà été opérées sans attendre l'URSS, en citant bien sûr les différentes sensibilités représentées au sein du Parlement de l'époque.

Franchement, n'étiez-vous pas dépassé par l'enjeu de ce séminaire ?

Non, pas du tout. Mais ce séminaire avait eu le mérite d'être un véritable sondage d'opinion sur l'état psychologique des cadres et a relevé tant chez les membres du Parti que chez certains dirigeants des attitudes jusque-là insoupçonnées et qui ne pouvaient être comprises qu'en rapport avec la quête ardente de "débats démocratiques".

Dans le contexte de l'époque n'y a-t-il pas eu toute une emprise de la stratégie du soupçon dans la classe politique en général ?

Le soupçon, comme on le sait, a toujours été la maladie des services de renseignements, mais, dans ce cas-là, nous étions beaucoup plus préoccupés par l'Université qui apparaissait depuis 1985 comme le théâtre d'une agitation permanente et par la situation des vacataires qui, en dépit des mesures annoncées par le gouvernement, estimaient que cela n'avait pour seul but que de désamorcer une tension qui devenait insoutenable. Ces vacataires se proposaient d'exposer leurs contre-propositions dans une deuxième lettre ouverte. Ils soutenaient le mouvement des jeunes diplômés sans emplois. Les vacataires visaient le recrutement de davantage des leurs. Ils contestaient le chiffre de deux cent vingt (220) vacataires retenus pour le recrutement et estimaient qu'il y avait dans ce chiffre des étrangers (Zaïrois à l'époque, Centrafricains et Tchadiens). Ils évoquaient aussi la présence dans la liste des vacataires sortis depuis du pays, des employés dans d'autres structures et de ceux qui ne méritaient pas d'enseigner. Ces débats se poursuivaient au sein de petits groupes informels clandestins ainsi constitués pour des raisons de discrétion et d'efficacité.

Et les enseignants à l'Université, étaient-ils impliqués dans cette agitation ?

Les enseignants permanents étaient aussi dans une situation bouillonnante. Il venait de leur être retiré les heures complémentaires qui constituaient pour eux de véritables "vaches à lait". Mais à cette époque-là, l'État leur devait deux ans d'arriérés en heures supplémentaires. Ceux-ci redoutaient l'annulation pure et simple de cette créance de l'État. Il y avait une psychose qui planait sur les enseignants concernant les risques de compression qui découleraient des réformes académiques occasionnées par la suppression des D.E.S, la réouverture de la Maîtrise, des DEUG et DUEL. La perspective de réalisation d'un audit à l'Université Marien Ngouabi avait fait naître des angoisses. Elle était perçue comme une "ingérence" dangereuse qui bousculait les consciences, les féodalités et hiérarchies des savoirs qui s'étaient taillé des privilèges exorbitants au sein de cette institution.

A cette époque-là, les étudiants se plaignaient aussi des enseignants…

Les retards de bourses, la contestation de certaines réformes académiques, l'indignation suite au comportement de certains professeurs, suscitaient des tentatives de grève ou de boycott des cours. Nous redoutions le développement d'une solidarité entre le monde universitaire et les diplômés sans emplois qui la recherchaient activement.

Mais l'annonce des mesures du gouvernement avait tout de même suscité une accalmie, non ?

Ces mesures concernaient principalement les diplômés provenant des Ecoles professionnelles, laissant ceux issus des Universités sans solution.

Le "Mémorandum des jeunes cadres au chômage sur l'étape actuelle de notre Révolution" qui contenait toutes les revendications des diplômés sans emploi, était-il d'ordre politique ou corporatiste, selon vous ?

Ce mouvement se répartissait en deux groupes: les diplômés dits "apolitiques", issus des filières comme l'agronomie, la médecine, l'électricité, la mécanique, etc.… et ceux ayant une formation de sciences sociales, nantis d'une formation politique très poussée, par conséquent plus virulents et prêts à faire basculer les objectifs du mouvement vers des revendications essentiellement politiques (tenue d'une conférence nationale, définition de nouveaux rapports entre le parti et l'État, la représentativité géopolitique dans les instances dirigeantes, la relativisation des organisations de masse, la réduction des salaires fonctionnels et des membres politiques de la direction, etc..). À l'époque, les formes d'actions préconisées par les extrémistes pour accentuer la pression sur les pouvoirs étaient : l'organisation de marches ou de "carnavals de la misère", la perturbation des marchés de la place, l'adhésion des élèves et étudiants, la désorganisation du dispositif du service d'ordre, la rédaction de tracts, la sensibilisation des élèves des lycées et collèges de l'intérieur pour fixer une date de déclenchement d'une grève générale.

Et l'Armée en cette période-là ?

Tout système politique a toujours considéré l'armée comme son ultime rempart, à même de faire échec à toute tentative de déstabilisation. Or en 1990, il y avait un malaise dans l'Armée constaté dans tous les Corps et services de l'Armée populaire nationale. Les causes en étaient nombreuses. La dégradation de la condition sociale du militaire, le blocage des avancements sans effets financiers à l'époque, même au niveau des hommes de troupe, la décision sur le plafonnement des Officiers au grade de capitaine en particulier, le manque de textes écrits régissant l'avancement dans l'Armée en général, avaient ébranlé sérieusement le moral des troupes au point que l'on arrivait à douter de la fidélité et l'efficacité de cette armée dans une situation de tourmente politique dans le pays.

A la tête de la CSC dans les années 1990, Bokamba Yangouma, qui, au départ n'était pas forcément pour le multipartisme, en devient tactiquement fervent activiste, pour vous, directeur général de la Sécurité d'État, est-il un casse-tête ou une pièce maîtresse ?

Ni casse-tête, ni pièce maîtresse. La situation des travailleurs était catastrophique. Elle était même pire que celle des militaires. La thérapeutique des institutions de Brettons Woods était trop difficile à avaler. Le 5 février 1979, le Comité central du PCT avait les organisations de masses et sociales avec lui face au président du CMP qui était censé incarner le mal, mais le 27 juin 1990, on évinçait du comité central, peut-être au mauvais moment, le secrétaire chargé de la coordination des activités des organisations de masses et sociales, Bokamba-Yangouma. Le fusible idéal face au mécontentement des travailleurs. Or cela se faisait dans un contexte de pourrissement de la situation trop poussé. Il y avait déjà une vive tension entre le pouvoir et les travailleurs.

Lui qui, en pleine crise économique et sociale, étouffait les travailleurs pour le compte du pouvoir, lui dont les travailleurs voulaient la tête pour de nombreux griefs et à cause de l'usure dans la défense de leurs intérêts, ne pouvait pas échapper à la vindicte populaire. Bokamba Yangouma était déjà dans le collimateur d'un syndicat affilié à la CSC, la Fédération des travailleurs de l'Administration générale et des municipalités (Festragem) de Louis Gandou. Il était même ciblé par les critiques de la Festragem. Se sentant lâché par le pouvoir dont il était censé défendre la cause face aux travailleurs surchauffés, Bokamba Yangouma va devenir incontrôlable. Il n'a plus d'autres choix que de prendre le train de la contestation en marche. Si on ne voulait vraiment plus de lui, il fallait laisser cette besogne à la machine qui bouillait déjà.

Dans une vraie démocratie, on n'enlève pas le responsable d'une organisation de masse par un décret mais par la masse pour ne pas lui permettre de retourner cette masse contre vous, surtout quand il s'agit d'une masse qui a la possibilité de prendre un certain nombre de liberté. C'était à l'époque le cas des travailleurs congolais. La suspension du 8e congrès de la CSC, les vaines manœuvres de remplacement de Bokamba et la convocation à nouveau de ce congrès, va permettre à ce dernier de passer du désavoué au héros. Ce congrès va être la machine qui va faire plier le pouvoir. Le véritable pouvoir s'était retrouvé dans les travailleurs qui vont, à travers l'une des mesures arrêtées, en l'occurrence la convocation sans condition d'une conférence nationale, favoriser la légitimation des conférenciers.

N'aviez-vous pas la CSC dans votre ligne de mire ?

Pas dans notre ligne de mire. Mais nous suivions l'évolution de toute la situation politique, économique et sociale et de toutes les institutions de la République. Pour éviter que la situation ne dégénère, je suis à l'époque allé voir Bokamba pour lui demander de temporiser et de veiller à ce qu'on n'aboutisse pas au pire. Mais c'était trop tard.

La conférence nationale

Comment en arrive-t-on à décider de la Conférence nationale ?

Le schéma que nous proposions à l'époque à la sécurité d'État, était l'organisation d'une session extraordinaire du Comité central du Parti Congolais du Travail qui convoque une conférence nationale. Mais le PCT n'avait pas pu gérer cette situation. Il s'était mis hors jeu, question de compétence historique. Il avait tellement raté de rendez-vous avec l'histoire et le peuple qu'il ne représentait plus rien pour les jeunes, les intellectuels, les cadres, etc. On avait gardé les mêmes cadres politiques qui n'avaient plus rien à proposer au peuple, qui ne pouvaient pas tenir face à la diaspora congolaise, des cadres dont le mode de vie n'avait plus rien à voir avec les valeurs incarnées par le PCT de Marien Ngouabi, des cadres politiques sur qui pesaient trop de griefs de mauvaise gestion. Le PCT était devenu l'ombre de lui-même. Le président de la République n'ayant pas pris des dispositions à temps dans un jeu de chat et de la souris perdit la bataille. Certains hommes politiques qui avaient de sales dossiers à la sécurité d'Etat prirent les devants et lâchèrent le président qui n'avait pas su les lâcher à temps. Tout le monde devint propre et le président devint le seul impropre comme s'il pouvait à lui seul incarner le mal congolais alors que loin s'en faut. Or le peuple attendait des sanctions exemplaires contre les bourgeois compradores et autres. Isolé, le président était coincé et ne pouvait plus que convoquer la conférence nationale en position de faiblesse.

***Voici ce que dit le président Dénis Sassou Nguesso des conditions dans lesquelles il décide de la tenue de la Conférence nationale de 1991, dans** Le manguier, le fleuve et la souris **à la page 76 :** « Quand le Premier ministre, Alphonse Souchlaty Poaty, démissionna du gouvernement pour fonder son propre Parti, l'Union républicaine pour le progrès, j'ai compris que la situation m'échappait. A la fin décembre, j'ai finalement décidé la tenue d'une Conférence nationale qui commencerait le 25 février 1991 et serait chargée de fixer la date des prochaines élections. Le jour prévu, j'ai ouvert ses travaux, puis je ne m'en suis plus mêlé. »...*

Le président avait attendu trop longtemps. A la sécurité d'Etat, nous avions fait un minutieux travail et des propositions pour anticiper sur les événements. Or le président avait fini par les subir parce qu'il n'avait pas pris à temps les décisions qui s'imposaient. Je ne dis pas qu'il fallait éviter une conférence nationale. Ce qui était difficile pour ne pas dire impossible à l'époque, mais je suis sûr qu'il aurait été possible qu'on ait affaire à une autre conférence nationale que celle que nous avons vécue. On avait continué à laisser de côté ceux qui pouvaient mieux jouer le jeu démocratique dans un PCT plus ouvert et adapté aux débats du moment.

A la page 79, le président donne sa version du déroulement des travaux : « La Conférence se poursuivit, malgré l'absence de représentant du PCT au présidium. En laissant le champ libre à la diffamation et à la calomnie, elle faisait office d'exutoire et de rite purificateur. J'espérais encore qu'elle nous conduirait par ce biais à la réconciliation et à la reconstruction nationales. C'était illusoire car, de débats houleux et passionnés en critiques très virulentes à mon endroit, elle provoqua de nouvelles déchirures. Il apparut rapidement que les débats éludaient les vrais problèmes pour devenir une machine de prise du pouvoir en faveur de ceux qui voulaient m'évincer. Mgr Kombo, médiateur et conciliateur efficace devant des prises de positions de plus en plus radicales, sut éviter à la Conférence de sombrer dans les plus grands excès. Il maîtrisa avec calme des séances tumultueuses qui, sans lui, auraient pu dégénérer. C'est lui qui m'invita à ne pas démissionner comme le réclamait avec insistance les Partis du Front Uni. »…

Il faut aussi noter que le PCT n'avait pas pu s'imposer sur le cours des évènements. Au fil du temps, ce grand parti ne l'était plus que de nom. Il n'était plus préparé à la confrontation des idées comme hier. Ce n'était plus ce lieu où on pouvait débattre sans tabou comme à l'époque de Marien Ngouabi où n'importe qui avait le sentiment de participer au débat sur la vie du parti et sur les affaires du pays. Le PCT des années 90 n'avait plus rien à avoir avec le PCT de la déclaration du 12-12. Les acteurs qui émergèrent dans le PCT à l'ère du débat démocratique ne furent pas les mêmes que ceux qui régnèrent sous les règles du monopartisme où l'on débâtait avec le poids du titre face à des journalistes tenus par le respect de la hiérarchie, le parti dirigeant l'Etat à l'époque.

C'est pourquoi la conférence nationale avait disqualifié certains politiques qui n'ont pu renaître que parce que la guerre du 5 juin a ramené la logique de la force. Il est facile de remarquer que le PCT repartant sur les mêmes bases ne pourra pas tenir face à une véritable ouverture du débat démocratique car beaucoup de cadres seraient hors jeu. Ce parti ne peut ni s'imposer dans un débat libre sous forme de forum ou de dialogue ni remporter des victoires politiques véritables en toute transparence. Il a besoin de coup de force pour exister. Cela dit, c'était une erreur pour les opposants de l'époque d'aborder les choses sous l'angle de la diffamation et de la calomnie revancharde.

Beaucoup de cadres militaires étaient déçus car à cette époque-là, on avait besoin d'un leader nationaliste qui n'use pas de revanche ou de haine dans sa tentative de prise de pouvoir, un cadre qui rassure l'Armée. Alors que certains s'activaient pour se défouler et en finir avec le président Sassou, d'autres craignaient que les choses dégénèrent. Un courant qui ramène les vrais problèmes sur la table de discussion n'a pu voir le jour. On n'a passé plus de temps dans les incantations, les évocations et les proclamations que dans la recherche des pistes d'une véritable réconciliation et de l'ouverture d'un grand chantier Congo. Il nous a manqué beaucoup plus de Mgr Kombo que l'unique que nous avions. Le président de la République Dénis Sassou Nguesso qui n'avait pas pris part au déroulement des travaux, disait dans son message à la nation du 26 avril 1991, je cite : « Le président Youlou n'a pas eu le temps d'expérimenter le système monopartite. Le président Massamba-Débat, qui a dirigé la première organisation monopartite, le Mouvement national de la Révolution (MNR), n'est plus. De même que le commandant Marien Ngouabi, qui a créé le Parti congolais du travail (PCT).

Le président Yhombi-Opango, qui a poursuivi l'expérience avec le Comité militaire du parti (CMP), n'est plus aux affaires. Il ne reste donc que moi aujourd'hui, présentement dernier chef d'Etat que la démocratie pluraliste a trouvé, pour répondre en leurs noms de la gestion de notre pays par le système monopartite. Des compagnons de grande expérience et de profonde conviction vous ont dit leur part de vérité et tout le bien qu'ils ont fait. Le mal, je suis donc seul à l'assumer, et je l'assume, à titre collectif et individuel, au nom de tous les dirigeants de ce pays qui ne sont plus. » Fallait-il assumer de cette manière-là, fallait-il consacrer l'irresponsabilité de tous nos anciens dirigeants qui n'avaient pas assumé les fonctions de président de la République ? N'y avait-il que les présidents qui avaient fait du mal au Congo ou mal agi ? Nombreux parmi ceux qui avaient sérieusement causé du tort à notre pays étaient silencieux dans la salle. Ils n'attendaient que l'éviction du président Sassou pour sortir leurs griffes. Après, ils nous ont démontré que le mal du Congo c'était toute sa classe dirigeante et non seulement ceux qui ont présidé aux destinées de la République du Congo. Chacun de nous avait et a sa part de responsabilité. Et la clôture des travaux fut marquée par une cérémonie de lavement des mains autour du bassin du palais du parlement qui s'est avérée très superficielle. Rien n'était réglé au fond. Les Congolais venaient de rater l'occasion de se réconcilier en favorisant les conditions de pardon et de vérité. Le lavement des mains n'a rien garanti, il a simplement couvert pour un temps la grande hypocrisie des dirigeants politiques.

Cela revient à dire que l'ambiance était invivable pour le président et son monde ?

Avait-il encore un monde ? Tous ceux qui tentaient de défendre le président Dénis Sassou Nguesso étaient chahutés. Chaque faucon militaire ou civil voulait d'abord se protéger individuellement de la vindicte publique avant de penser au parent Dénis Sassou Nguesso. Tous les courtisans avaient disparu. Ceux qui ici et là prétendaient mieux défendre le président que le directeur général de la sécurité d'Etat que j'étais avaient plutôt mis des sparadraps à leur bouche. Je n'oublierai jamais ces moments-là. Même certains de ses amis étaient introuvables dans les débats. L'étau autour du président s'était resserré sur les enfants, les frères et quelques inconditionnels qu'on pouvait compter sur les doigts de la main. Les collaborateurs n'étaient plus nombreux. Très peu de cadres osaient aller le voir pour lui parler de politique. Directeur général de la Sécurité d'État, chaque fois que je passais, c'est à peine si les éléments de la garde présidentielle ne me méprisaient pas. Pour eux, je faisais certainement partie des comploteurs. C'est à peine si on me saluait, ce qui ne me préoccupait pas du tout étant donné la situation qui prévalait dans le pays. La priorité n'était plus de continuer à recevoir des honneurs mais de terminer en beauté ma mission que je considérais comme historique. Quand je vois tous ceux qui insultaient le président revenir l'encenser non pas pour l'aider à entrer dans l'histoire après avoir tiré les leçons de la Conférence Nationale Souveraine, mais plutôt pour profiter, pour prendre leur part en faisant pire que le Sassou qu'ils injuriaient, je m'offusque et cela me révulse. Il paraît que c'est aussi cela la démocratie. Je crois que c'est plutôt la malédiction de tout un pays, de tout un peuple.

Tout au long des travaux de la Conférence nationale souveraine, continuez-vous malgré tout à fonctionner normalement en tant que chef des services spéciaux ?

J'avais donc décidé tous les deux jours au maximum de me rendre aux plateaux, à la résidence du président de la République, Dénis Sassou Nguesso, lui faire le compte-rendu de ce qui s'était passé la journée, même s'il suivait en direct les débats à la télé. Je louais son courage. Avec tout ce qui se disait à la Conférence nationale comme injures, mensonges, faussetés…je me demandais comment il arrivait à tenir. C'était triste ! Quand je pouvais, je l'encourageais à tenir, à résister à tout ce qui se disait contre lui.

Et votre devoir face à la Conférence nationale, comment l'assumiez-vous ?

La situation nous avait échappé certes mais nous ne croisions pas les bras. Un jour, en plein travaux de la Conférence Nationale Souveraine, j'ai décidé de réunir au domicile d'un cadre ingénieur, certains professeurs, ingénieurs et cadres supérieurs qui faisaient partie de l'élite qui prenait activement part au débat de la Conférence nationale. Nous avons discuté de 21 heures à 1h30 du matin, je leur demandai d'arrêter cette espèce de lynchage qu'ils faisaient subir au président de la République, Dénis Sassou Nguesso. J'insistais pour qu'ils laissent la démocratie permettre au peuple de décider du sort du Chef de l'État par des élections présidentielles organisées en bonne et due forme. Je ne fus pas écouté. Personne ne voulait faire de concessions au président Sassou Nguesso. Le ministre de la défense, Raymond Damase Ngollo, a dû avertir les conférenciers en pleine salle qu' « aucun président ne sortirait de cette salle ». Au moment où je vous parle, la plupart de ces cadres, hier encore intraitables face à Sassou qui était assimilé au diable, au salaud de la République sont en train de faire des louanges au même président de la République égrenant "la nouvelle espérance" puis "le chemin d'avenir" comme des chapelets, lui jetant des fleurs et lui rendant même un culte dont il n'a pas besoin pour entrer dans l'histoire du pays par la grande porte.

La Conférence Nationale Souveraine n'a-t-elle pas été quelque part un marché d'illusions et même de dupes ?

Il suffisait de bien parler pour être crédité de bonne volonté ou de la capacité de bien faire. C'est ainsi que l'on faisait confiance à certains orateurs, tribuns, etc. La Conférence passée, on a vu le comportement de ceux à qui on avait confié des responsabilités, des charges d'Etat, des missions ici et là, etc. Les mêmes qui étaient applaudis ont affiché auprès du Premier ministre de la Transition, André Milongo, et ensuite du nouveau président de la République, Pascal Lissouba, des comportements déplorables qui, au lieu de faire avancer le Congo, l'ont ramené en arrière. Mais la conférence nationale en soi a été un grand moment de l'histoire de notre pays.

Que reste-t-il de la Conférence nationale souveraine ?

Rien d'essentiel. Nous sommes revenus à la situation de 1990 où tous les signaux sont au rouge sur le plan social, où le climat politique s'alourdit de plus en plus à cause du mépris que ceux qui se sont arrogé tous les droits et privilèges de la République développent face à ceux qui n'ont rien. Avant la conférence nationale souveraine, nous avions un État, mais après, je me demande si nous avons réussi à le consolider. À l'époque, nous proposions au gouvernement de répondre au mécontentement par des réformes, des mesures administratives pouvant avoir un impact sur la vie des Congolais, des sanctions et des concessions rassurantes ; mais aujourd'hui, le pouvoir se sent tellement fort qu'il n'a plus besoin de dialoguer sincèrement, de rassurer toute la classe politique, de gérer de manière concertée un processus électoral. Le drame est que les générations futures reviendront sur notre façon de faire. Nos enfants, nos petits-fils, viendront un jour saccager nos tombes de colère.

Le président Dénis Sassou Nguesso s'est écrié dans l'ouvrage précité : « Elle [la conférence nationale] avait coûté 3,5 milliards de francs CFA, versés en indemnités diverses aux mille délégués… ».

Il faut continuer à lire ce passage. Il a dit à la fin : « La démocratie n'a pas de prix… ». On ne doit rien regretter mais tirer des leçons qui s'imposent.

Vous disiez plus haut qu'en tant que Sécurité d'État, vous aviez fait des propositions pour anticiper sur les événements, peut-on en savoir les détails, d'autant plus que ce ne sont plus des secrets d'État ?

Qu'importe, puisque certaines ont été retenues et d'autres non. L'histoire est faite de ce qui a été retenu, pas de ce qui n'a pas compté. Certains veulent dans de pareils cas tirer le drap de leur côté en affirmant : « Je savais ce qui allait se passer » ; « J'avais prévu ceci ou cela », etc. Je ne suis pas de ceux-là.

Dans le cadre, non pas de la restitution de l'histoire, ce qui ne saurait être le cas, mais de la réflexion et de l'analyse politique, on peut établir des parallèles et ensuite tirer des leçons sur les perspectives de gouvernance politique...

À ce propos, il faut souligner que par rapport au constat de la situation qui a précédé la conférence nationale, nous n'avons pas vraiment avancé. On préfère aujourd'hui gérer la situation politique d'autorité au lieu de rechercher, comme nous le proposions à l'époque, des compromis constructifs d'une entente nationale qui nous épargnent des tragédies politiques continuelles.

On dit que les chefs aiment écouter ce qui leur plaît. À cette époque-là, disiez-vous au président la vérité, rien que la vérité ?

À l'époque, nous établissions des liens de cause à effet, sans le cacher au président. Nous proposions l'assainissement des rangs du parti en le débarrassant des éléments ayant terni son image de marque ou n'étant plus crédibles aux yeux des masses. Nous demandions au parti unique de l'époque de se préparer minutieusement pour ne pas être débordé par les événements.

En souhaitant que le parti congolais du travail tînt un Congrès extraordinaire, nous précisions que c'était d'abord pour sa toilette interne, avant d'affronter les autres groupes d'opinion revigoré et uni. L'entretien de la confiance que les masses populaires avaient placée dans la direction politique depuis l'historique mouvement du 5 février 1979, nous paraissait important. Nous ne misions pas sur l'usage de la force publique, le chantage et les nominations de corruption, mais le mérite.

Vous le dites comme si ce n'était plus le cas...

Aujourd'hui on n'a même plus besoin de se préparer à quoi que ce soit. Celui qui veut parler, on le fait taire et ceux qui veulent être nommés se taisent volontairement, sans qu'on le leur demande. Si on veut obtenir un poste, donc où manger (puiser dans les caisses de l'État), il suffit d'obéir, donc de se taire. Les services de sécurité peuvent même se croiser les bras pourvu que le fauteuil présidentiel soit préservé.

L'Affaire des missiles

Bien avant la Conférence Nationale souveraine, on a entendu un matin sur RFI que le Directeur général de la Sécurité d'État que vous étiez avait commandé des missiles auprès de la société MATRA ; cette affaire avait rebondi à la Conférence Nationale Souveraine…Qu'en était-il réellement ?

L'information avait été donnée par TF1 puis reprise par RFI, annonçant que j'avais signé un contrat d'achat de missiles, un matériel que l'Armée française n'avait pas encore acquis, bien qu'étant fabriqué en France par une société française. J'ai été le premier surpris par cette information et ma première réaction a été d'aller voir le président de la République pour lui demander d'en parler avec l'Ambassadeur de France au Congo afin de savoir de quoi il s'agissait réellement. Le président de la République a effectivement reçu l'Ambassadeur de France qui détenait l'information mais ne comprenait pas de quoi il s'agissait vraiment. Le président de la République décida de m'envoyer en France enquêter sur cette affaire afin de remonter jusqu'à la source de l'information. Je dis au président que je ne pouvais être à la fois juge et parti. Un autre cadre fut envoyé pour mener cette enquête en France.

Et le résultat ?

Je n'en ai plus jamais été tenu au courant.

Vous êtes pourtant intervenu sur cette même affaire à la Conférence Nationale Souveraine ?

C'est moi qui ai sollicité la possibilité d'intervenir. Elle m'a été accordée. J'ai expliqué que cette affaire était totalement incompréhensible pour moi. La Direction générale de la Sécurité d'État ne pouvait pas commander des missiles parce qu'elle n'aurait rien eu à faire avec. Ç'aurait été envisageable s'il avait été question de micros ou des talkies-walkies, en supposant que la Sécurité veuille mettre des gens sur écoute ou communiquer. J'ai demandé à la Conférence Nationale Souveraine d'éclaircir cette affaire avant qu'elle ne me rattrape. J'ai insisté dans mon intervention sur le fait que je ne voulais pas, à quelques années de la retraite, quitter mes fonctions avec une poubelle d'histoire de missiles sur le dos.

Et la suite ?

On n'en a pas débattu à la Conférence nationale.

La transition

La cérémonie de "lavement des mains" après la Conférence Nationale Souveraine, que représente-t-elle pour vous aujourd'hui ?

À la fin des travaux de la Conférence Nationale Souveraine, avec l'organisation de l'opération "lavement de mains" que je croyais sincère, je retrouve, comme beaucoup de Congolais, l'espoir.

En ce qui me concerne, je n'avais pas quitté mes fonctions de directeur général de la Sécurité d'État que déjà, j'étais surpris par la mauvaise foi des cadres congolais. Immédiatement après les travaux de la conférence, le Colonel Etienne Ngoma, ayant servi sous mes ordres à la Direction Générale de la Sécurité d'État comme Directeur central chargé de la Sécurité Extérieure et qui venait d'être nommé Directeur général de la police nationale par le ministre de l'Intérieur Alexis Gabou, cumulant les fonctions de Directeur Général de la Surveillance du Territoire, doit effectuer la passation de service avec moi. Pour ce faire, il désigne le colonel Taty, alors sous ses ordres pour venir faire la passation de service avec moi qui devais quitter la Direction générale de la Sécurité d'État. Je désigne à mon tour le Colonel Désiré Nkou, Secrétaire général, pour effectuer la passation de service avec son collègue Taty.

Dans notre compte au Trésor, sur une ligne budgétaire annuelle de cinq cents millions (500 000 000) de Francs Cfa, il nous restait trois cent cinquante millions (350 000 000), disponibles après le 10 juin 1991. Deux jours après la passation de service, le colonel Ngoma, pour assurer le protocole chez lui, envoie un sous-officier de l'ex-Sécurité d'Etat à mon domicile sans que je sois prévenu, récupérer un véhicule Nada qui s'y trouverait et que j'aurais voulu dissimuler.

J'en ai ressenti une grande humiliation. Comment un Ngoma qui me connaissait un peu, pouvait-il, étant devenu directeur général de la police nationale, penser un seul instant que je pouvais m'attribuer un véhicule appartenant à l'État ? Je priai le jeune sous-officier de faire le tour de ma parcelle pour vérifier s'il y avait la voiture en question et la reprendre. Le Sous-officier était terriblement gêné. Il me dit : « Mon général, je ne peux pas faire cela ». Je lui dis très calmement pour le rassurer : « Allez-y, ne vous gênez pas, vous avez reçu une mission de la hiérarchie ». Il fit enfin le tour de ma cour et ne trouva pas de voiture Nada. Il revint me voir, se mit au garde-à-vous et je lui lançai : « Dites à Ngoma de ne pas agir comme il fait, cela n'est pas bien. »

Il vous avait compris, non ?

Après cela, je suis surpris de le voir affecter des colonels à des postes de fonction tenus jusque-là par des Lieutenants ou des capitaines. Je suis sidéré. Je demande et obtiens une audience chez le ministre Alexis Gabou à qui j'exprime mon sentiment profond en lui disant : « Le Colonel Etienne Ngoma était un brillant cadre des services de sécurité à qui j'avais fait obtenir le grade de commandant alors qu'il était capitaine et n'avait pas encore rempli les conditions d'ancienneté.

Le voir agir comme cela m'exaspère, mais libre à lui de diriger comme il entend… Cependant, pas au point de muter deux colonels à Impfondo et à Nkayi en remplacement d'un lieutenant et d'un capitaine dans des conditions qui me semblent être une sanction ».

Pourquoi les aurait-il sanctionnés ?

Je ne sais pas.

Les deux officiers étaient-ils de votre tribu ?

Oui, ils étaient de ma tribu.

Est-ce la raison pour laquelle cela vous a-t-il tant choqué ?

Ce qui me choque le plus est le fait que j'ai préféré nommer Ngoma Etienne commandant alors qu'il ne remplissait pas les conditions d'ancienneté et j'ai fait de lui le Directeur central qui hiérarchiquement venait juste après moi, alors qu'il y avait des gens de ma tribu qui estimaient, de par leur grade et leur ancienneté, mériter d'occuper cette fonction.

Cela a même suscité des critiques dans certains milieux de chez moi. J'en ai profité pour sensibiliser davantage les gens sur la nation. Je croyais que le colonel Ngoma reproduirait cette façon de faire puisqu'il en était lui-même le produit.

Et quelle a été la réaction du ministre Alexis Gabou ?

Il a annulé les affectations en question.

Le président Dénis Sassou Nguesso quitte le pouvoir

Avez-vous été témoin du moment où le président Dénis Sassou Nguesso quitte le pouvoir ?

Non, pas physiquement. Mais je sais que, contrairement à ce que pensent certains, le président Sassou ne quitte pas le pouvoir riche. Pendant sa traversée du désert, il a vécu des moments difficiles, ça n'a pas été un exil doré. J'imagine qu'il a regretté de sortir de là pauvre. Tout cela parce que nos États ne créent pas les conditions nécessaires pour que les ex-présidents ne regrettent pas d'avoir quitté le pouvoir. Certains sont obligés de se battre pour y revenir parce qu'en le quittant, vous perdez jusqu'au minimum de sécurité sociale. On vous coupe tout. Vous êtes délaissé, abandonné à votre triste sort. La seule solution est de reprendre le pouvoir alors que quand on imagine quelqu'un qui revient dans ces conditions-là, on est en droit de craindre ce qu'il ferait pour se prémunir contre une misérable condition d'après-pouvoir.

N'est-ce pas ce qui explique que le retour au pouvoir du président Dénis Sassou Nguesso occasionne une impunité qu'on ne lui reconnait pas auparavant ? Il y a une rumeur qui court tentant d'expliquer cette impunité par la conclusion d'une réunion qui se serait tenue en 1998 à sa résidence d'Oyo, rassemblant autour du président revenu au pouvoir, enfants, neveux et autres parents, qui lui auraient dit : « maintenant, nous avons gagné la guerre. La rigueur du PCT c'est terminé. Il faut en finir avec ce que tu as fait sous Sassou I et qui t'a fait quitter le pouvoir pauvre. Cette fois-ci, il est exclu que nous en sortions pauvres. » ?

Vous dites bien que c'est une rumeur. Je n'y étais pas présent et donc je n'en sais rien.

Avec Pascal Lissouba

Après la Conférence Nationale Souveraine, c'est la traversée du désert...

La Conférence Nationale Souveraine terminée, la direction générale de la Sécurité d'État dissoute, je traverse le désert. Je pensais prendre en charge la gendarmerie qui venait d'être réhabilitée pour en faire réellement une gendarmerie nationale, non pas peut-être comme la gendarmerie française que j'ai connue et servie, mais une nouvelle gendarmerie adaptée à la situation de notre pays. Hélas, je n'ai pas eu cette chance. On a réhabilité la gendarmerie et placé à sa tête le jeune Saint-Cyrien qui avait procédé à un changement d'arme, le général Makoumba Nzambi. Parti de Saint-Cyr pour Melun à l'école des officiers de gendarmerie où il avait passé un an au cours supérieur avant de rentrer au Congo, il assiste à la dissolution de la gendarmerie quelque mois après le coup d'État de Kinganga en 1970, sa mission d'officier de gendarmerie à peine exécutée. Il a donc la lourde tâche de remettre à nouveau la gendarmerie en fonction en ayant une expérience de moins de deux ans d'exercice. J'aurais été très satisfait d'avoir au haut commandement de notre institution un jeune officier général sorti de Melun comme second mais hélas !

Comment vous retrouvez-vous aux côtés du président Pascal Lissouba après l'élection de ce dernier comme président de la République en 1992 ?

Le président Pascal Lissouba m'a fait chercher et j'ai appris un jour qu'il voulait me voir. Il m'a reçu en audience chez lui pour me dire qu'il avait donné des instructions à son cabinet pour que je sois nommé chef d'état-major particulier et me demandait si je pouvais accepter ce travail. Je lui répondis que je ne voyais pas d'inconvénient à cela. Il ne me restait plus qu'à attendre à la maison que les textes soient écrits pour que je commence le travail. Deux mois après, je n'avais toujours pas de nouvelles. Un jour, il me voit et me demande : «Pourquoi ne prends-tu pas tes fonctions ? » Je lui réponds simplement : « Monsieur le Président, je n'ai pas encore reçu mon texte de nomination. Il me dit : « Ce n'est pas possible, tu ne peux pas rester ainsi, il faut que tu commences à prendre tes fonctions à partir d'aujourd'hui. ». Je lui réponds : « Ce n'est pas possible, je ne peux pas exercer les fonctions de chef d'État-major particulier sans un texte de nomination ». C'est ainsi que Martial Ickounga est convoqué, et le président lui demande où il en est avec le texte. Il répond : « Monsieur le Président, nous sommes en train d'y travailler. ». Cela faisait quand même un mois que j'attendais. Ickounga se sent alors gêné et dit que le texte est en préparation, ce qui me paraissait faux. Dès qu'il est sorti, le Président me demande de préparer moi-même le texte. Je le lui apporte par le biais de son cabinet pour signature. Le 23 avril 1993, le décret créant l'Etat-major particulier et me nommant à ce poste ayant été signé par le Président de la République, j'arbore ma tenue militaire et me présente à celui-ci qui me reçoit. Je n'ai pas de bureau. Des instructions sont données, un bureau m'est affecté.

Celui-ci n'étant pas en bon état, je demande des moyens financiers pour sa réfection. Chose curieuse le Président de la République n'appelle pas madame Munari, mais me donne un chèque sur son compte du Crédit Lyonnais en France, me demandant de le remettre au Directeur général de la BIDC, M. Bita pour une transaction. Ce dernier prend le chèque et me remet dix (10) millions de francs CFA. Il devait ensuite transmettre le chèque au Crédit Lyonnais à Paris pour régularisation. Je n'apprendrai que plus tard que tout le tralala autour de mon texte de nomination était orchestré par des officiers du "Grand Niari" qui supportaient mal de revoir un cadre du nord occuper un poste stratégique auprès du président de la République, Pascal Lissouba. Ils voulaient qu'un tel poste leur revienne malgré mes atouts. Quelques sages du "Grand-Niari" sont intervenus auprès du président en le rassurant sur ma loyauté. Des tractations ont eu lieu, faisant prévaloir mon profil sur l'argument : « C'est notre tour ».

Comment cela a-t-il été perçu par le président Dénis Sassou Nguesso que vous aviez servi douze ans durant comme chef des services spéciaux ?

Cela a été mal pris par son entourage. Certains ont même parlé de trahison alors qu'il s'agissait d'un poste militaire et non politique. Je n'étais pourtant pas pris dans le nouveau cabinet du président Sassou juste après la Conférence nationale Souveraine, même pas comme conseiller.

L'aviez-vous informé de votre nomination ou lui aviez-vous réservé la surprise ?

Après l'entretien avec le président Pascal Lissouba, une fois rentré chez moi, j'en ai informé mon épouse et mes enfants. À l'exception de ma famille, la première personne à qui je parlai de mon entretien avec le président Pascal Lissouba est Denis Sassou Nguesso, qui, à l'époque, était en séjour au Maroc. Le Dr Gaston Bouboutou m'ayant communiqué son numéro de téléphone à l'étranger, je pus le joindre pour l'informer de la proposition du président Pascal Lissouba de faire de moi son chef d'état-major particulier. Le président Sassou me répondit, entre autres : « Il ne faut pas qu'on dise que nous allons faire un coup d'État … ». Je l'assurai qu'il s'agissait d'une fonction militaire que j'avais accepté d'assumer pour tenter d'apporter ma petite expérience à la reconstruction de l'État. Je terminai en lui disant : « Je viendrai vous voir dans ma voiture noire, en tenue de combat, de jour et non de nuit pour ne pas alimenter les soupçons ».

Peu de temps après, Lissouba envoie des éléments armés dans votre district natal. Ces éléments sèment la terreur, violent des femmes sur les chemins des champs, extorquent les populations, etc. Pour quoi selon vous ? Est-ce parce que Gamboma se trouve être la porte d'Oyo ?

Lorsqu'un de mes neveux vivant dans ma résidence à Gamboma m'informe de l'arrivée à Gamboma des "Aubevilleois" (miliciens formés à « Aubeville », domaine appartenant anciennement à un citoyen français dans la région du Niari, d'où est originaire le président Pascal Lissouba), je n'y crois pas un mot. Je lui dis que cela ne peut se faire sans que j'en sois informé, puisque je suis le Chef d'Etat-major particulier de Lissouba. J'appelle donc le ministre de la défense Raymond Damase Ngollo pour vérifier l'information et la lui donner au cas où il ne l'aurait pas. Lui aussi n'était pas au courant d'une telle information, il émet des doutes, puis vérifie à son tour l'information qu'on lui confirme.

Il me rappelle pour me dire : « oui, c'est vrai ». Il est dans tous ses états. Le lendemain, il demande à voir le président de la République pour lui dire son sentiment. J'apprendrais qu'il n'était pas tendre avec le président de la République. Je suis moi-même aussi allé le voir pour lui demander : « comment cela se fait qu'on envoie des militaires chez moi, votre chef d'Etat-major particulier, sans que j'en sois informé ». Surpris, il me dit : « Mais comment, le ministre de l'intérieur ne vous a pas donné l'information ? » Je réplique : « Monsieur le président, je ne suis pas le chef-d'Etat major particulier du ministre de l'intérieur, mais le vôtre. ». Il ne me répond pas et je sors. Les jours qui suivent, j'apprendrai les exactions de cette milice qui contrôle de manière désobligeante des femmes et des hommes qui reviennent des champs, les viols, les humiliations, jusqu'au jour où les populations de Gamboma se rebellent, refusant de vendre des vivres aux Aubevilleois. Craignant un soulèvement, les autorités les ramènent à Brazzaville.

Pourquoi n'avez-vous pas démissionné à ce moment-là pour manifester votre réprobation d'une part et la solidarité avec les vôtres d'autre part ?

En vérité, certains cadres originaires du "Grand-Niari" avaient organisé cette opération par rapport à l'ex-chef d'Etat Dénis Sassou Nguesso, dont le village est à quatre-vingts kilomètres de Gamboma en quittant Brazzaville. Si j'avais démissionné à ce moment-là, avec les suspicions qui pesaient déjà sur moi que d'aucuns traitaient d'espion de Sassou, on aurait dit que j'agissais sur les ordres de Sassou ou en connivence avec lui. A un mois de ma nomination, je trouvais cela trop tôt et même imprudent.

Vous deviez alors commencer le travail dans un milieu austère et peut-être hostile tandis qu'éclate bientôt la guerre civile de 1993-1994 …

Au mois de novembre 1992, le pouvoir de Pascal Lissouba affronte prématurément sa première crise politique avec le vote à l'Assemblée nationale d'une motion de censure qui renverse le gouvernement Bongonouara et fait basculer la majorité à l'opposition. Le refus du Président Lissouba de nommer un nouveau premier ministre dans la nouvelle opposition à l'Assemblée Nationale et la dissolution de celle-ci sont les causes de cette crise politique. Je suis dans ma traversée du désert. Il y a affrontement armé dans Bacongo. Le MCDDI organise une résistance en constituant une milice privée appelée : « les Ninjas » et en érigeant des barricades à Bacongo. Le Chef d'Etat-Major général de l'époque impose aux leaders politiques de trouver un compromis. C'est celui du gouvernement 60/40. Antoine Dacosta est nommé premier ministre avec pour mission essentielle l'organisation des élections législatives anticipées.

Les premier et deuxième tours de cette élection ont lieu de Mars à Mai 1993. C'est entre les deux tours que je prends mes fonctions. Mais la contestation des résultats par l'alliance URD-FDU aboutit de nouveau à des affrontements. Les arrondissements 1 Bacongo et 2 Makélékélé, soumis à un blocus à partir du carrefour de l'UAPT, sont le théâtre de violences inter-ethniques entre les populations originaires du Pool et du "Grand-Niari" vivant dans les quartiers de Bacongo et Makélékélé. Ces dernières sont chassées de leurs maisons qu'on pille ou incendie. L'exode massif des originaires des pays du Niari des quartiers sud de Brazzaville vers les zones sud-ouest de Mfilou et Diata est suivi de violences aveugles. À Mfilou, ce sont des représailles contre les ressortissants du Pool. De part et d'autres, ce sont des assassinats, des viols, des mutilations et des humiliations de toutes sortes qui sont perpétrés. Le niveau d'horreur est tel que des bébés sont pilés dans des mortiers. La communauté internationale impose aux belligérants un accord politique qui confie l'organisation du deuxième tour des élections à une commission internationale. L'issue du 2ème tour organisé par les experts de l'OUA et de l'ONU confirme la victoire au camp du président Lissouba. Malheureusement, ce verdict ne met pas un terme au conflit entre le pouvoir et l'opposition. D'octobre à novembre 1993, les hostilités reprennent avec l'attaque par l'Armée des quartiers de Bacongo, l'expulsion des originaires du Pool des quartiers Diata et Mfilou occupés en majorité par les originaires des pays du Niari. Les émeutes d'une rare violence feront plus de trois mille morts selon les chiffres officiels. Ma nomination comme chef d'État-major particulier intervient donc au milieu de cette guerre.

Que faites-vous en tant que chef d'État-major particulier face à une situation aussi complexe dans laquelle le président se trouvait carrément embourbé ?

Dans ce conflit très meurtrier, le président de la République Pascal Lissouba et le principal opposant, Bernard Kolélas, assistent presque impuissants aux massacres et à l'humiliation de leurs partisans. Toutes les actions de médiation échouent. Entre le Président Pascal Lissouba, installé dans sa villa derrière l'Olympic palace, et Bernard Kolélas, retranché dans les quartiers de Bacongo et Makélékélé, il n'y a plus aucune possibilité de contact ni de dialogue. De mai à juin 1993, au moment où apparaissent les premières barricades à Bacongo à l'issue du premier Tour des législatives anticipées, Jean Félix Demba-Ntelo, Secrétaire général du Rassemblement pour la Démocratie et le Progrès Social (RDPS), accompagné de Jean Pierre Mberi, 1er Vice-président du même parti, tous les deux résidents à Bacongo et Makélékélé, me demandent de leur faciliter une entrevue avec le président de la République, qui les reçoit. Or Jean Félix Demba Ntelo, bien qu'originaire de la Bouenza, donc proche du président Lissouba, est demeuré fidèle aux alliances politiques de son parti, le RDPS de Jean Pierre Thicaya, avec le MCDDI de Bernard Kolélas et le PCT de Dénis Sassou Nguesso. Cela lui vaut la confiance du président du MCDDI avec qui il est resté en contact. C'est donc par lui que je tente de renouer le contact entre les deux protagonistes du conflit, Lissouba et Kolélas. Venant tout droit de Bacongo, les deux visiteurs donnent au président de la République l'état exact de la situation des populations sous blocus armés à Bacongo.

Le président est très surpris, puisque tous les rapports qu'il reçoit lui décrivent une situation normale sans gravité. De ce premier contact, le président affirme la volonté de transmettre au président Kolélas un message de paix pour mettre un terme aux souffrances des populations. Convaincu par les informations apportées par les deux visiteurs, le président les charge d'aller dire à Kolélas qu'il s'engage à lever toutes les mesures qui bloquent les quartiers sud de Brazzaville, à condition que lui aussi lève les barricades afin de laisser circuler les personnes et les véhicules. Rentrés à Bacongo, les deux visiteurs de Lissouba sont reçus par le président Bernard Kolélas, très satisfait d'avoir enfin des nouvelles du Chef de l'État. Après leur compte-rendu, il marque son accord pour des mesures immédiates qui soulageraient les populations.

Ce premier contact entre Pascal Lissouba et Bernard Kolélas, par Demba Tello interposé, va se poursuivre de juin à Décembre 1993, pour aboutir à la mise en place de la médiation confiée par décret présidentiel au général Raymond Damase Ngollo, ministre de la défense nationale. Les différentes navettes entre la résidence présidentielle et le quartier de Bacongo où est retranché Bernard Kolélas, sont faites en prenant beaucoup de risques, parce qu'il faut que l'émissaire, le Général Raymond Damase Ngollo, passe d'une zone belligérante à l'autre, très souvent au moment où la ville est déserte, quadrillée par les troupes des combattants des deux camps, prêts à donner la mort. Une autre audience sera accordée par le président de la République à Jean Félix Demba-Ntelo en mon absence. Je me trouvais alors à Paris. La rencontre est organisée par mon collaborateur, le colonel Niono, un soir à 20 heures. L'audience dure de 20 heures 30 à 22 heures 45. Une heure où Brazzaville en guerre est déserte. Pour éviter tout risque, Demba-Tello doit passer la nuit au domicile du colonel Niono en face de la Sécurité d'Etat devenue direction générale de la surveillance du Territoire.

En guise de synthèse, ce contact entre Pascal Lissouba et Bernard Kolélas, en pleine crise de confiance et dans un climat de violences aveugles, a ouvert la voie aux négociations ayant mis fin à la guerre civile de 1993 et ramené la paix, qui malheureusement, sera une fois de plus mise à rude épreuve le 5 juin 1997 et le 18 décembre 1998.

Pourquoi ne preniez-vous pas des précautions pour en faire une paix durable ?

En 1994, la guerre terminée, une guerre qui n'a pas été menée par l'Armée quelles que soient les prises de position en son sein, je vois le président Pascal Lissouba pour lui faire quelques suggestions. Il s'agit entre autres de lui proposer de libérer les jeunes miliciens ressortissants du "Grand-Niari" afin que chacun rentre dans son village respectif avec une allocation de réinsertion en attendant un recrutement national qui concernerait tous les jeunes issus des différentes milices. Je propose que nous demandions une assistance financière à Elf-Congo pour mettre en application cette suggestion-là. Je suggère que le ministre des affaires étrangères convoque une conférence de presse au palais du parlement avec une forte participation du corps diplomatique pour annoncer haut et fort la dissolution de « sa » milice privée, et remettre le destin de la république et le sien propre au ministre de la Défense nationale, le général Raymond Damas Ngollo et au chef d'Etat-major général, le général Eta Onka. Je tiens à ce que le président enlève le prétexte à ces deux principaux opposants de disposer de milices privées.

Chacun d'eux se disait que le président Lissouba, qui dispose de l'Armée, de la police et de la gendarmerie, a en plus sa propre milice, pourquoi pas nous ? Je l'avais averti que garder une milice serait apparenté à la situation d'une personne disposant d'une bombe qui exploserait contre lui-même. Le président demande où nous trouverions de l'argent pour financer cela. Je lui réponds qu'Elf-Congo pourrait nous faire une avance. Même si cela peut s'évaluer à un milliard pour que les jeunes se livrent à des activités agricoles. J'ajoute que nous pouvons aussi réserver un quota d'au moins 800 ou 900 places sur les 2500 prévues au recrutement national. Nous pouvons recruter tous les miliciens. En définitive, il ne me dit ni oui ni non. Nous nous séparons, lui avec je ne sais quoi dans la tête, et moi avec l'espoir que ma suggestion sera prise en compte. Parce que maintenir l'existence d'une milice dans le champ présidentiel est comme garder un volcan qui peut rentrer en éruption à n'importe quel moment.

Vous n'étiez donc pas du tout écouté que la situation dégénère à nouveau ...

En 1995, deux ans avant les élections présidentielles, je propose au président Pascal Lissouba d'effectuer une visite de travail dans tout le pays commençant par le nord, plus précisément à Oyo, dans le fief de l'ancien président Sassou Nguesso, qui devrait se voir obligé de préparer l'arrivée du président en exercice par tous les moyens. Je suis prêt à donner le meilleur de moi-même pour qu'une visite, prélude aux élections de 97, se réalise. Cela me paraît favorable pour détendre la situation politique. Ai-je été écouté ? Jusqu'à août 1995, je n'ai aucune réponse et le 23 du mois d'août, je me présente à son bureau pour lui donner ma démission. Après lecture de ma lettre, il me demande d'aller réfléchir. Je lui dis que ce serait simple s'il ne s'agissait que de réfléchir, mais le souci est que je ne suis plus en mesure d'accomplir ma mission tant que tout ce que je lui ai demandé restait sans suite. En vérité, je ne supportais plus de faire en permanence l'objet de suspicions comme espion de Sassou. Reprendre le service aurait été pour moi une façon de privilégier mes intérêts puisque j'avais rang et prérogative de secrétaire d'état, sans avoir le cœur à l'ouvrage. Je ne voulais pas être hypocrite.

Le président a-t-il fini par accepter votre démission ?

Après lui avoir remis ma lettre, je suis sorti et plus jamais nous ne nous sommes rencontrés. Nous n'en avons plus jamais parlé. C'est par personne interposée que j'apprendrai qu'il avait très mal pris ma démission.

Vous reprenez alors une nouvelle traversée du désert...

Tout de suite après, en l'occurrence le 26 Août 1995, je suis parti pour Paris où un ami français m'avait fait une réservation au centre de Quiberon, un centre de Thalassothérapie. Deux jours après mon arrivée à Paris, je n'avais toujours pas pu trouver du temps pour rencontrer le président Sassou et lui présenter mes civilités. Je suis directement allé à Quiberon pour ma cure de thérapie. J'y suis resté deux semaines avant de revenir à Paris. Jusque-là, je n'ai pas encore rendu visite au président Sassou.

Mais déjà à Brazzaville, une rumeur circule selon laquelle les généraux du nord (Dabira, Mokoko et Ngouélondélé) ont rencontré le président Sassou à Paris pour préparer un coup d'Etat. Ce qui était aberrant dans la mesure où je n'étais même pas encore parvenu à le voir. Et finalement, je le rencontre pour lui présenter mes civilités et l'informer de ma démission.

Aviez-vous à l'État-major particulier du Président Pascal Lissouba fait des fiches virulentes contre l'ex-président Denis Sassou Nguesso dont il aurait eu connaissance ?

Il y a eu une fiche parlant des armes que le Président Sassou aurait commandé. Une fiche faite par un cadre de l'Etat-major particulier, que j'ai transmise au Président Pascal Lissouba. En dehors de cette fiche, il n'y en a pas eu d'autres ; si j'avais eu des éléments précis et des informations certaines, bien recoupées, sur qui que ce soit, j'aurais écrit au nom de la République.

N'avez-vous pas été surpris de voir Joachim Yhombi Opango et Bernard Kolélas se retrouver dans le camp de Pascal Lissouba, loin des considérations historiques et idéologiques ?

Oui, j'ai été surpris, mais l'important, ce n'est pas ce que je pense. C'est plutôt ce que la nouvelle génération tirera comme leçon. Cela a-t-il permis à notre nation et à notre démocratie d'avancer ? C'est la réponse que la nouvelle génération donnera à cette question qui déterminera peut-être ce que sera la politique des cinquante prochaines années de l'après cinquantenaire de notre indépendance.

Dans *Congo-Brazzaville : regard sur cinquante ans d'indépendance nationale ; 1960-2010,* ***Martin Mbéri écrit à la page 87 : « Concernant le Premier ministre Yhombi Opangault, il n'était pas en situation de prendre le contrôle de l'Armée comme l'espérait le président de la République en le nommant. Il oubliait simplement que l'Armée s'était déstructurée au fil du temps et transformée en une armée prétorienne fortement clientélisée. C'était en soi une mission impossible. »***

Le président Pascal Lissouba fondait ses calculs sur des bases qui étaient fausses. Dans son ouvrage que vous avez entretemps cité, il dit pêle-mêle des choses graves qui ont plus existé dans ses ressentiments et ses chimères que dans la réalité. A la page 108 : « Les nouveaux dignitaires, originaires principalement du nord, chassent tous ceux qui, non seulement ne sont pas sûrs politiquement, mais appartiennent à d'autres ethnies que la leur. Comme le sud du pays comporte les deux villes principales du Congo, Brazzaville, la capitale et Pointe-noire, le grand port pétrolier, la chasse aux sorcières prendra naturellement des proportions presque inimaginables. Aucun secteur n'y échappe : l'armée, bien sûr, la police, la gendarmerie, l'ensemble des autres administrations. En l'espace de quelques semaines, des cadres, dont certains avaient reçu une formation parfaitement valable, sont chassés de leur emploi. Il était évidemment impossible de les remplacer. C'est de cette date que démarre l'effondrement structurel de notre pays. J'ai pu m'en rendre personnellement compte après mon élection à la présidence de la République en 1992». A la page 178 : « A l'époque du communisme, à une époque donc où l'idéologie se confondait avec le tribalisme, l'armée était essentiellement aux ordres des gens du nord.

Quant à l'armement, il était pour l'essentiel composé de véhicules et d'armes de poing d'origine soviétique. ». A la page 188 : « Dénis Sassou Nguesso avait ses *"Cobra"*, Bernard Kolélas ses *"Ninjas"* ; pour ma part j'eus mes *"Zoulous"*. ». Que pouvait faire Yhombi dans ces conditions ? Je ne le vois pas appliquer ce genre de politique. La grave ingratitude du président Pascal Lissouba vis-à-vis de l'Armée est le refus de reconnaître que la bonne tenue de la conférence nationale et son accession au pouvoir ne pouvaient pas être possible sans l'engagement de l'armée à ne pas intervenir pour obstruer le processus de démocratisation. L'attitude du président Pascal Lissouba a semé la désillusion dans l'armée et renvoyé de nombreux militaires dans des tribus.

Et si on vous demandait de résumer les causes de l'échec du Président Pascal Lissouba ...

Je parlerais des difficultés du Président à appliquer la constitution du 15 mars 1992, le fait d'aller jusqu'à dissoudre l'Assemblée pour éviter de jouer à fond et dans la sincérité le jeu démocratique et de convoquer des élections législatives anticipées. Ensuite, il y a la tergiversation à procéder à l'installation des institutions démocratiques, le non-respect des accords et des alliances politiques, le repli identitaire et l'exacerbation du tribalisme revanchard, l'envahissement du président par des cadres qui n'arrivaient pas à se dépasser et trimbalaient leurs conflits d'un président à un autre depuis Massamba-Débat, la désorganisation de la force publique et la résurgence des milices. Il y a aussi l'incapacité du président pourtant élu démocratiquement à 62 % de suffrages exprimés à rassurer les uns et les autres par la permanence du dialogue pouvoir-opposition, la non-prise en compte des acquis de la Conférence Nationale Souveraine, le fait de céder aux cadres du "Grand Niari" qui disaient tristement et honteusement : « c'est notre tour ».

À vous entendre parler, je pense à l'abbé Fulbert Youlou avec le maintien de Nzalakanda contre l'opinion publique, à Massamba-Débat avec la JMNR et la Défense civile, à Marien Ngouabi avec son entêtement et son intransigeance idéologique, à Dénis Sassou Nguesso avec la faiblesse pour les siens et la tendance jusqu'auboutiste à la totalisation des pouvoirs, à Joachim Yhombi Opango avec ses méthodes expéditives et la confusion dans les positionnements. N'y a-t- il pas finalement un esprit congolais qui fait que le Congolais supporte ou accepte difficilement son compatriote s'ils ne sont ni du même coin, ni complices…?

Heureusement pour le pouvoir actuel que les mêmes causes ne produisent pas les mêmes effets …

Les mêmes causes sont reproduites aujourd'hui mais à la seule différence que Pascal Lissouba avait affaire à une opposition principale armée ayant fini par disposer de milices, alors que le président Dénis Sassou Nguesso a affaire à une opposition non violente qui n'a ni milice ni arme.

Certains opposants ont été accusés de détenir des armes de guerre et d'avoir fait ouvrir le feu durant la marche du 15 juillet 2009. Jusqu'à ce jour, on n'a pas pu démontrer au peuple la détention d'armes de guerre par un opposant.

Cela reste à établir. De l'enquête au jugement, ni l'accusation ni la défense ne peut se targuer d'avoir dit la vérité. Or à l'époque de Pascal

Lissouba, on n'avait pas besoin d'enquête, la possession des armes de guerre par les principaux opposants était claire…

Malheureusement, le pouvoir actuel n'en a cure. Il ne voit pas les choses ainsi.

Avec Bernard Kolélas

On retient de Bernard Kolélas, qu'il fut un personnage politique très complexe, et dans "Congo : De la révolution messianique à la révolution politique", *Massamba-Débat dit de lui : « Kolélas Bernard, qui caressait l'espoir d'être nommé ministre des affaires étrangères et qui fut étonné de ne rien avoir dans le partage (n'était-il pas l'un des chefs de file de la jeunesse UDDIA et comme tel successeur spirituel de Youlou ?) fût le premier à ouvrir le bal. Il fait venir des armes pour un coup de force à tenter le 15 août 1964. Tshombé, qui venait d'être dépêché à Léopoldville où les intérêts impérialistes étaient menacés par la contagion des idées dangereuses du régime de Brazzaville et le dahoméen, citoyen français, Paul Hazoumé, ex-conseiller politique de Youlou, avaient facilité cette acquisition. Les armes étaient de fabrication américaine et belge. Elles furent saisies sur dénonciation des villageois riverains aux services de sécurité. ». Et vous que dites vous de l'homme...*

Bernard Kolélas, on a commencé à le connaitre vraiment par les coups d'Etat. C'est ainsi que son image dans l'opinion était celle d'un homme de lutte. Selon une certaine opinion, Bernard Kolélas aurait tenté de soulever dès le mois de septembre 1963 les Kongo Lari, plus proches de Youlou. Pour lui Massamba-Débat et les Kongo Boko auraient trahi puis évincé Youlou du pouvoir. Au départ, Youlou et Massamba-Débat étaient du même parti et s'entendait bien jusqu'à l'éviction de Massamba-Débat du poste de président de l'Assemblée nationale. Il paraitrait que ce dernier aurait déconseillé Youlou de recourir à une loi d'exception lui donnant des pleins pouvoirs pour faire condamner à mort des militants indépendantistes accusés de complot communiste. J'avoue ne pas avoir vérifié cette allégation. Après la chute de Youlou, Bernard Kolélas restera très distant du régime de Massamba-Débat et entrera dans une espèce de contestation qui finira par la subversion, occasionnant plusieurs interprétations. Aimé Matsika écrira plus tard à Kolélas une lettre dans laquelle il dira ceci : « c'est donc ce climat que tu empiras pour créer de l'agitation en milieu de Kongo Lari et les amener à te suivre dans tes menées subversives. Tu fus arrêté et emprisonné à la maison d'arrêt par les forces armées impliquées dans la vigilance populaire qu'avait automatiquement engendrée cette subversion.

A l'époque le Mouvement National de la Révolution n'existait pas encore ; le pouvoir révolutionnaire ne fut pas encore proclamé, pas davantage le socialisme scientifique, doctrine dont tu diras plus tard qu'elle justifiait ton combat « contre le régime communiste de Brazzaville. Ton seul motif de t'opposer au changement intervenu en Août était qu'un Kongo Boko ne méritait pas de succéder à un Kongo Lari. Tu espérais ainsi que, compte tenu de son tempérament habituel, cette frange tribale te suivrait aveuglément et te permettrait de te frayer la voie du pouvoir que tu convoitais en réalité. ». Plus loin il dit à l'endroit de Bernard Kolélas : « Tu avais privé Kinganga (dit Sirrocco) du concours des Massambistes dont il avait négocié l'alliance par mon intermédiaire. Ainsi tu l'envoyais à l'échec et à la mort... A l'issue de la Conférence nationale, alors que tu te sentais porté immanquablement vers le pouvoir, tu te mettais à créer les conditions de ton échec à l'élection présidentielle en réactivant ton anti-massambisme d'une part, et d'autre part, tu refusais de te soumettre aux résolutions de la concertation Pool-Pool prises par les associations représentées à la Conférence nationale, lesquelles se réunissaient dans la salle de l'ancien cinéma Rex chez Fina Matsiona.

Ce faisant, tu isolais et encadrais mal André Milongo, élu Premier ministre. Et, finalement, tu te brouillais avec lui jusqu'à déchirer votre assise électorale régionale commune. ». Il est vrai que c'est un domaine très glissant. Mais pour ma part, parler de la contre-révolution localisée dans le Pool ou Laris en évoquant Bernard Kolélas est faux. Youlou étant Lari, on pouvait se dire que ces derniers auraient manifesté un mécontentement sur son départ. Mais cela n'est pas aussi simple que cela, car sans les Laris, on ne parlerait pas de révolution au Congo. S'ils avaient fait bloc autour de Youlou, les choses auraient été plus compliquées. Mais celui-ci avait été lâché par tous, même des Laris eux-mêmes qui avaient des griefs contre lui. Bernard Kolélas est un homme politique qui a commencé à mener un combat à la fois idéologique et de conquête du pouvoir, et non un Lari qui incarnerait une contre-révolution des Lari. Je suis d'accord avec Massamba-Débat quand il dit : « Si j'avais une remarque à faire pour la compréhension exacte de ce problème de la contre-révolution que certains malins ont voulu localiser dans le seul Pool, je dirais, sans risque de me tromper, que les ambitieux des autres tribus, qui ont tour à tour, au cours du combat révolutionnaire, songé à renverser les institutions en leur faveur, ont aussi largement puisé dans la contre-révolution Lari. La méthode utilisée a consisté (si elle ne consiste pas encore) à multiplier les fausses accusations contre les Lari, à commettre, sous couvert de vigilance, de véritables exactions, à opposer les Lari aux Kongo, à exciter toute la tribu à se rebeller contre l'autorité.».

Comment Kolélas sort-il de prison après son arrestation sous Massamba-Débat en 1964 ?

Sur intervention de Prosper Koussakana, Commissaire du Gouvernement au Pool, leader matsouaniste, et d'Aimé Matsika qui vont voir le Directeur général de la sûreté nationale, Michel Mbindi. Kolélas sort de prison et est mis sous la responsabilité du Commissaire du Gouvernement du Pool. Il s'éclipsera pour se réfugier à Kinshasa et se retrouver dans les grâces des Américains et de leur CIA. De là-bas il lancera des actions subversives contre le « pouvoir de Massamba-Débat ».

La tentative de coup d'État de Bernard Kolélas, ancien secrétaire général de l'Union Démocratique de Défense des Intérêts Africains (UDDIA) de l'abbé Fulbert Youlou,* en *novembre 1969, provenant de Kinshasa avec débarquement d'un groupe de trente-cinq hommes armés, donne curieusement lieu à une cour révolutionnaire particulièrement clémente. Qu'est-ce qui joue en faveur de Bernard Kolélas ?

Je raconte souvent ce que j'ai vécu alors que je suis aide-camp et officier d'ordonnance du président Marien Ngouabi concernant Bernard Kolélas. Un jour, pendant qu'il est en prison à la maison d'Arrêt par rapport au coup d'État de novembre 1969, Ngouabi l'en retire avant de le présenter au peuple venu de tous les coins de Brazzaville, rassemblés au stade Éboué, exigeant qu'il soit exécuté, criant : au poteau ! Au poteau ! Etc. On emmène Kolélas à l'Etat-major où réside le président. Marien Ngouabi le regarde et lui demande pourquoi il est toujours en contradiction avec tous les régimes, et impliqué dans les coups d'État, et quel est son vrai problème. Kolélas lui répond en toute sérénité, sans la moindre panique : « Je suis à quelques minutes de ma mort mais je me permets de vous dire que les vertus du socialisme, je n'y crois pas, et je n'y croirai jamais ». Marien se lève et lui serre la main en disant : « Vous êtes un homme, vous n'êtes pas comme les Moudzabakani qui sont à la fois avec moi et trichent ». Au stade où arrive Bernard Kolélas dans une Land Rover conduite par des militaires, le public crie : "Au poteau ! Au poteau ! Au poteau !". Marien Ngouabi prononcera un discours à contre courant de la foule et demandera que Kolélas reparte en prison malgré cette forte pression du public. C'est sous des jets de pierres que ce dernier est reconduit en prison. Bernard Kolélas était anticommuniste comme l'abbé Fulbert Youlou, d'ailleurs. Mais il a eu des contradictions avec Youlou. Il s'est opposé clairement et sans ambiguïté à tous les régimes socialistes. Il s'est opposé au régime des présidents Alphonse Massamba Débat, Marien Ngouabi, Joachim Yhombi Opango, Dénis Sassou Nguesso (sous le monopartisme) et Pascal Lissouba, pour ensuite retourner sa veste en faveur de Pascal Lissouba en pleine guerre et se rapprocher de Sassou II. Cela l'a peut-être empêché d'entrer dans l'histoire par la grande porte. Quelles motivations a-t-il eu en rejoignant Pascal Lissouba au lieu de jouer son propre jeu, et peut-être de tenter sa chance en se plaçant au milieu des deux belligérants lors des affrontements de 1997. Je ne le saurai jamais.

Pascal Lissouba aussi dit à la page 184 de son ouvrage cité plus haut : « Pourtant, je crois bien lui [Bernard Kolélas] avoir sauvé la vie en mars 1965 quand, ancien responsable du parti de Fulbert Youlou, il fut accusé de comploter contre le président Massamba Débat. Son arrestation se déroula en bas du bureau où j'officiais comme Premier ministre. Alerté par ses cris, je vis que l'on essayait de le faire entrer de force dans une voiture pour l'emmener je ne sais où. Je suis immédiatement intervenu et il est parti sans demander son reste. Certains avaient également oublié qu'il fut sauvé par Nguila, alors membre du Conseil national de la Révolution, après avoir été arrêté sous l'accusation de tentative de coup d'Etat. Bernard Kolélas est un être parfois imprévisible mais toujours honnête et sincère.»

Encore une fois, Pascal Lissouba a une manière de dire propre à lui. Qu'est-ce qui lui dit que Bernard Kolélas allait être tué s'il était embarqué dans cette voiture ? Bon ! Il sait ce qu'il dit puisque c'était lui le premier ministre de l'époque. Le défaut de Pascal Lissouba en le disant est qu'il attendait de Bernard Kolélas une attitude de reconnaissance ou de soumission. Je ne pense pas que c'eut été la meilleure manière d'apprécier Bernard Kolélas. Pourquoi veut-on faire en sorte que la politique au Congo se fasse en termes de gratitude et de remerciement ? « On vous nomme ou on vous sauve la vie, même au nom des fonctions qu'on est censé assumer pour la République et la nation, vous devez manifester personnellement de la gratitude peu importe vos idées, vos convictions, etc. ». Le président Dénis Sassou Nguesso dit presque la même chose de Pascal Lissouba de la page 86 à 87 de son ouvrage *Le manguier, le fleuve et la souris* : « Je me suis douté que les choses n'allaient pas se dérouler comme convenu le jour de l'investiture du nouveau président. Dans son discours, il a parlé de tout sauf de son prédécesseur. Je ne m'attendais pas spécialement à des compliments, ou à ce qu'il rappelle que je lui avais sauvé la vie, mais il aurait pu au moins évoquer les progrès que le Congo avait accomplis durant mes douze années à la tête de l'État, le fait que j'avais soutenu le processus démocratique au lieu de l'entraver et que j'avais appelé à voter pour lui au second tour. »

N'aviez-vous jamais eu de contact direct avec Kolélas lui-même ?

En 1981, j'ai eu un premier contact avec Bernard Kolélas suite à l'attentat du cinéma Star. On n'a pas pu établir sa participation bien que son nom ait été cité. La seconde fois, en tant que Chef d'État-major particulier, je suis allé le chercher commis par le président Lissouba. Arrivé sur les lieux, son épouse, à qui je remettais de l'argent de ma poche pour entretenir son mari qui était dans les geôles de la Sécurité d'État dans le cadre de l'affaire du cinéma Star, me prend pour le diable en personne, de même que les Ninjas qui s'échauffent, estimant que je suis venu chercher leur leader pour le livrer à Lissouba. Les effets de la guerre de 93-94 faisaient qu'étant Chef d'État-major particulier de Lissouba, j'étais supposé être du côté du "Grand-Niari".

Le Nord et le Sud au Congo

Le fait que le peuple du Pool ait été un peuple dans un Etat ; le Royaume Kongo ; une nation à part entière incarnée par Simon Kimbangou et André Grenard Matsoua ; le fait qu'il soit de ce qu'on peut appeler la patrie de Tâta André Grenard Matswa, de Tâta Simon Kimbangou, de mâma Ndona Kimpa Mvita, mâma Ngounga, de Tâta Mbiémo et Tâta Milongo, ne devient-il pas un handicap pour lui face à la formation d'une autre nation avec laquelle cette fois-ci elle ne partage pas les mêmes sentiments …d'autant plus que Aimé Matsika dit à juste titre : « Or avant que la France ne décide d'octroyer l'indépendance au Congo, à ma connaissance le peuple Kongo ne fut pas consulté pour dire s'il entendait prendre part au processus de la constitution d'un nouveau peuple et d'une nouvelle nation avec les autres peuples ethniques du Moyen-Congo français ; sauf ignorance de ma part, il en a été de même en direction des autres peuples constitutifs de la colonie Moyen-Congo. »

Je ne le pense pas. D'ailleurs Simon Kimbangou et même André Grenard Matsoua n'ont jamais circonscrit leurs actions dans le périmètre de l'ancien royaume Kongo. Le premier parlait de la race noire et le second parlait de la condition de l'indigène en général. Ils ne se sont jamais comportés comme si les Kongo formaient une patrie à eux seuls. Ils ont très vite pris en compte les réalités frontalières imposées par le colon tout en les critiquant mais pas dans le sens de revenir à la division de l'Afrique centrale. Ils voulaient que cela ne soit pas un obstacle à l'émancipation spirituelle pour ce qui concerne Simon Kimbangou et pas non plus à l'émancipation culturelle et politique en ce qui concerne André Grenard Matsoua. Ce dernier a bel et bien mené un combat politique transformé en religion après sa mort, il a voulu que le noir lutte contre la condition imposée par le colon avec les armes du colon lui-même c'est-à-dire l'instruction. Vous savez, je crois, qu'il a enseigné au catéchisme. De cette époque-là à aujourd'hui, le peuple Kongo n'a jamais manifesté un refus quelconque de vivre avec les autres ethnies de l'ancien Moyen-Congo. C'est l'incapacité de nos hommes politiques, du sud, du centre et du nord, le Pool inclus bien sûr, à consolider la nation qui a suscité un repli identitaire qui fait croire que la partition du pays serait l'idéal. C'est faux et archifaux. Notre génération passera comme est passée celle des Opangault et Youlou, le Congo restera et trouvera son chemin.

Pensez-vous qu'un jour on cessera de parler de Nord-Sud au Congo en termes de conflits ou de comparaison ?

Il n'y pas de conflit nord-sud au Congo. Ce sont des idées que les gens se sont faites. Ils interprètent ainsi les problèmes politiques qui commencent entre les responsables pour aboutir en termes de manipulation entre les tribus. Il fut une époque où Jean Félix Tchicaya a dominé la scène politique. Il représentait tous les Congolais à l'Assemblée nationale française. Après on a suscité Opangault comme représentant du Nord. Cela est l'œuvre du Colon, mais pas des Congolais. Massamba-Débat dans ***De la révolution messianique à la révolution politique*** écrit : « Avant de consulter Youlou pour son éventuelle candidature aux élections législatives au parlement français de janvier 1956, une délégation des originaires du Pool fut dépêchée auprès d'Opangault pour l'informer de l'intention des populations de cette région et de Brazzaville de lui apporter leur suffrages. Une condition fut imposée au leader de la S.F.I.O. : il devait se débarrasser de ses conseillers blancs locaux et de la tutelle métropolitaine. Le refus opposé par Opangault de renoncer à ses appuis « colonialistes » va alors orienter, en désespoir de cause, le choix de ces populations sur l'Abbé Youlou ». C'est ensuite l'abbé Fulbert Youlou qui arrive et devient le représentant du Pool. A ce moment-là, il n'y a pas une classification rigide entre le Nord et le Sud. Le 17 mai 1956, Fulbert Youlou fonde l'Union démocratique de défense des intérêts africains (UDDIA). Il y a déjà sur le terrain le Parti progressiste congolais (PPC) de Tchicaya et la section SFIO dirigée par Opangault. L'emblème du parti de Youlou est le caïman. Quand je suis muté à la compagnie de gendarmerie Nord, peloton mobile n° 30 à Fort-Rousset, je vois dans les cases des administrés de ma circonscription, l'emblème du parti de Youlou. La section SFIO dirigée par Opangault devient à partir de janvier 1957, le Mouvement socialiste africain (MSA). A l'entrée en vigueur de la loi-cadre Gaston Defferre de 1956, se tiennent des élections territoriales visant à désigner un dirigeant local en 1957. Pierre Simon Kikounga N'Got quitte l'UDDIA de Fulbert Youlou, où il était vice-président et fonde son propre parti, le Groupement pour le progrès économique et social du Moyen-Congo (GPES), qui se rallie à la coalition PPC-MSA. Pierre Simon Kikounga N'Got emporte avec lui une grande partie de l'électorat du Niari. Pourtant Youlou a le vent en poupe.

Il vient de remporter des succès électoraux. Aux élections dont j'ai parlé plus haut, qui se tiennent donc le 31 mars 1957, l'UDDIA arrive second avec 22 sièges contre 23 pour la coalition menée par Opangault. Il y a des négociations qui aboutissent à la formation d'un gouvernement de coalition MSA-UDDIA à raison de cinq portefeuilles ministériels par allié. La vice-présidence revient à Opangault. Arrivé en septembre de la même année, dans les rangs du GPES un représentant du Niari, Georges Yambot, retourne sa veste et rallie l'UDDIA qui devient alors majoritaire à l'Assemblée avec 23 sièges. Youlou réclame la vice-présidence pendant que le MSA exige en vain la démission de Yambot. Georges Yambot sera même kidnappé le 24 novembre 1957 pour qu'il ne siège pas à l'Assemblée. La crise devient très grave. Le gouverneur calme le jeu en trouvant un compromis : Opangault reste dans ses fonctions tandis que l'UDDIA conserve sa nouvelle majorité. Les premières émeutes en rapport à ce conflit interviennent à Dolisie, alors que Youlou décide d'organiser les journées d'études de l'UDDIA à Dolisie, fief du GPES. Des affrontements y ont lieu entre partisans socialistes et youlistes. Le 28 novembre 1958, l'Assemblée territoriale se réunit en session ordinaire pour doter le pays des institutions. Des contradictions sont encore houleuses entre L'UDDIA et le MSA. Les députés s'injurient dans la salle. Les élus socialistes commettront l'erreur de quitter l'Assemblée en signe de protestation.

La majorité UDDIA, fait voter à son profit, avec la complicité du président de l'Assemblée Christian Jayle, de nouvelles lois constitutionnelles. A l'unanimité des 23 députés, le Conseil du gouvernement d'Opangault est remplacé par un gouvernement provisoire. Youlou en prend la tête. L'Assemblée territoriale devient alors législative et son siège est transféré à Brazzaville. Les députés du MSA se réuniront seuls à l'Assemblée de Pointe-Noire pour dénoncer l'illégalité des décisions prises la veille par les députés youlistes mais en vain. C'est ainsi que des affrontements vont avoir lieu dans Pointe- noire. Le 8 décembre 1958, Fulbert Youlou devient officiellement Premier ministre. La majorité gouvernementale passe ainsi de 23 à 25 sièges. Opangault, dont le parti perd deux députés européens, Albert Fourvelle et André Kerherve, qui prennent part dans le nouveau gouvernement de Youlou, ne peut plus espérer que sur 20 sièges. Il entend redresser la pente aux prochaines élections législatives prévues pour mars 1959 par les accords du 26 août 1958 signés avec Youlou. Ce dernier refuse de les organiser.

Le 16 février 1959, les députés MSA réclament une nouvelle fois la dissolution de la Chambre et rencontrent toujours un refus de la part de Youlou. Cette fois-là les sympathisants du MSA-PPC de Poto-Poto (quartier nord de Brazzaville) qu'on assimile tous aux Mbochi, la tribu Opangault, s'en prennent à ceux qu'ils considèrent comme les partisans de l'UDDIA. Ces nouveaux affrontements vont gagner tout Brazzaville et déboucher sur une sanglante émeute tribale entre Mbochi (groupe ethnique du Nord) et Lari (groupe ethnique du Sud). Voyez comment l'inconséquence des hommes politiques, je dirai même l'irresponsabilité des leaders, déplacent les conflits politiques de l'assemblée, du gouvernement et de la justice à la rue. Pourtant un certain Bikouma, originaire de Boko, membre du MSA est pourchassé par ses frères du Pool jusqu'à s'exiler à Bangui. Il y a plus d'une centaine de morts, des blessés et des maisons détruites. C'est ce conflit qui n'est pas en réalité nord-sud et ces émeutes qui ne sont pas une guerre civile qui ont structuré le mental politique congolais.

L'Union du Moyen-Congo (UMC), le parti des colons, soutiendra résolument Youlou lors des élections territoriales de mars 1957. Les mêmes colons l'aideront en achetant Georges Yambot, un représentant du Niari, membre du GPES, comme on peut le lire dans le livre de Florence Bernault : Démocraties ambiguës en Afrique centrale : Congo-Brazzaville, Gabon, 1940-1965, Éditions Karthala, 1996, à la page 168. Le 5 mai 1958, Christian Jayle, député européen UDDIA de Youlou, Christian Jayle, est élu à la présidence de l'Assemblée territoriale. Après Félix Tchicaya, l'UDDIA remplacera le PPC comme section locale du Moyen-Congo au Rassemblement démocratique africain (RDA), parti inter-africain de Félix Houphouët-Boigny. Ce qui fera accéder Youlou aux milieux parisiens et à la bienveillance des autorités locales et facilitera d'ailleurs son coup d'État constitutionnel, lui permettant de voter de nouvelles lois avec la complicité de l'européen, Christian Jayle, et en l'absence de ceux qui ont quitté la salle pour protester. Cela ne confirme-t-il pas la conception très prisée par les européens et qui est restée gravée dans le mental politique qu'en fait les originaires du nord sont des vauriens, des sauvages, des gens des forêts qui vivent dans des zones marécageuses. Ils ont été découverts en retard et ont connu l'instruction tardivement. Ils n'ont pas connu de royaumes, n'ont donc pas le sens de l'État ni de la culture et des arts. Leurs penchants seraient liés à la chasse et à la pêche donc aux métiers des armes, à la dictature. Cette considération coloniale sera d'autant plus perpétuée que certains cadres du nord confirmeront le barbarisme attribué aux nordistes lors des coups d'État contre Marien Ngouabi et du procès sur l'assassinat de ce dernier…

Est-ce par rapport à l'arrivée du colon, donc des étrangers, que nous allons établir une hiérarchie de la valeur des ethnies et des tribus chez nous ? Je trouve déplorable de céder à ces considérations ethnologiques chères aux colons qui ont mis des considérations inutilement discriminatoires dans nos têtes prévoyant nos divisions et notre affaiblissement. Le colon l'a fait un peu partout en Afrique, je donnerai l'exemple du Rwanda, entre les hutu et tutsis, il a semé un complexe tel que certains seraient nés pour diriger et d'autres non. En Côte-d'Ivoire, le colon a fait de sorte que Houphouët-Boigny, issu du groupe akan (composé des Agni, Baoulé, Abron, Alladian, Avikam et les ethnies lagunaires) légitime son pouvoir sur le mythe du sens supérieur de l'État lié à son appartenance ethnique.

Ce mythe tend à justifier les sources d'un pouvoir qui se veut charismatique et fonde la légitimité à diriger les autres. On a vu le colon bâtir un discours et même des enquêtes anthropologiques, structurer l'imaginaire social pour faire asseoir dans les esprits ivoiriens l'aristocratisme de l'ethnie baoulé et sa prétendue propension à dominer les autres. Ainsi les Dioula et les Bété (tribu de Laurent Gbagbo) sont discriminés par une caractérisation négative, sérieux ou humoristiques, mais courante dans le langage populaire, qui les décrit comme imprévisibles dans leur réactions et pas aptes à assurer le succès de la domination des Akans. La finalité voulue par le colon et entretenue par certains intellectuels acquis à cette hiérarchisation des tribus est la division, et, au pire des cas, la guerre.

On l'a bien vu au Rwanda et en Côte-d'Ivoire pour ne citer que ces deux cas. Au fond tout cela ne se justifie pas historiquement car l'histoire des nations africaines ne commence pas avant la fusion des tribus dans une nation mais après. Une tribu peut légitimement exiger le respect de sa préhistoire, de son histoire et de sa spécificité mais ne peut pas imposer son histoire d'avant la création du pays aux autres quelle qu'en soit la valeur. Avec le recul quand je relis Massamba-Débat, je trouve que ce monsieur avait une intelligence inouïe. Il avait un tel élan pour la nation qui malheureusement n'a pas eu de répondants dans son propre entourage au point de ternir son image et provoquer la bascule de son régime. Voici ce qu'il disait dans *Les principes pour favoriser l'unité nationale*: « C'est ainsi qu'au Kouilou par exemple, la région de Diosso qui a eu ce bénéfice (la mission catholique de Loango est la plus ancienne de notre République) est-elle regardée comme un réservoir des cadres et les dissensions tribales qui ont souvent séparé ou simplement brouillé les Vilis dits de Diosso (qui sont toujours au levier de commande) et les Vilis dits de Hinda (l'école de Pointe-Noire est récente par rapport à celle de Loango) ont pour motifs les retards enregistrés par les uns par rapport aux autres.

Le plus navrant c'est que le Congolais ne mettra jamais ce retard sur le compte du colonisateur mais sur son frère dont la situation relativement enviable est pourtant indépendante de sa volonté. Partout, c'est le même phénomène qu'on enregistre. Dans l'ancienne Alima, il ne peut faire aucun doute que Boundji avec la mission St-Benoît, créée de longue date, a permis aux frères M'Bochis de se présenter en bien meilleure posture sur le marché du travail que les frères Batékés d'Ewo par exemple. L'école régionale de Boko, qui présentait déjà au certificat d'études primaires depuis 1930, a permis aux originaires de cette région d'accéder à l'instruction avant leurs frères de Zananga, par exemple, dont l'école est de création récente. Tous ces faits sont des critères objectifs pour expliquer ce qu'on croit être l'avance des uns par rapport aux autres et que les mauvais esprits, pour exploiter la crédulité des gens, s'ingénient toujours à couvrir du manteau du tribalisme, alors qu'il s'agit simplement des situations historiques qui ne pourront être amendées qu'avec le temps et les progrès de la société. »

Vous m'étonnez parce que les hommes politiques ou d'État congolais ne se citent que très rarement

C'est par mesquinerie et mauvaise foi. Ils croient perdre un peu de leur aura en citant un autre...

Le système politique congolais a été aussi construit de sorte que chaque président qui arrive au pouvoir lutte contre l'image, l'expérience et même le souvenir de ses prédécesseurs et les expulse de l'histoire officielle. On veut totaliser tous les pouvoirs jusque dans l'imaginaire des gens...

On ne va pas y revenir. Cela a été décrié par la Conférence nationale malgré les quelques entêtements qui persistent.

Revenons-en à la question de la hiérarchie des tribus…

Je pense que cette anthropologie politique aux élans coloniaux doit être dépassée pour éviter de tourner en rond. Ce débat sur nos leaders morts est d'un autre âge. Nous faisons du sur place. Entre cinq congolais qui discutent politique supportant chacun Jean Félix Tchicaya ou Tchitchelle, Simon Kikounga-Ngot ou Pascal Lissouba, l'abbé Fulbert youlou, Alphonse Massamba-débat, Jacques Opangault ou Marien Ngouabi, ils réussiront à démontrer aux autres que c'est uniquement le ou les leaders de sa tribu, son clan ou sa région qui sont bons et pas les autres. Alors que tous ont eu des forces et des faiblesses, des points positifs et négatifs. Dans une discussion de démonstration de la valeur de l'un ou des uns plutôt que d'un autre ou des autres, comment trouver un compromis sur la base des sentiments. Personne ne convaincra l'autre…. Avons-nous eu un chef pire qu'Hitler, mais celui-ci n'a pas pour autant été effacé de l'histoire de l'Allemagne. Nous devons nous méfier des débats stériles qui divisent et affaiblissent les Congolais au lieu de les mobiliser sur les causes de luttes qui les rassembleront comme un seul homme. Certains pays développés que vous trouvez grands et forts aujourd'hui ont eu des problèmes du même genre que nous, des considérations ethniques, tribales, claniques et régionales qui ont dû être étouffées par la force ou par la raison pour leur permettre d'avancer. Ils avaient compris qu'avec ce genre de conflits on fera du surplace ou on marchera la tête en arrière.

La spécificité congolaise n'est-elle pas de lutter ou de vaincre pour sa tribu ou mourir pour les morts de sa tribu…

Vous croyez qu'un Matsoua, un Jean Félix Tchicaya, un Youlou, un Jacques Opangault, un Massamba-Débat, un Marien Ngouabi, auraient pu depuis leurs tombes applaudir le fait que des Congolais se disputent ou s'entretuent pour eux. On ne peut pas faire progresser le Congo en se tuant pour supporter les morts. Quelle finalité y'aurait-il au bout du rouleau ? J'ai un énorme respect pour ceux qui se battent pour les idées de Matsoua : les droits humains, la véritable indépendance, l'égalité, la liberté et la solidarité des noirs entre eux ; bien plus que pour ceux qui se battent pour le physique ou le lien tribal avec Matsoua. A mon avis, ce genre de personne n'auront rien compris du combat de Matsoua. Le devoir des Congolais est de se battre aujourd'hui pour l'émergence de la race noire, pour assurer la dignité du Noir et devenir réellement à un pied d'égalité avec le Blanc comme l'a prévu Simon Kimbangu. Nous devons avoir honte après cinquante ans d'indépendance de nous faire encore exploiter au niveau où des gens de l'époque de Matsoua ne l'avaient pas accepté. Dans quelques années, avec le développement économique, l'éducation, le civisme qui trouvera forcément de vrais défenseurs, avec le brassage dans des lieux de services et surtout les mariages, le Nord et le Sud ne seront plus que des points cardinaux sans plus. Et ce, malgré les manipulations des politiciens sectaires, égoïstes et véreux qui en ont fait leur fond politique.

Le cas de Massamba-Débat est différent…Il est légitime pour certains de se battre jusqu'à la mort afin de retrouver ses restes…

Pas pour certains, pour toute la République.

Pour quoi la République ne s'y engage-t-elle pas ?

Elle s'y engagera quand le Congo sera véritablement animé par une volonté nationaliste ou même par une bonne foi.

Et à propos du barbarisme attribué aux nordistes lors des coups d'État contre Marien Ngouabi et du procès sur l'assassinat de ce dernier…

Je ne suis pas pour cette façon de voir parce qu'elle ne retrace pas la réalité de notre pays. La réalité de notre pays est que les Congolais agissent ensemble, nordistes et sudistes mélangés. Quand ça capote, c'est le président du nord ou du sud qui en prend la responsabilité, non plus avec les gens qui ont commis l'acte, mais avec sa tribu. A l'époque de Youlou, ceux qui étaient soupçonnés de détournements n'étaient pas que des Laris. Il y avait des cadres de plusieurs tribus. Autour de Massamba-Débat, il y avait aussi des cadres du nord aux fonctions stratégiques. Autour de Marien Ngouabi, le brassage des cadres de plusieurs tribus a été très poussé, mais à la fin, c'est Ngouabi et les nordistes qu'il faut indexer. Alors que de nombreux cadres qui se sont embourgeoisés à l'époque de Marien Ngouabi n'étaient pas que du nord. Pour la simple raison qu'ils étaient du sud, que le pouvoir n'était pas soi-disant le « leur », alors ils sont immunisés et leurs casiers judiciaires est de fait politiquement correct. D'ailleurs autour du président Sassou actuellement, il y a des Vili, des Kongo, des Laris, des Mbochi, des Bembés, des Tékés, des Likoubas, etc. qui participent à la prise de décision, mais quand ça va mal, on ne citera à la fin que le président Sassou et les Mbochi, etc. Je trouve cela anormal. Pour revenir aux coups d'État contre Marien Ngouabi et au procès sur l'assassinat de ce dernier, il y a eu des injustices à la fois abominables et inacceptables, des actes inadmissibles, mais il faut personnaliser les responsabilités. Le nord est un tout qui permet à certains responsables de se cacher. Ce n'est pas le nord qui a répondu à la Conférence nationale malgré la tribalisation des accusations et des interprétations et ce n'est pas le nord qui répondra devant le Tribunal de la Haye, ce sont des individus. Même s'ils pourraient être coupables d'avoir été durs avec certains justiciables plutôt que d'autres en raison des origines tribales ou régionales, cela ne justifiera jamais le fait de mettre ces injustices sur le dos de tout le nord…

La nation congolaise ne subit-elle pas de plein fouet le coup d'État d'Ange Diawara, le dernier véritable mouvement politique national et réellement idéologique que nous ayons connu ? C'est de là que chacun se replie dans son identité tribale ou régionale, certains cadres du Pool, comme maître Moudileno-Massengo et bien d'autres, se sont gêné d'appartenir à un régime qui suspectait tous ceux du Pool, Diawara s'étant replié à Goma-tsé-tsé ? C'était peut-être une erreur pour Diawara de s'y replier, n'est-ce pas ?

Le long et difficile processus de construction de notre nation a connu des hauts et des bas mais il n'a jamais été totalement mis en veilleuse. Des efforts ont toujours été faits, il faut le reconnaitre par tous les présidents que nous avons eus même si leurs lieutenants, amis, proches et lointains parents, ont souvent posé de sérieux problèmes à la République, confondant les rôles, faisant du zèle, etc. Le M22 était véritablement un mouvement national avec une préoccupation idéologique évidente qui a tiré son essence de la révolution de 1963 et du mouvement insurrectionnel de 1968. Cependant, Diawara en allant à Goma-tsé-tsé a joué la sécurité en misant sur la fibre tribale. Ce n'était pas du tribalisme. La sécurité fait parfois intervenir d'autres paramètres qui n'ont rien à avoir avec l'idéologie mais avec le sentiment. Pour le cas de Moudileno-Massengo, le président Marien

Ngouabi a refusé de croire qu'il était parti en exil et qu'il y resterait. Il lui a lancé plusieurs fois des appels allant dans le sens de lui demander de rentrer. Même après Marien Ngouabi, en tant que directeur général de la sécurité d'État, j'ai été de ceux qui ont œuvré pour faire dialoguer maître Moudileno-Massengo et le président Dénis Sassou Nguesso grâce à l'efficacité d'un cadre comme Ongotto. Ce qui fut fait en plein monopartisme.

Au Congo, même les morts sont séparés, les Brazzavillois des quartiers sud sont enterrés au sud de Brazzaville, ceux des quartiers nord sont enterrés au nord, il y a une équipe de football pour le Pool, une autre pour le Nord, et d'autres pour des régions, des corporations ou des entreprises, l'offre de service peut se négocier par affinité tribale dans les marchés publics, les hôpitaux, les tribunaux, les administrations, les stations d'essence, malgré vos bonnes paroles ne sommes-nous pas trop loin du cas de figure d'une nation en formation ?

Au départ, tous les morts de Brazzaville, qu'ils soient du nord, du sud, de l'Est et de l'Ouest étaient enterrés à Moukondzi-Ngouaka situé à l'extrême sud de Brazzaville. Les quartiers nord se limitaient à Poto-poto... Il y a eu ensuite extension de ces quartiers vers le nord. Il était devenu plus pénible pour les habitants de ces nouveaux quartiers de faire le voyage de Moukondzi-Ngouaka pour enterrer leurs morts. Le cimetière de la Tsiémé a ensuite été ouvert à l'extrême nord de Brazzaville pour raccourcir les voyages d'enterrement. On y enterrait tous ceux qui du nord comme du sud se trouvaient proches de ce nouveau cimetière. Moins de vingt ans après, la Tsiémé s'est retrouvé au milieu des nouveaux quartiers nord. On a dû ouvrir un nouveau cimetière plus au nord, Itatolo, celui-ci se retrouve actuellement au milieu d'un nouveau quartier. Mais le vrai problème n'est pas là pour vous. Je sais que vous pensez aux conséquences des affrontements de 1959. Je crois qu'il fallait prendre des précautions et concevoir l'évolution de notre ville autrement. Or j'ai l'impression que les hommes politiques voulaient que cela reste ainsi pour qu'ils exercent leur pression en cas de crise. Nos quartiers étaient devenus comme des bases arrière d'affrontement politique.

Pourquoi tenez-vous tant à inventer un Est et Ouest qui n'auront d'existence que dans notre bonne volonté, alors que notre pays a un défaut congénital, il est longitudinal ? Ne devons-nous pas l'assumer ?

Nous n'avons certes pas la même cartographie que le Gabon ou la République Démocratique du Congo, mais il y a bel et bien un Est et un Ouest chez nous. Ce que nous avons raté, c'était la reconstruction de Brazzaville sur de nouvelles bases. Vous remarquerez que le phénomène de concentration tribale n'existe que dans les vieux quartiers. Aux maisons de l'Office Congolais de l'Habitat (OCH) et de la Société Nationale de Construction (SONACO) à Mounkondo, il y a brassage des originaires du nord et du sud. L'auto-construction nous a envahis et avec une certaine solidarité tribale, elle a décidé de notre environnement. Quant au reste, je crois que c'est l'absence d'un État fort qui a fait que le service public soit marchandé…A propos de Diable noir et Etoile du Congo, qu'auriez-vous voulu, qu'on les interdise ?

Par exemple, oui…

Croyez que ce soit la suspension d'une équipe supposée être du sud ou du nord selon qu'elle comporterait parmi les joueurs ou les supporters plus de ressortissants du sud que du nord ou vice-versa qui aurait permis de lutter contre le tribalisme ? Entre les joueurs, il n'y a curieusement pas de tribalisme. C'est entre les supporters que les choses se compliquent. Savez-vous que depuis sa création jusqu'à un certain moment où je suivais régulièrement les matchs de football, l'ossature du club Etoile du Congo était constituée en majorité des jeunes du Pool. Mbemba Tostao de diable noir et Ndomba Géomètre de l'Etoile du Congo prenaient leur jus ensemble après les matchs de championnat qui opposaient leurs équipes respectives pendant que des supporters rivalisaient de passion, s'appropriant les exploits sportifs pour leur donner une signification tribale qui n'avait rien à avoir avec ce qui se passait sur le terrain.

Une nation, c'est le sentiment de partager le même destin, les mêmes émotions. Au Congo, par contre, il y a des régions qui ont souffert plus que d'autres des affres des guerres et des actes de barbarie. Le Pool est demeuré pendant longtemps coupé de la République, vous avez vous-même décrié dans l'un de vos discours le fait que des enfants y ont connu des années blanches dans l'indifférence du reste de la République. On n'a pas écouté un seul communiqué d'une autre région qui se plaindrait du fait que les enfants innocents des villages du Pool traversaient des moments tragiques ou ne passaient plus aux examens d'État…

Cela fait-il partie de notre culture régionale d'intervenir quand l'État a maille à partir avec une autre région ? Je crois que non. Cette culture viendra avec le temps si nous parvenons à avoir une classe politique locale. C'est encore trop tôt. Le Pool a toujours été exposé par ses cadres politiques. Certains ont ramené au Pool des guerres dont il n'avait rien à gagner. Ils n'en ont jamais assumé les conséquences. Ce sont toujours les autres qui sont mauvais. Certains cadres du Pool ont fait de cette région leur vache à lait. Après Massamba-Débat qui a été accusé d'espérer croire revenir au pouvoir, ce qui était pourtant légitime, il s'est développé un leadership spécial qui a consisté à promettre ramener le pouvoir soit par une conquête armée, ce qui, chaque fois, a eu des conséquences tragiques, soit par un radicalisme qui fait qu'autant on est dur et tranchant avec l'autorité ou celui qui l'incarne, autant on est considéré comme sincère.

Le Pool, à mon humble avis, a besoin de politiques pour avancer. Il a besoin de plus de choses que le messianisme. Il a aussi besoin que justice lui soit rendue. Le Pool est une région riche en cadres mais qui s'obligent à suivre les sentiers battus, à descendre à un discours qui ne leur permet pas d'innover. Les populations ont trop payé des aventures, des conflits et des replis suicidaires des hommes politiques. Et quand arrive l'heure du partage du gâteau, bien que je n'aime pas cette expression, ce ne sont plus les jeunes et les familles des villages qui ont tout perdu aux cours des différentes tragédies, qui sont servis, mais les membres des familles des hauts dignitaires. Le Pool est certainement la région la plus exposée parce qu'elle entoure la capitale politique et a été plusieurs fois foyer de contestation et théâtre d'opérations militaires, mais en plus des problèmes qui se posent dans cette région, il y en a plusieurs autres qui se posent dans certaines régions du pays. Les affrontements chez nous, ne sont suivis d'aucune mesure d'accompagnement des victimes, de réparation ou de reconstruction.

A l'intérieur de ce qu'on appelle le "Grand-Niari", il y a des populations qui continuent de souffrir des affres de la guerre de 1997. Comme on n'en parle pas, les gens ont l'impression que tout est redevenu normal. J'y ai été pour l'installation du Parti pour l'Alternance Démocratique dont je suis le président, j'ai constaté qu'il y a des gens qui souffrent en silence et n'arrivent pas à s'en sortir. Le Pool et la Bouenza, ont l'avantage d'avoir une dynamique diaspora qui peut plaider jusqu'au plus haut niveau, mais il y a des zones entières dans le Nord et le Sud du Congo dont on ne parle pas. Des populations des zones enclavées subissent des attaques et du vandalisme permanent aux frontières nord-ouest et nord-est sans que des efforts soient fournis pour les protéger. Elles ne se souviennent même plus de faire partie de la République.

Je citerai de nouveau Massamba-Débat qui, à l'occasion d'une tournée en 1964 dans la Sangha, disait : « Lorsqu'on a une plaie, on se croit le plus malheureux du monde tant qu'on reste dans sa case. Mais lorsque vous vous rendez à l'hôpital et que vous y constatez qu'il y a d'autres hommes qui ont des plaies, des souffrances plus graves que la vôtre, vous vous dites que vous aviez tort de vous plaindre tant. Faisons attention ! Le déséquilibre ou l'injustice, nous pouvons les créer dans la mesure où quelques-uns d'entre nous sont plus voraces que les autres. ».

Certains ressortissants du nord de notre pays pensent qu'après l'actuel président, c'est le déluge pour le nord et les nordistes, ne partagez-vous pas cet argument dont la plupart des cadres nordistes s'en sont approprié ?

Cela n'est pas normal. C'est une vanité qui coûtera cher à ceux qui le croient. La route nationale n° 2 a-t-elle été débutée par un nordiste ? La première usine qu'a connue le nord a-t-elle été construite par un nordiste ? Au contraire, il y a des usines laissées par Massamba-Débat dans les quartiers et villages du nord, que certains cadres du nord ont transformé de domaines publics en domaines privés où ils ont placé leurs deuxième, troisième ou quatrième femmes ou encore leurs parents. Ce sont des gens qui n'aiment pas le nord. Tout compte fait, ils sont là et font tout ce qu'ils font pour eux-mêmes pas pour le nord. Le nord est un prétexte. Pour preuve, allez regarder dans quelles conditions les gens du nord empruntent le transport fluvial pour Ngabé, Makoutipoko, Mossaka, Ouesso ou Impfondo, ils sont dans des barges comme des moutons. Allez regarder dans quelles conditions ils empruntent le transport terrestre par-dessus les marchandises sur les carrosseries.

Ce sont cela, les avantages du pouvoir du nord ? Il faut être clair, le bénéfice du pouvoir du nord, ce sont les villas et les voyages que certains privilégiés peuvent s'offrir facilement. Ce qui revient à dire que le risque encouru par le nord de perdre le pouvoir, ce n'est pas la perte des possibilités de construction des infrastructures indispensables à tout le nord, le manque d'enseignants, de médecins, d'infirmiers, d'Agents de développement, mais c'est la fin des privilèges de certains cadres du nord de construire des maisons et de voyager. C'est en cela que les nordistes pourraient prétendre souffrir.

Mais si cette souffrance est la condition sine qua non pour la construction d'un État impartial pour tous les Congolais, d'une République qui donnerait la chance à tous les Congolais, je la préférerais. La meilleure politique qu'il aurait fallu pour les nordistes dans le cadre de se prémunir contre quoi que ce soit d'anormal eut été de construire un véritable État de droit, une justice républicaine, etc. Il n'y a qu'un État de droit qui pourrait demain protéger le nordiste d'un quelconque arbitraire qui viendrait d'un président non nordiste, il n'y a qu'une justice républicaine qui pourrait protéger le nordiste demain de quelque arbitraire que ce soit… C'est une erreur de penser qu'on peut protéger les nordistes en les laissant voler l'argent de l'État et en leur faisant comprendre que sans moi vous ne volerez plus. Et demain, si une érosion intervenait dans les quartiers nord pendant que le président est du sud, que fera-t-on ? Viendra-t-on nous réveiller dans nos tombes du nord pour dire : « revenez vous occuper de nous », au lieu de s'adresser aux autorités au nom de l'Etat, de la République et de la nation ?

Je pense que depuis que la guerre est finie, il n'y a plus d'État. On n'a jamais vu dans l'histoire de notre République, depuis 1958, des Directeurs généraux du Trésor, du Budget, des Impôts, des Douanes, du Port, de la Police nationale, de la Télévision Congolaise, etc. tous de la même tribu que le président, du Directeur de cabinet aux chef de bureaux d'un ministère tous de la même tribu que le ministre, même s'ils peuvent être compétents, mais ça choque l'opinion dès lors qu'elle sait que ce n'est pas la compétence qui brusquement se serait concentrée dans la tribu du chef de l'Etat. Nous n'avons jamais vu au Congo les gens de la tribu d'un président être major des promotions de toutes les facultés de l'université Marien Ngouabi ou des Ecoles de formations.

Le plus gros échec de la construction nationale n'est-ce pas le fait que le président Sassou Nguesso a toujours tenté de réconcilier le peuple par les Etats-majors politiques en Forum, en Symposium, en Concertation, etc. plutôt que par des nominations équitables, par l'égalité des chances dans les classes d'Examens, dans l'octroi des bourses, des marchés et contrats de l'Etat… ? N'est-ce pas au Trésor public, aux bureaux des soldes, au ministère de la Fonction publique, à la Caisse de Retraite des Fonctionnaires et à la Caisse Nationale de Sécurité Sociale, à l'Office National de l'Emploi et de la Main-d'œuvre, à la Direction des Examens et Concours, que les Congolais perdent le sentiment de partager un même destin, ce qui aurait véritablement fondé la nation congolaise. Parce qu'à ce niveau-là il faut avoir un homme de votre tribu pour avoir gain de cause…

Je l'ai dit dans ma lettre d'Août 2003 en donnant l'exemple sur le président lui-même : « Avez-vous donc oublié cette année-là, ce jour-là, où un gendarme français, commandant la brigade de gendarmerie de Fort-Rousset, vint à Edou, votre village, pour vous annoncer votre admission au concours d'entrée au collège de Mbounda à Dolisie ? Aujourd'hui, tel que le pays fonctionne, fils de paysan comme moi, perdu dans votre terroir d'Oyo, vous ne seriez jamais admis, et même si vous l'étiez, qui se serait préoccupé de votre « cas » jusqu'à se déplacer dans un village pour vous dénicher ? ». Nous avons eu la contrainte dans notre situation d'hériter d'un Etat à construire et de forger une nation en partant de ce nouvel instrument de gestion de l'intérêt général. Mais au lieu de poursuivre ce travail de la recherche de l'intérêt général, nous nous sommes mis à faire de nombreux discours et à nous disputailler pour des positionnements et des privilèges personnels, familiaux et tribaux comme dans une loterie où il s'agit de gagner par simple combinaison de chiffre.

Pourtant le président Dénis Sassou Nguesso dit dans Parler Vrai pour l'Afrique ***qu'au retour de Dolisie après sa formation d'instituteur, il a tristement été confronté au phénomène de piston qui faisait que ceux qui avaient des parents haut ou bien placés trouvaient facilement de meilleurs débouchés et les autres non…***

Raison de plus pour lui de combattre cela puis qu'il a donc su combien cela fait mal d'être désemparé, sans piston, combien c'est humiliant, traumatisant de ne pas être admis à un examen ou un concours, de ne pas être retenu au cours d'un appel d'offre, dans une liste d'ayants droits, simplement parce qu'on a personne de bien placé, même avec les meilleures notes ou qualités possibles. En quoi peut-on être fier d'être Congolais quand, pour retirer votre propre argent au Trésor public ou à la Caisse Congolaise d'Amortissement, vous devez laisser une commission qui peut aller jusqu'à cinquante pour cent. Dans ces conditions, on a beau convoquer des Forums ou réunir des sages de telle ou telle région, il n'y aura jamais ni véritable paix ni réconciliation nationale en République du Congo.

Et l'équilibre régional...

C'est une bonne idée que de parler de l'équilibre entre les régions. Il faut retenir que cet équilibre ne peut être que relatif. Il faut extrêmement faire attention. On ne dote pas une région des infrastructures dont elle ne peut assurer le maintien et l'entretien. Le mieux à faire est de doter une région d'une base économique selon sa spécialité et ses potentialités. L'équilibre des régions ne se fait pas par la construction des bâtiments administratifs et des résidences improductives, des hôtels à clients politico-événementiels. Il ne faut pas amorcer un rééquilibrage sous le cas de figure de Gbadolité en République Démocratique du Congo.

Annexes

La mère d'Emmanuel Ngouélondélé Mongo, Maman Nguélélé-Voua Pauline

En 1958, à Fort-Lamy, l'auxiliaire de gendarmerie de 3e classe, Emmanuel Ngouélondélé Mongo vient de recevoir sa fiancée en provenance de Brazzaville.

Le 26 janvier 1960, embarquement à l'aéroport de Maya-maya à Brazzaville dans le Super G d'Air-France pour Marseille : de gauche à droite, Luc Nsana, Ngouélondélélé-Mongo, Mbemba, Pierre Pandou, Ntsouékéla, Charles Daniel Ickonga, Eléazard Elona, Paul Mpandzou.

Au centre d'instruction de gendarmerie à Aubagne (les Bouches-Du-Rhône, France) en 1960, debout, de gauche à droite : Luc Nsana, Emmanuel Ngouélondélé Mongo, Gilbert Ebothé.
Accroupis : Daniel Ickonga (à gauche), Pierre Pandou (à droite)

Juillet 1960, les instructeurs français et les stagiaires africains des territoires français devenus : Moyen Congo (République), Gabon (République gabonaise), Oubangui-Chari (république Centrafricaine), Tchad (République du Tchad), Cameroun (République du Cameroun), Dahomey (République du Bénin), du Togo (République togolaise), la Haute-Volta (République du Burkina-Faso), Mali (République du Mali), Sénégal (République du Sénégal), Mauritanie (République de Mauritanie), Côte d'Ivoire (République de la Côte d'Ivoire), Niger (République du Niger)

En juillet 1966, madame Ickonga, à gauche, une amie marocaine au milieu, et Emmanuel Ngouélondélé Mongo, à droite, lors d'une escale du bateau Jean Mermoz au port de Casablanca

1970, à Kimongo, le commissaire du gouvernement, Médard Moumengo accueille le président Marien Ngouabi transporté sur un typoye à son arrivée

15 Août 1971, de gauche à droite : Ernest Ndalla Graille, Premier secrétaire du PCT et le Président Marien Ngouabi. A l'arrière, de gauche à droite, Lambert Galibali, maire de Brazzaville et Emmanuel Ngouélondélé Mongo, aide de camp du président

Séance de travail dans le bureau du président Marien Ngouabi. De gauche à droite, Pierre Nzé, Ndalla Graille, le président Marien Ngouabi et Ambroise Noumazalaye. L'aide de camp, Emmanuel Ngouélondélé est derrière le président

Le président Marien Ngouabi est au milieu. A sa droite, son éminence Joseph Diangienda, chef spirituel de l'Eglise Kimbanguiste. Debout derrière, l'aide de camp du président, le lieutenant Emmanuel Ngouélondélé Mongo.

Le couple présidentiel, Clothilde et Marien Ngouabi, avec leurs deux enfants, Marien (à droite) et Roland (à gauche)

Avec Céline et Marien Ngouabi

1973, le président Marien Ngouabi et son épouse en visite officielle en Chine populaire. Le Premier ministre chinois Chou en Laye est en première ligne. Le premier ministre congolais, Louis Sylvain Ngoma, le ministre des affaires étrangères, Charles David Ganao et d'autres personnalités accompagnent le président. Le capitaine Emmanuel Ngouélondelélé-Mongo, aide de camp du président de la République est derrière son chef.

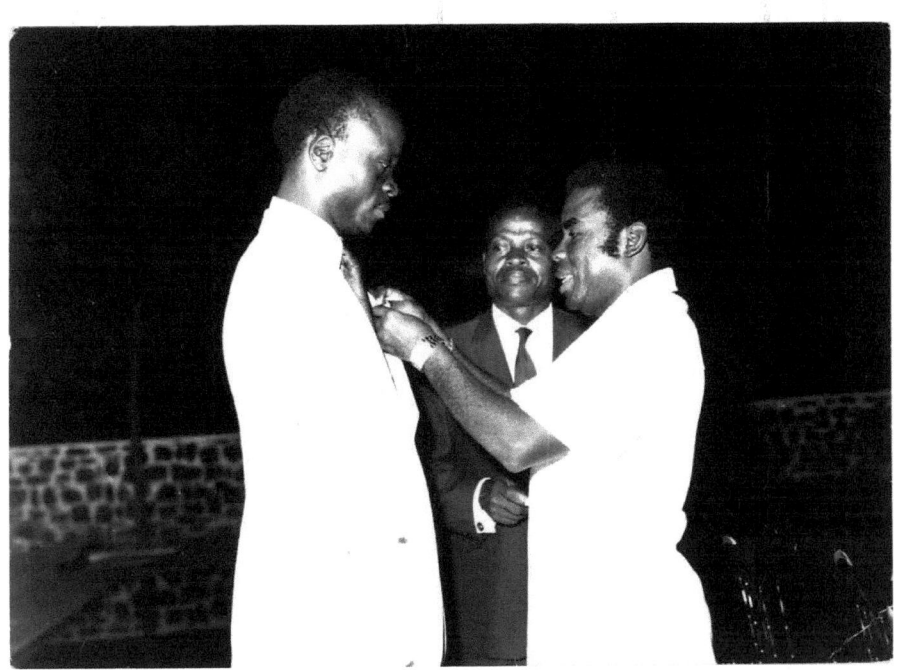

Au mois de mai 1974 au cours du repas organisé en l'honneur de son aide de camp affecté à Paris comme attaché militaire, Marien Ngouabi le décore officier de l'ordre national du mérite congolais. Au milieu le commandant Ebadep, chancelier.

1969, visite à l'école d'enfants de troupe, Leclerc, Le président Marien Ngouabi suivi du chef d'état-major Yhombi Opango. A sa gauche, le colonel français commandant de l'école, et, tout à l'arrière, le lieutenant Ngouélondélé Mongo, aide de camp du président.

Champ de tir à l'école Général Leclerc, les élèves en position de tir. Derrière eux, le Président Marien Ngouabi au milieu du Chef d'Etat-major général, le commandant Joachim Yhombi Opango et d'un instructeur français

Emmanuel Ngouélondélé Mongo et sa mère en 1979

Dans son bureau à la Direction Générale de La Sécurité d'Etat

Visite de travail en Tchécoslovaquie du colonel Emmanuel Ngouélondélé Mongo accampagné du commandant Désiré Nkou, secrétaire général à la Sécurité d'Etat

En séjour de travail en Tchécoslovaquie

Emmanuel Ngouélondélé-Mongo entouré de certains cadres. On reconnait à sa gauche Henri Lopès et à l'extrême gauche le docteur Antoine Ossebi-Douniamas alias Toni. Debout, le capitaine Jacques Ongotto et assis à sa droite le capitaine Denis Ibara.

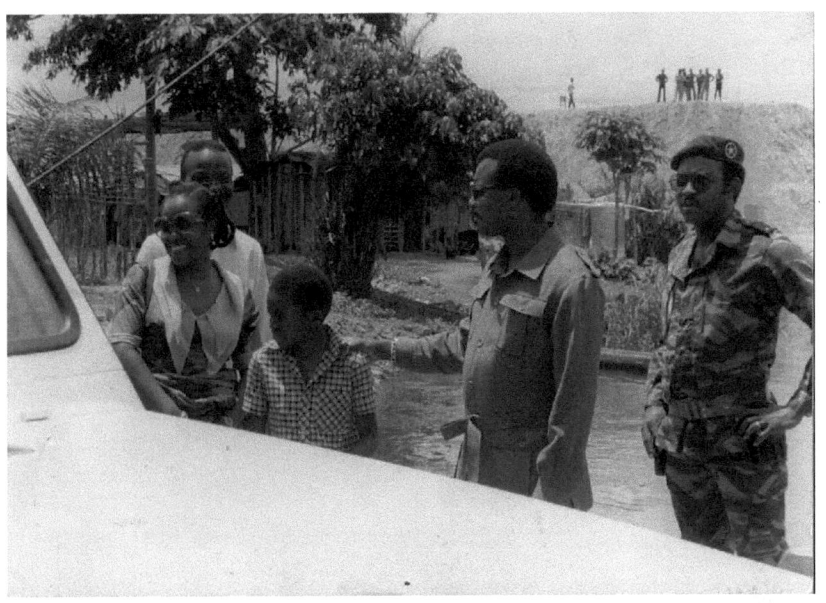

Le colonel Emmanuel Ngouélondélé Mongo, directeur général de la Sécurité d'Etat, et le couple présidentiel Antoinette et Denis Sassou Nguesso, dans les années 80, sur le bac de la Nkéni. Armand Emmanuel Ngouélondélé, l'avant dernier fils de Ngouélondélé tenu à l'épaule par le président Sassou

Le général Emmanuel Ngouélondélé Mongo, Chef d'état-major particulier du président Pascal Lissouba se rendant à la cérémonie des vœux de nouvel an du personnel de la garde présidentielle

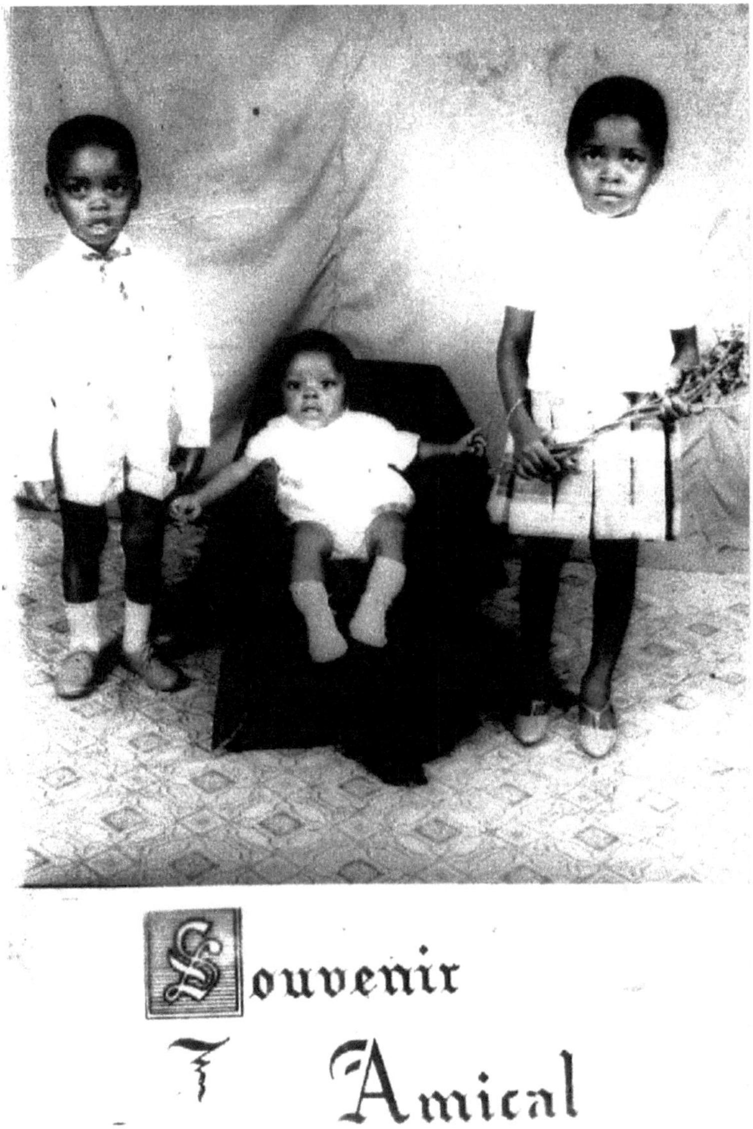

A droite Marie-Christine, l'aînée des enfants Ngouélondélé,
au milieu Serge Parfait le troisième enfant, à gauche Hugues, le deuxième enfant

Marie-Christine, la fille aînée d'Emmanuel Ngouélondélé Mongo

Emmanuel N M au milieu de ses deux filles, Annick, à droite, et Michelle, à gauche

Emmanuel Ngouélondélé Mongo et sa fille Annick, étudiante à Paris

Les deux derniers enfants, Armand portant son cadet, Cédric

Armand et Cédric à la terrasse de la résidence
du ravin de la mission en face de Olympic palace

Armand et Cédric au mariage de leur frère aîné Hugues, au milieu

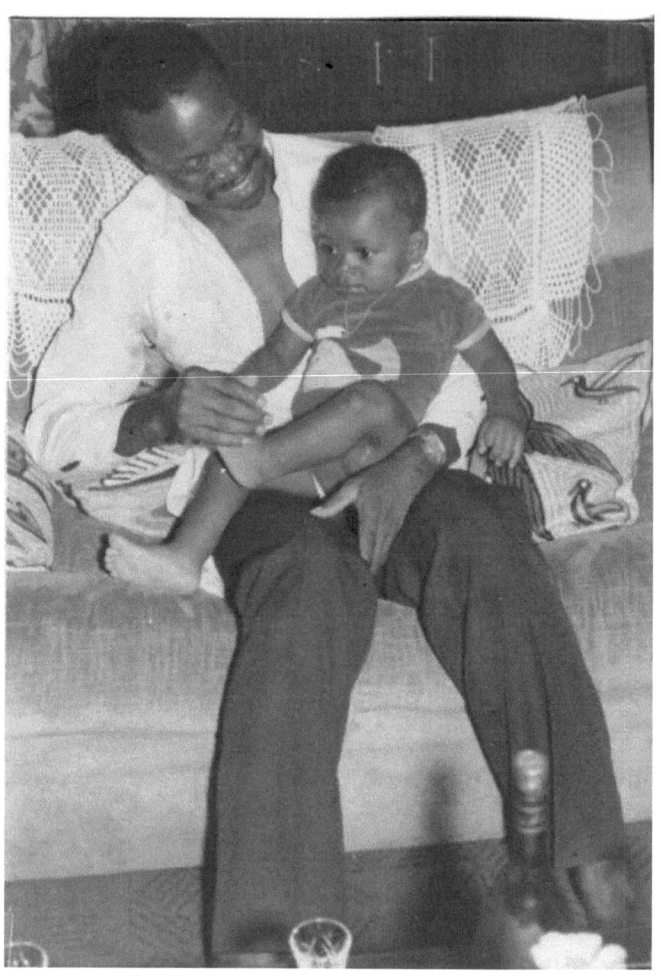

Avec son dernier fils, Cédric

Cédric, le dernier fils d'Emmanuel Ngouélondélé et l'un des cadets de son père

Cédric et un autre frère cadet d'Emmanuel N M, Andzouana

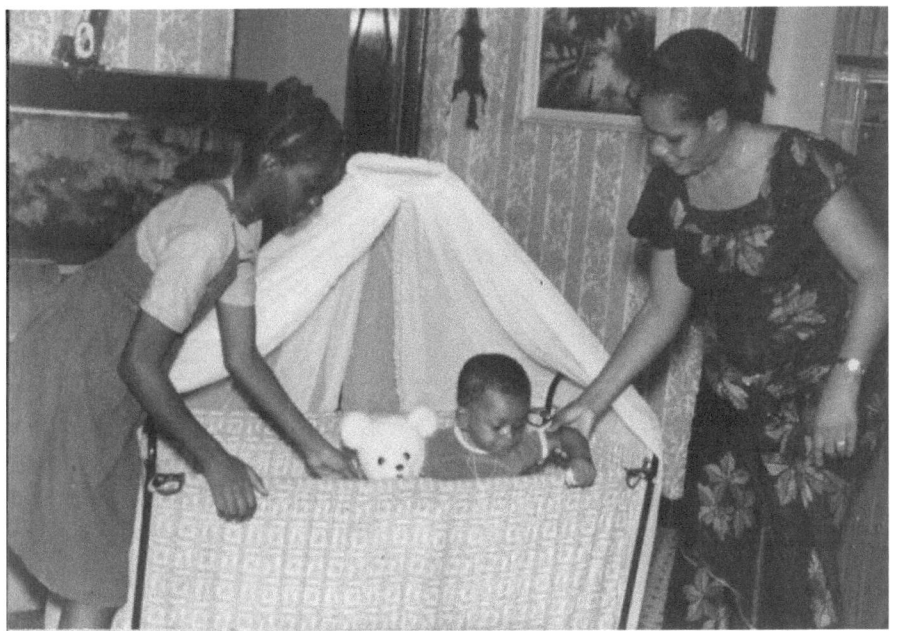

Madame Ngouélondélé avec deux de ses enfants, Michelle debout et Cédric dans le berceau

13 juillet 1996, jour du mariage de Christine, la fille aînée d'Emmanuel Ngouélondélé Mongo, avec Alphonse Pépa. De gauche à droite : Alphonse Pépa, Lydie Ngollo, Christine Pépa, Raymond Damase Ngollo

Monsieur Ngouélondélé écoute attentivement son fils Hugues avant le début de la cérémonie de mariage de ce dernier

Le 21 août 1999 à Oyo, Hugues à la main de sa mère pour le mariage

Ninelle Sassou-Nguesso à la main de son père, le président Dénis Sassou Nguesso

Monseigneur Ernest Kombo officiant le mariage religieux de Ninelle et Hugues

Le couple Henriette et Emmanuel Ngouélondélé Mongo encadrant le couple Ninelle et Hugues Ngouélondélé

Le 30 novembre 2000 à 8 km de Ngo en partance pour Gamboma, le couple Ngouélondélé fait un accident de circulation mortel: ils s'en sortent avec des blessures graves. L'autre couple qui voyagait avec eux perd la vie.

Le 15 juillet 2000, Michelle Ngouélondélé à la main de son père lors du mariage avec Edgard Nguesso

Avec les membres du Front de l'Opposition Congolaise (FPOC), de gauche à droite : Emmanuel Ngouélondélé-Mongo, Ange Edouard Poungui, Jacques Mouanda Passi, Maître Hervé Malonga, Clément Mierrassa saluant le public

De gauche à droite, Yvon François Enkoura, Clément Mierrassa et Emmanuel Ngouélondélé-Mongo

Lors des élections législatives à Gamboma en 2002

Madame et monsieur Ngouélondélé au cours d'un banquet au palais des congrès de Brazzaville

En 2003, madame et monsieur Ngouélondélé encadrant leurs deux filles Christine (à gauche) et Michelle (à droite) au cours d'un banquet au palais des congrès de Brazzaville

Emmanuel Ngouélondélé Mongo et son fils Cédric à Angers chez Mme et M Lelouet

Avec sa fille, madame Michelle Nguesso, dont il porte le premier fils Yohan

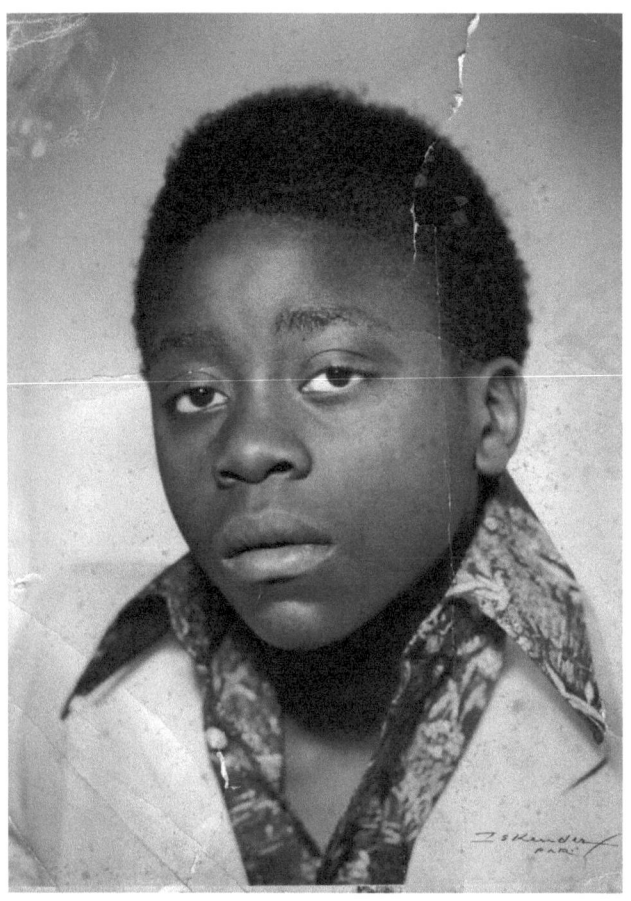

Le troisième enfant d'Emmanuel Ngouélondélé-Mongo, Serge Parfait Ngouélondélé, décédé le 06 janvier 2006 à 43 ans des suites d'une maladie

Le Congo-Brazzaville
aux éditions L'Harmattan

Dernières parutions

PROVERBES DE LA SAGESSE YAKA
Matsaba
Ikounga Martial De-Paul
Ce livre est un recueil de 758 «matsaba» ou proverbes et sentences yaka (langue utilisée à Sibiti au Congo-Brazzaville) traduits en français et annotés. Ces proverbes sont l'expression d'une sagesse à laquelle on peut se référer dans différents domaines de la vie, le comportement, la famille, etc.
(Coll. Harmattan Congo, 15.50 euros, 156 p.)
ISBN : 978-2-336-00364-1, ISBN EBOOK : 978-2-296-51601-4

AU SERVICE DU CONGO (2 tomes)
Entretien avec Cyriaque Magloire Mongo Dzon
Ngouélondélé Mongo Emmanuel
Le général Emmanuel Ngouélondélé Mongo, dans un entretien à bâtons rompus, sans tabou ni faux fuyant, évoque ses péripéties de jeunesse jusqu'à son expérience d'homme d'État puis d'homme politique. Témoigner pour le passé et prendre position pour le redressement du Congo-Brazzaville qui connaît de continuelles dérives. Ouvrage d'une vie, d'une époque, d'un long parcours de services rendus à la nation, il ouvre aussi des perspectives.
(Coll. IREA (Institut de recherche et d'études africaines), Tome 1, 38.50 euros, 394 p.)
ISBN : 978-2-296-99343-3, ISBN EBOOK : 978-2-296-51326-6
(Coll. IREA (Institut de recherche et d'études africaines), Tome 2, 28.00 euros, 274 p.)
ISBN : 978-2-296-99344-0, ISBN EBOOK : 978-2-296-51327-3

50 ANS DE POLITIQUE EXTÉRIEURE DU CONGO-BRAZZAVILLE
Diplomatie et démocratie
Nkouka-Tsulubi Alphonse
En revisitant l'histoire diplomatique contemporaine de son pays, l'auteur a voulu ouvrir le débat sur une question cruciale : la politique extérieure d'un petit pays, avec des ressources naturelles évidentes, mais qui ne pèse pas sur la scène internationale, peut-elle vraiment exister ? Diplomatie peut-il rimer avec démocratie ou les politiques extérieures des petits pays ne sont-elles rien d'autre que des officines-relais des grands intérêts qui guident le monde d'aujourd'hui ?
(Coll. Études africaines, 24.00 euros, 242 p.)
ISBN : 978-2-336-00627-7, ISBN EBOOK : 978-2-296-51243-6

MOUVEMENT (LE) PROPHÉTIQUE
Réveil spirituel ou manifestations démoniaques ?
Kali-Tchikati Edouard
Plusieurs communautés chrétiennes au Congo sont dirigées par des prophètes qui annoncent parfois des messages assez troublants. De même, on trouve des communautés qui font et défont les mariages à coup de prophéties. Le mouvement prophétique dans l'Assemblée évangélique commence timidement mais prend rapidement de l'ampleur. Cet ouvrage s'attache à comprendre s'il s'agit d'un réel réveil spirituel ou de simples manifestations démoniaques.
(Coll. Harmattan Congo, 20.00 euros, 208 p.)
ISBN : 978-2-336-00850-9, ISBN EBOOK : 978-2-296-51492-8

CONGO-BRAZZAVILLE ET SON ÉGLISE : LE DÉFI DE LA DÉMISSION
Mabiala Philippe - Préface de Dominique Ngoïe-Ngalla
Face à la grave crise que traverse son pays sur le plan politique, économique et religieux, face à une société qui se détourne de ses devoirs prioritaires, l'auteur s'interroge sur ce qu'il faut faire et comment s'y prendre. Il associe l'analyse critique du Congo-Brazzaville (voir),

la réflexion théologique afférente à son Église (juger) et les résolutions concrètes qui en découlent (agir).
(Coll. Églises d'Afrique, 21.00 euros, 206 p.)
ISBN : 978-2-336-00649-9, ISBN EBOOK : 978-2-296-51246-7

DÉCENTRALISATION, DÉMOCRATIE ET DÉVELOPPEMENT LOCAL AU CONGO-BRAZZAVILLE
Gomes Olamba Paul Nicolas - Préface de Bernard Remiche
Depuis 2003, les institutions administratives congolaises vivent à l'heure de la décentralisation. L'adoption par le Parlement en 2003 des neuf lois qui organisent l'administration du territoire et des collectivités locales au Congo a entraîné une mutation considérable dans la gestion des affaires locales. Cet ouvrage tend à démontrer que l'action publique ne cesse de se démultiplier territorialement et met en évidence l'équilibre entre l'administration d'État et l'administration territoriale décentralisée.
(Coll. Harmattan Congo, 21.00 euros, 212 p.)
ISBN : 978-2-336-00851-6, ISBN EBOOK : 978-2-296-51493-5

ÉLECTIONS (LES) LÉGISLATIVES AU CONGO
Enjeux du découpage électoral
M'Bissa Richard
Le découpage des circonscriptions électorales devrait se fonder invariablement sur le critère démographique, à savoir le nombre d'habitants, de villes, de villages, de hameaux. Au Congo-Brazzaville, cet aspect semble avoir été la référence commune affirmée par les différents gouvernements. Qu'en a-t-il été en réalité ? Quels sont les changements intervenus entre 1992, 2002 et 2007 ? Quel découpage électoral équitable proposer pour une organisation consensuelle des élections législatives futures ?
(Coll. Harmattan Congo, 18.50 euros, 190 p.)
ISBN : 978-2-336-00342-9, ISBN EBOOK : 978-2-296-51451-5

PERSONNES (LES), LES INCAPACITÉS ET LA FILIATION EN DROIT CONGOLAIS
Amboulou Hygin Didace
Ce livre se consacre à la protection de l'intégrité physique et morale de la personne, à la filiation naturelle, légitime et adoptive de reconnaissance d'enfants ou de recherche de paternité, à la protection des incapables mineurs et majeurs. Il contient 36 décisions de justice, 196 références de législations, de doctrines et de jurisprudence.
(Coll. Etudes africaines, 24.00 euros, 244 p.)
ISBN : 978-2-296-99762-2, ISBN EBOOK : 978-2-296-51420-1

UN CODE DU MARCHÉ DOMESTIQUE DU BOIS AU CONGO-BRAZZAVILLE
Ondele-Kanga André
Ce livre est un plaidoyer en faveur d'une procédure de codification des clauses et usages commerciaux pertinents du marché domestique du bois, afin de garantir la traçabilité et la légalité des produits forestiers vendus localement.
(Coll. Harmattan Congo, 11.50 euros, 80 p.)
ISBN : 978-2-336-00839-4, ISBN EBOOK : 978-2-296-51422-5

HISTOIRE DU FRANÇAIS AU CONGO-BRAZZAVILLE
Chance et défi de la francophonie
Mfoutou Jean-Alexis
Cet ouvrage présente le français, langue de l'ancien colonisateur, comme un parler qui, au contact des langues bantoues locales et dans l'épreuve de la culture congolaise, devient parole. Il témoigne ainsi d'un rapport singulier que cette langue entretient avec le lieu et l'image que les sujets parlants ont d'elle. Dans l'observation, la description et l'explication des faits relatifs à la pratique du français, l'auteur est en effet conduit à considérer non seulement le langage mais aussi la culture des sujets parlants.
(Coll. Etudes africaines, 21.00 euros, 218 p.)
ISBN : 978-2-336-00698-7, ISBN EBOOK : 978-2-296-51356-3

DE L'ETHNIE À L'ÉTAT-NATION
Pouvoirs traditionnels et pouvoir politique au Congo-Brazzaville
Nzamba Brice - Préface de Calixte Baniafouna
Des tribus issues des formes d'organisations politiques antérieures à la colonisation se retrouvent dans un même espace géographique. Les élites issues de ces tribus se disputent le contrôle du pouvoir étatique, renforçant ainsi le sentiment tribal au détriment de celui de la nation. Il devient nécessaire d'obtenir le consentement des pouvoirs traditionnels, incarnés par les chefs coutumiers, en leur accordant de siéger au sein d'une des institutions de l'État.
(Coll. Points de vue, 12.50 euros, 114 p.)
ISBN : 978-2-336-00125-8, ISBN EBOOK : 978-2-296-51037-1

OEUVRE (L') MISSIONNAIRE DE MGR PROSPER AUGOUARD AU CONGO-BRAZZAVILLE (1881-1921)
Ibombo Armand Brice - Préface de Dominique Ngoïe-Ngalla
Ce livre se propose de faire une relecture sur l'activité missionnaire de l'un des pionniers de l'Église du Congo : Mgr Prosper Augouard. Missionnaire spiritain et vicaire apostolique du Haut-Congo, il a souvent été considéré comme «l'apôtre du Congo». Sa mission évengélisatrice sur le sol congolais a eu des résultats considérables.
(Coll. Eglises d'Afrique, 32.00 euros, 332 p.)
ISBN : 978-2-336-00315-3, ISBN EBOOK : 978-2-296-50973-3

DROIT (LE) DES PARCELLES DE TERRAIN AU CONGO (TOME 2)
L'immatriculation des parcelles de terrain
Iloki Auguste - Avec la collaboration de Mireille Iloki Gondo
L'origine des contentieux portant sur la propriété des parcelles de terrain déjà immatriculées se trouve dans l'inobservation des procédures légales tant d'acquisition des propriétés immobilières que de délivrance des titres fonciers. L'auteur étudie les mécanismes de délivrance et d'annulation du titre foncier, les conditions d'établissement du nouveau titre foncier, ainsi que la garantie de sécurité juridique qu'offre ce dernier. Il présente les statistiques de la délivrance du titre foncier et propose des solutions pour faciliter son obtention.
(Coll. Etudes africaines, 28.00 euros, 268 p.)
ISBN : 978-2-336-00682-6, ISBN EBOOK : 978-2-296-50801-9

SI BACONGO M'ÉTAIT CONTÉ – La joie de vivre métamorphosée en violence
Antoine-Ganga Dieudonné
Ce livre est un repère historique des événements qui ont marqué la vie non seulement des Bacongolais, les habitants de Bacongo, mais aussi de tous les Congolais. Les faits, les gestes et les événements parfois très violents sont décrits sans détour, dans un langage franc et parfois dur. Cet ouvrage est aussi un appel à la tolérance, à la paix et à la réconciliation.
(20.00 euros, 198 p.) ISBN : 978-2-296-96442-6, ISBN EBOOK : 978-2-296-50582-7

CONGO, DU ROYAUME À LA RÉPUBLIQUE – L'histoire d'un échec permanent
Souka Souka - Préface de Félix Bankounda-Mpélé
Ce livre relate l'histoire vraie du Congo ; celle que ses dirigeants politiques délibérément ou inconsciemment ignorent avec pour conséquence de donner raison à Karl Marx qui a dit : «Celui qui ne connaît pas l'histoire est condamné à la revivre». En dépit du temps qui les sépare, certains faits historiques de même nature ont conduit à la dislocation du royaume kongo, à l'échec du Moyen-Congo et menacent la République moderne.
(Coll. Pensée Africaine, 25.00 euros, 258 p.)
ISBN : 978-2-296-99698-4, ISBN EBOOK : 978-2-296-50575-9

ÉTHIQUE DU KÉBÉ-KÉBÉ ET PROMOTION DU LEADERSHIP CHEZ LES MBOSI DU CONGO – Le réveil d'Odi
Okamba Emmanuel
Ce livre analyse le lien entre l'éthique et le *leadership*, à travers le mythe du mouvement ou de l'immortalité des sociétés traditionnelles. Il présente le cas du Kébé-kébé, société traditionnelle de la tribu Mbosi du Congo, dont les valeurs éthiques ont des implications pratiques sur le

leadership du dirigeant au service de l'amélioration continue de la performance de la cité et des organisations modernes.
(Coll. Pensée Africaine, 24.00 euros, 236 p.)
ISBN : 978-2-296-99376-1, ISBN EBOOK : 978-2-296-50672-5

UN MESSAGE D'ESPOIR POUR LE CONGO – Les mots essentiels
Kounkou Dominique
Vérité, Conviction et Espérance. Trois volets essentiels pour dresser l'état des lieux de ce qu'est devenu le Congo-Brazzaville. L'auteur dépeint la démesure dans laquelle a sombré son pays, autrefois «fait pour le bonheur». Face au régime usurpateur et dictatorial de Brazzaville, l'auteur incarne l'opposition et montre un chemin possible vers la démocratie.
(Coll. Théologie et Vie politique de la terre, 13.50 euros, 120 p.)
ISBN : 978-2-296-99501-7, ISBN EBOOK : 978-2-296-50681-7

VÉRITABLE (LA) HISTOIRE DU FOOTBALL CONGOLAIS
Gabio Ghislain Joseph
L'histoire du football congolais commence par l'école, à Brazzaville, capitale de l'Afrique équatoriale française, où l'Église favorise l'éclosion du football. La création des équipes donne naissance à une fédération qui organise la compétition locale. Pour connaître cette évolution, l'auteur a particulièrement suivi la sélection de Brazzaville, génératrice de l'équipe nationale du Congo. Aussi propose-t-il cette histoire à travers ses équipes nationales, seniors, juniors et cadettes, surnommées Diables Rouges en 1972.
(Coll. Harmattan Congo, 17.50 euros, 172 p.)
ISBN : 978-2-296-99709-7, ISBN EBOOK : 978-2-296-50614-5

GRAND-PÈRE, PARLE-NOUS DU PEUPLE KOONGO
Antoine-Ganga Dieudonné - Préface de Guy Menga
Ce livre donne une mine d'informations sur le grand peuple koongo, sur ses coutumes et ses traditions qui sont en train de se désagréger petit à petit. Il consiste donc à sauver, grâce à l'écriture, ce qui peut encore l'être. L'auteur, dans un langage perméable et facile, use du procédé de questions-réponses et aborde un large éventail de domaines : proverbes koongos, histoire ancienne, colonisation et indépendance, religion traditionnelle.
(19.00 euros, 190 p.)   *ISBN : 978-2-336-00141-8, ISBN EBOOK : 978-2-296-50486-8*

PRATIQUE ET DÉONTOLOGIE NOTARIALES EN DROIT POSITIF
Congo-Brazzaville
Amboulou Hygin Didace
Cet ouvrage présente de nouveaux enjeux de la profession et contient une étude complète des missions du notaire notamment celles de conseil, de médiation, d'établissement et de conservation des minutes dans les matières relatives au droit de la famille, au droit des affaires et au droit immobilier, des informations sur le calcul des droits de mutation, un glossaire de notions clés, 243 références de législation, jurisprudence et doctrine..
(Coll. Etudes africaines, 18.00 euros, 168 p.)
ISBN : 978-2-296-99339-6, ISBN EBOOK : 978-2-296-50285-7

HISTOIRE DES INSTITUTIONS JUDICIAIRES CONGOLAISES DE 1910 À NOS JOURS
Amboulou Hygin Didace - Préface d'Aimé Emmanuel Yoka
En 1910, la France ouvre une nouvelle ère de la colonisation en créant la Fédération de l'Afrique équatoriale (AEF). S'installent ensuite des institutions politiques, administratives et socioéconomiques (conférence de Brazzaville en 1944, Union française en 1946, Loi-cadre de 1956, Communauté française et création de la République du Congo en 1958, indépendance en 1960). Chaque période se caractérise par l'unification difficile des institutions judiciaires dans une société où cohabitent deux civilisations (traditionnelle et moderne).
(Coll. Etudes africaines, 29.00 euros, 280 p.)
ISBN : 978-2-296-99351-8, ISBN EBOOK : 978-2-296-50376-2

L'HARMATTAN, ITALIA
Via Degli Artisti 15; 10124 Torino

L'HARMATTAN HONGRIE
Könyvesbolt ; Kossuth L. u. 14-16
1053 Budapest

ESPACE L'HARMATTAN KINSHASA
Faculté des Sciences sociales,
politiques et administratives
BP243, KIN XI
Université de Kinshasa

L'HARMATTAN CONGO
67, av. E. P. Lumumba
Bât. – Congo Pharmacie (Bib. Nat.)
BP2874 Brazzaville
harmattan.congo@yahoo.fr

L'HARMATTAN GUINÉE
Almamya Rue KA 028, en face du restaurant Le Cèdre
OKB agency BP 3470 Conakry
(00224) 60 20 85 08
harmattanguinee@yahoo.fr

L'HARMATTAN CAMEROUN
BP 11486
Face à la SNI, immeuble Don Bosco
Yaoundé
(00237) 99 76 61 66
harmattancam@yahoo.fr

L'HARMATTAN CÔTE D'IVOIRE
Résidence Karl / cité des arts
Abidjan-Cocody 03 BP 1588 Abidjan 03
(00225) 05 77 87 31
etien_nda@yahoo.fr

L'HARMATTAN MAURITANIE
Espace El Kettab du livre francophone
N° 472 avenue du Palais des Congrès
BP 316 Nouakchott
(00222) 63 25 980

L'HARMATTAN SÉNÉGAL
« Villa Rose », rue de Diourbel X G, Point E
BP 45034 Dakar FANN
(00221) 33 825 98 58 / 77 242 25 08
senharmattan@gmail.com

L'HARMATTAN TOGO
1771, Bd du 13 janvier
BP 414 Lomé
Tél : 00 228 2201792
gerry@taama.net

551691 - Décembre 2013
Achevé d'imprimer par

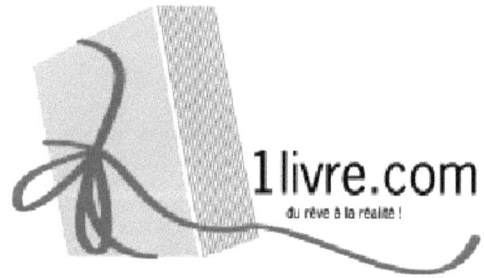